믿음과 의심의 경계에서
분투하는 이들을 위한
성경적 가르침

구원의 확신

THE ASSURANCE OF
SALVATION

로버트 A. 피터슨 지음
이지혜 옮김

생명의말씀사

The Assurance of Salvation
by Robert A. Peterson

Copyright ⓒ 2019 Robert A. Peterson
Originally published by Zondervan, Grand Rapids, MI, U.S.A.

This Korean edition copyright ⓒ 2024 by Word of Life Press, Seoul, Republic of Korea.
Published by arrangement with HarperCollins Christian Publishing, Inc. through rMaeng2, Seoul, Republic of Korea.
All rights reserved.

이 한국어판의 저작권은 알맹2를 통하여 HarperCollins Christian Publishing, Inc.와 독점 계약한 생명의말씀사에 있습니다.
신저작권법에 의하여 한국 내에서 보호받는 저작물이므로 무단 전재와 무단 복제를 금합니다.

구원의 확신

ⓒ 생명의말씀사 2024

2024년 4월 30일 1판 1쇄 발행

펴낸이 | 김창영
펴낸곳 | 생명의말씀사

등록 | 1962. 1. 10. No.300-1962-1
주소 | 서울시 종로구 경희궁1길 6(03176)
전화 | 02)738-6555(본사) · 02)3159-7979(영업)
팩스 | 02)739-3824(본사) · 080-022-8585(영업)

기획편집 | 태현주, 최은용
디자인 | 박소정
인쇄 | 영진문원
제본 | 다온바인텍

ISBN 978-89-04-16879-8 (03230)

저작권자의 허락 없이 이 책의 일부 또는 전체를
무단 복제, 전재, 발췌하면 저작권법에 의해 처벌을 받습니다.

믿음과 의심의 경계에서
분투하는 이들을 위한
성경적 가르침

구원의 확신

추천의 글

로버트 A. 피터슨(Robert A. Peterson)은 구원의 확신을 위한 유일한 토대로 예수 그리스도라는 기초를 놓고, 그 기초 위에 성령의 위로하시는 증거와 거룩한 열매의 교리를 세운다. 이 책은 하나님의 영원하신 사랑에서 영혼의 안식을 찾으려고 고군분투하는 사람들에게 성경적 명료함과 진심 어린 긍휼을 제공한다.

조엘 R. 비키(Joel R. Beeke) 퓨리턴 리폼드 신학교 총장

확신의 문제를 다루면서 성경적 연구와 실천적 적용을 결합한 보기 드문 책이다. 전자는 복음의 약속에 나타난 확신, 성령의 확증 사역, 변화된 삶에 대한 증언 등을 포함하고, 후자는 많은 이야기와 다년간의 목회 경험을 사용한다. 이 책은 확신의 문제와 씨름하는 여러 신자에게 경건한 확신과 고요한 평안을 약속한다.

D. A. 카슨(D. A. Carson) 트리니티 복음주의 신학교 신약학 명예교수

이 유용하고 깨달음을 주는 책에는 개인적인 간증과 성경 주해, 목회적 조언이 결합되어 있다. 그 결과로 그리스도인의 확신이라는 지극히 중요한 주제에 대해 굉장히 읽기 쉬운 책이 탄생했다. 간결하고 분명하게 쓰인 이 책에서 저자는 가장 중요한 성경 본문을 체계적이고 창의적으로 다룬다. 대부분의 그리스도인은 평생 한 번쯤, 때로는 여러 차례 확신의 문제로 어려움을 겪는다. 이 책은 독자들이 자신의 영적 불안정을 진단하고 그리스도에 대한 확신을 회복할 수 있는 자료를 제공한다. 개인적으로 읽어도 좋고 소그룹에서 사용하기에도 적당하다.

로버트 W. 야브로(Robert W. Yarbrough) 커버넌트 신학교 신약학 교수 확신을 다룬 이 탁월한 책에서, 저자는 가르치고 집필하고 목회하면서 쌓은 풍부한 경험을 바탕으로 교회에 최고의 공헌을 한다. 이 책은 성도의 견인 교리에 대한 그의 평생의 사상을 반영할 뿐 아니라, 주님과 동행한 깊은 경험과 목회자로서의 가슴에서 우러나온 것이다. 이 책에는 세심한 성경 주해, 명철한 신학적 통찰, 실생활의 일화가 가득하다. 구원의 확신을 다룬 훌륭한 책이 많지만, 이 책은 새로운 기준을 제시한다.

대니얼 이버트(Daniel Ebert) 크리스천 트레이닝 앤 미셔너리 펠로십 대표

그리스도인이라면 언젠가 한 번쯤은 "내가 정말로 그리스도인인가? 예수님은 진짜인 것 같지만 과연 나는 어떤가?"라는 질문을 던지게 된다. 이 혼란스럽고 무섭고 흔한 경험이 로버트 A. 피터슨이 이 책을 쓰게 된 이유다. 이 솔직하고 성경적인 책은 우리가 하나님께 더 이상 "하지만 이번에는 정말이라고요."라고 말하지 않고 "내가 결코 너희를 버리지 아니하고 너희를 떠나지 아니하리라."라는 하나님의 음성을 듣도록 안내한다.

레이 오틀런드(Ray Ortlund) 내슈빌 임마누엘 교회 목사

contents

추천의 글 | 4
들어가는 글 | 10

01 확신을 방해하는 문제들 | 30

Part 1 확신과 하나님의 말씀
02 확신과 복음 | 62
03 요한이 말하는 확신과 보전 | 92
04 바울이 말하는 확신과 보전 | 128

THE ASSURANCE OF SALVATION

Part 2　확신과 성령

05　성령의 인격과 사역　| 166

06　확신에서의 성령의 역할　| 192

Part 3　확신과 변화된 삶

07　선행의 역할　| 232

08　교회와 확신의 수호자들　| 266

감사의 글　| 298

들어가는 글

다음에 나오는 몇 가지 이야기들은 모두 실제로 있었던 사연들을 담고 있다. 이 이야기들은 세부 내용은 조금씩 다를지 모르지만 한 가지 공통점이 있다.

- 구원의 확신이 없었던 어느 경건한 그리스도인 여성이 유명한 복음주의 작가의 강연에서 도움을 구했다. 그러나 그 작가는 강연장에서는 사람들과 대화를 나누지 않는다고 말했다. 그녀가 그를 만나려고 얼마나 먼 길을 왔는지 설명하자 마지못해 대답했다. "좋아요. 5분 드릴게요." 두말할 필요 없이 그에게서 별다른 도움을 받지 못한 그리스도인 여성은 크게 실망했다.
- 짐은 이웃에 대한 끈질긴 질투심을 떨쳐 내지 못했다. 그에게 구원의 확신은 자신의 탐욕스러운 생각에 얼마나 잘 대처했는지와 연결되어

있었다. 그 결과, 그의 확신은 그의 성공과 실패에 따라 요요처럼 오르락내리락했다.[1]
- 젊은 대학생 부부인 샐리와 마크가 나를 만나러 사무실에 왔다. 샐리는 자신이 겪고 있는 확신의 문제에 대해 털어놓았다. 샐리의 사연과 복음에 대한 그녀의 명확한 설명을 들은 후, 나는 마크에게 어떻게 생각하느냐고 물었다. 그러자 그는 "저는 제 믿음보다 아내의 믿음을 더 확신합니다."라고 고백했다.
- 어느 목사는 율법을 완벽하게 지키는 것을 그리스도인의 삶의 토대로 삼았다. 그러다 보니 그는 구원의 확신을 잃어버렸다. 그가 목회하는 교회 주일학교의 한 열 살 소녀는 단순하고 기쁘게 주님을 알

---

1) 사생활 보호를 위해 개인 사연과 연관된 사실(이름, 세부 사항 등)은 바꾸었다.

았다. 소녀는 자신도 모르는 사이에 목사를 끊임없이 책망하는 처지에 놓였다. 그 소녀에게서 그가 간절히 바라는 확신이 보였기 때문이다.

이 이야기들의 공통점은 무엇인가? 각 이야기는 확신의 문제와 씨름하는 신자들을 보여 준다. 확신은 최종 구원에 대한 그 사람의 자신감을 뜻한다. 거의 모든 신자들은 그리스도인의 삶 어느 시점에서 구원의 확신 문제로 어려움을 겪는다.

어쩌면 당신도 지금 그 문제로 씨름하고 있을지 모른다. 아니면 이 문제 때문에 괴로워하는 가족이나 친구를 알고 있을 수도 있다. 그렇다면 이 책은 바로 당신을 위한 책이다.

확신에 대한 다양한 결론

사람들이 구원의 확신에 대해 어려움을 겪는 한 가지 이유는, 선의의 그리스도인들도 매우 다양한 결론에 도달하기 때문이다.

보수적인 감리교 교수이자 저자인 존 탈 머프리(Jon Tal Murphree)는 이렇게 가르친다.

칼뱅주의는 "한 번 은혜 안에 있으면 영원히 은혜 안에 있다."라고 주장하는 반면, 아르미니우스주의는 "은혜를 몰수당할 수 있다."라는 데 동의한다. 이 말은 이전에 구원받은 상태에서 지내다가 최종적으로는 잃어버린 상태가 될 가능성을 뜻한다. 아르미니우스주의는 사람들이 약해진 순간에 단 한 번 죄를 지었다고 해서 구원을 잃는다고 주장하지 않는다. 하지만 죄를 회개하지 않는 생활 방식과 하나님에 대한 반역을 지속하면 구원을 잃을 수도 있다고 주장한다.

성경은 거의 모든 페이지마다 하나님이 인간에게 자신의 운명을 결정할 때 하나님과 협력해야 할 놀라운 의무를 맡기셨다는 근본적인 가정을 전제한다. 그렇게 하지 못하는 것은 그리스도인 신자에게조차 재앙이 될 수 있다.[2]

머프리는 주님을 사랑하고 섬기는 복음주의 그리스도인이다. 나는 그를 그리스도 안에 있는 형제로 생각하고 존중한다. 머프리는 사람이 믿음을 유지하는 한, 최종 구원에 대한 확신을 가질 수 있다고 주장한다. 그러

---

2) Jon Tal Murphree, *Security in Christ: Does "Once Saved" Mean "Always Saved"?* (University Park, IA: Vennard College, 2002), 10, 13, 78.

나 머프리는 확신(그리고 구원 그 자체)을 잃어버릴 수 있다고 여긴다. 만약 은혜로 구원받은 사람들이 회개하지 않고 반역하는 생활 방식을 고수한다면 은혜를 몰수당할지도 모른다. 머프리는 신자들이 자신의 운명을 결정짓는 일에서 하나님과 협력하지 못한다면 영적 재앙으로 치닫게 된다고 주장한다.

널리 알려진 『가톨릭교회 교리서』(Catechism of the Catholic Church)에는 모든 신자가 동의할 수 있는 많은 진리가 담겨 있다. '하나님은 성삼위일체시다. 성경은 하나님 말씀이다. 그리스도의 죽음과 부활은 구원의 근거다. 하나님은 자기 백성이 감사하며 거룩한 삶을 살기를 원하신다.' 이러한 진리들을 확인해 준 가톨릭교회에 감사한다.

그러나 800쪽이 넘는 이 『가톨릭교회 교리서』에서 확신을 다루는 부분은 발견할 수 없었다. 나는 독자들이 확신과 관련하여 결론을 끌어낼 만한 관련 주제들을 일부 찾았다. 이 교리서는 하나님과 그 말씀의 진실하심에 기초한 믿음의 확실성에 대해 언급하고, 구원을 받기 위해 아버지와 아들을 믿어야 한다고 강조하며, 인간에게 믿음을 선물로 주신 하나님을 찬양한다. 하지만 그런 다음, 디모데전서 1장 18-19절을 증거로 제시하면서 구원의 믿음을 잃어버릴 수도 있다고 확인해 준다.

> 신앙은 확실한 것이며, 그것이 거짓 없으신 하나님의 말씀 자체에 근거하기 때문에 인간의 모든 인식보다 더 확실하다.
> …구원을 받으려면 예수 그리스도를 믿고, 우리 구원을 위하여 그분을 보내신 분을 믿는 신앙이 필요하다.
> …신앙은 하나님이 인간에게 무상으로 베푸시는 선물이다. 우리는 무한한 가치를 지닌 이 선물을 잃어버릴 수도 있다. 이 점에 대해 바울 사

도는 디모데에게 다음과 같이 충고한다. "선한 싸움을 싸우며 믿음과 착한 양심을 가지라 어떤 이들은 이 양심을 버렸고 그 믿음에 관하여는 파선하였느니라"(딤전 1:18-19).[3]

나는 믿음의 확실성이 성경에 근거한다는 것과, 구원을 주시는 분이 그리스도이심을 믿어야 한다는 것, 그리고 믿음은 하나님의 선물이라는 것에 동의한다.

그러나 디모데전서 1장 18-19절이 구원을 잃을 수도 있다고 가르친다는 말에는 동의하지 않는다. 실제로 이 책에서 나는 두 장을 할애하여 하나님이 그 백성을 구원하시고 지키심을 보여 주려 했다.

---

3) 『가톨릭교회 교리서』(Catechism of the Catholic Church), 157항, 161-162항.

가톨릭 친구들과 교류해 보니 구원의 확신을 충분히 누리고 있는 이들이 많지 않았다. 그 원인은 가톨릭교회가 구원의 확신에 관한 관심이 부족하고 신자들이 구원에서 떨어져서 잃어버려질 수도 있다고 가르치기 때문이다. 앞에 나온 두 출처와 대조적으로, 『하나님을 아는 지식』(Knowing God)의 저자 제임스 I. 패커(James I. Packer)는 이렇게 쓴다.

입양의 축복이 얼마나 큰지를 보여 주기 위해 한 가지 더 추가해야 할 것이 있다. 입양이 지속되는 축복이라는 것이다. … 결손 가정의 자녀들이 의기소침하거나 제멋대로 행동하거나 미성숙함을 보이곤 한다는 것은 많이 알려져 있다. 하지만 하나님의 가정은 그렇지 않다. 절대적인 안정과 견고함이 존재한다. 부모는 완전히 지혜롭고 선하며, 자녀의 위치는 영구히 확보되어 있다. 양자 됨이라는 개념 자체가 성도의 보전을 증거하며 보장한다. 화가 난다고 자녀를 가족에서 내쫓아 버리는 것은 나쁜 아버지들만이 하는 일이다. 하물며 하나님은 나쁜 아버지가 아니라 좋은 아버지시다.

바울은 하나님이 우리의 주권적 보호자로서 충분하시며 우리를 향한 그분의 언약적 헌신이 확실하심을 우리 앞에 제시한다. …은혜의 목표는…하나님과 우리 믿는 자들 사이의 사랑의 관계, 즉 우리가 처음 지어질 때 의도된 관계를 형성하는 것이다. 그리고 하나님과 우리의 교제를 이끌어 내는 것은 하나님의 언약이다. 하나님은 약속과 명령으로 일방적으로 언약을 부과하신다. …일단 성립된 언약은 하나님이 그 언약을 지키시기 때문에 계속 유지된다. …여기서 선포되고 있는 것은, 사람들과 환경이 우리를 위협할 때 우리를 지지하시고 보호하시며, 지상에서의 순례 여정이 계속되는 한 우리에게 필요한 것을 공급하시고, 아무리 많은 장애물이 방해하는 것처럼 보일지라도 마침내 하나님을 온전히 누리도록 이끄시겠다는 하나님의 보증이다.[4]

패커는 머프리만큼이나 은혜와 거룩함에 헌신하였다. 패커는 하나님과 그분의 말씀이 확고한 진리이고, 그리스도(그리고 아버지)에 대한 믿음이 구원에 필수적이며, 믿음은 하나님이 죄인들에게 주시는 은혜로운 선물이라는 가톨릭 교리서에 동의한다. 그러나 패커는 구원이 하나님이 취소하지 않으시는 영구한 선물이며, 따라서 하나님의 자녀는 그분의 돌보심 가운데 안전하다고 주장하면서, 머프리와 가톨릭 교리서의 견해와 의견을 달리한다. 패커에 따르면, 하나님은 믿음을 통해 은혜로 구원하신 모든

---

[4] J. I. Packer, *Knowing God* (Downers Grove, IL: InterVarsity Press, 1973), 189, 237-238.

이를 보전하시기 때문에 하나님이 주시는 은혜의 말씀 가운데 안식하는 이들은 위로와 확신을 얻을 수 있다.

확신을 제대로 이해하기 위해서는 가장 중요한 질문을 던져야 한다. 성경은 예수님을 믿는 신자들이 최종 구원의 확신을 가질 가능성에 대해 어떻게 말하는가? 이 질문에 대한 답의 출발점이 되는 본문을 살펴보자.

요한일서 5장 9-13절

만일 우리가 사람들의 증언을 받을진대 하나님의 증거는 더욱 크도다 하나님의 증거는 이것이니 그의 아들에 대하여 증언하신 것이니라 하나님의 아들을 믿는 자는 자기 안에 증거가 있고 하나님을 믿지 아니하는 자는 하나님을 거짓말하는 자로 만드나니 이는 하나님께서 그 아들에 대하여 증언하신 증거를 믿지 아니하였음이라 또 증거는 이것이니 하나님이 우리에게 영생을 주신 것과 이 생명이 그의 아들 안에 있는 그것이니라 아들이 있는 자에게는 생명이 있고 하나님의 아들이 없는 자에게는 생명이 없느니라 내가 하나님의 아들의 이름을 믿는 너희에게 이것을 쓰는 것은 너희로 하여금 너희에게 영생이 있음을 알게 하려 함이라.

요한은 먼저, 우리가 흔히 다른 사람들의 말을 믿는다는 점을 일깨워 준다. 우리가 어떤 사람의 성격을 제대로 알고 있다면 그 사람의 말을 믿는 것이 보통이다. 그렇게 다른 사람을 믿는다면, 하나님의 거룩하신 입에서 나오는 말씀은 얼마나 더 믿어야 하겠는가! 하나님은 성경에서 많은 말씀을 하셨고 아들 예수 그리스도를 통해 말씀하셨다(요일 5:9). 하나님 말씀을 믿는 사람들은 (성령의 내적 증거로 인해) 자기 안에서 하나님이 진리를 말씀하신다는 것을 안다. 그리스도에 대한 하나님 말씀을 의심하는 것은 하나님을 거짓말하는 자로 만드는 것과 같다. 얼마나 어리석은 일인지 모른다(요일 5:10).

다음으로 요한은 하나님이 아들에 대해 하신 말씀을 묘사한다. "또 증거는 이것이니 하나님이 우리에게 영생을 주신 것과 이 생명이 그의 아들 안에 있는 그것이니라"(요일 5:11). 그 아들에 대한 하나님의 메시지는 영생에 대한 것이다. 하나님은 그 아들 안에서만 영생을 발견할 수 있다고 말씀하신다. "아버지가 아들을 세상의 구주로 보내신 것을 우리가 보았고 또 증언하노니"(요일 4:14). 그분은 죄인들을 구하려고 죽으셨고 다시 사셨으며, 그분을 믿는 사람은 누구나 영생을 얻는다.

요한은 인류를 '있는 자'와 '없는 자'로 나눈다. 하나님이 두 집단을 나누는 기준은 외모나 신체적 기량, 재산, 명성 등 우리가 부러워하는 것들이

들어가는 글 23

아니다. 있는 자와 없는 자를 구분하는 것은 단 한 가지, 하나님의 아들을 구주로 소유했느냐다. "아들이 있는 자에게는 생명이 있고 하나님의 아들이 없는 자에게는 생명이 없느니라"(요일 5:12). 그리스도가 바로 천국과 지옥, 하나님을 아는 것과 모르는 것, 영생이 있는 것과 없는 것의 차이다. 하나님의 아들은 세상에서 가장 중요한 분이시다. 그리고 그분을 아는 것은 세상에서 가장 중요한 일이다.

요한의 사명 선언문

이런 틀에서 요한일서의 사명 선언문이 위치한다. "내가 하나님의 아들의 이름을 믿는 너희에게 이것을 쓰는 것은 너희로 하여금 너희에게 영생이 있음을 알게 하려 함이라"(요일 5:13). 사람들은 요한일서의 특정 본문들을 '믿음의 시험'으로 이해하곤 했다. 이 본문들은 그리스도인들이 계속해서 그리스도를 믿고 하나님을 위해 살아가며 서로 사랑하는 것이 얼마나 중요한지 가르친다. 나는 경건한 목회자나 친구가 주님을 떠난 사람을 돕기 위해 이 본문들을 구원의 시험대로 사용할 수 있다는 것을 부인하지 않는다. 그러나 요한일서의 역사적 배경은 이 본문들에 대한 더 정확한 묘사가 '믿음의 시험'보다 '믿음의 증거'임을 암시한다.

요한일서의 역사적 상황은 이 책을 더 잘 이해하게 해준다. 요한은 신앙을 버린 그리스도인들, 믿음의 고백을 의심하게 만드는 삶을 살고 있는 그리스도인들에게 편지를 쓰고 있는 것이 아니다. 그가 편지를 쓰고 있는 대상은 공격받고 상처받은 그리스도인들이다.[5]

---

5) D. A. Carson, "Reflections on Assurance," in *Still Sovereign: Contemporary Perspectives on Election, Foreknowledge, and Grace*, ed. Thomas R. Schreiner and Bruce A. Ware (Grand Rapids: Baker, 2000), 274-275.

거짓 교사들이 예수님(요일 4:1-6)과 그리스도인의 삶(요일 1:8-10)에 대해 잘못된 내용을 퍼뜨리고 있었다. 설득에 실패한 거짓 교사들은 요한의 독자들을 거부하고 떠나 버렸다(요일 2:18-19). 요한은 사실 "속이 시원하다!"라고 말하는 것이나 마찬가지다. 거짓 교사들이 떠난 이유는 그들이 예수님께 속하지 않았기 때문이다. 요한은 그의 독자들이 거짓 교사들을 따르지 않고 자신에게서 들은 믿음을 계속 지켰다고 칭찬한다. 그는 거짓 교사들에게 버림받은 그들을 위로하기 위해 편지를 썼다. 그는 교인들이 그들의 삶에서 역사하시는 하나님을 보고 그들에게 영생이 있다는 확신을 얻기 원했다. 요한의 독자들은 믿음과 사랑과 거룩함 가운데 동행하면서 구원의 확신을 굳건히 한다.

요한은 정죄하려는 것이 아니라 격려하기 원했다. 그는 신자들의 확신을 굳게 하려고 글을 썼다. 일부 사람들의 말과 달리, 하나님은 그리스도의 구원하심을 믿는 이들이 자신이 그분께 속했다는 확신을 얻기를 원하신다. 하나님은 그들이 영생이 있음을 알기 원하신다.

영생의 증거

그들은 어떻게 알 수 있는가? 이 대목에서 영생의 증거가 들어온다. 하나님은 말씀의 약속으로, 성령의 내적 증거로, 우리 삶의 변화로 구원의 확신을 주신다. 여기 요한일서에서 사도는 하나님이 우리에게 확신을 주시는 세 번째 방법을 강조한다. 요한은 그의 독자들이 그들의 삶에서 믿음과 사랑과 거룩함을 나타낸다는 사실로 확신을 얻기 원한다. 그들은 예수님에 대해 올바른 사실을 믿는다(요일 5:1). 서로 사랑한다(요일 3:14). 죄가 아니라 거룩함이 그들의 삶의 기본 특징이다(요일 5:18-19). 이들의 변화된 삶과 변화되고 있는 삶이 영생의 증거다.

로드맵

확신으로 향하는 우리 여정의 목적지는 어디일까?

패커가 보여 주듯이, 성경은 그리스도를 믿는 신자들에게 넘치는 확신을 제공한다. 그러나 각종 난관이 우리가 참마음과 온전한 믿음(히 10:22)을 누리지 못하도록 방해한다. 1장에서는 확신을 방해하는 사람들과 상황들을 살펴본다.

앞서 보았듯이, 하나님은 세 가지 주요한 방식으로 우리에게 확신을 주신다. 하나님의 말씀으로 구원을 약속하시고, 성령이 우리 마음속에 역사하시며, 우리 삶에서 하나님이 일하신다. 2장에서 4장까지는 세 가지 방식 중 첫 번째 방식에 집중한다. 2장은 복음 자체가 확신을 준다고 주장한다. 3장과 4장은 요한복음과 요한일서에서 사도 요한이, 바울 서신들에서 바울이 그리스도인들에게 최종 구원의 확신을 강화하기 위해 쓴 내용들을 보여 준다.

5장은 성령이 어떤 분이시고 무슨 일을 하시는지 다루고, 6장은 어떻게 성령이 우리 마음에 하나님의 사랑과 구원을 확신시켜 주시는지 살핀다. 7장은 변화된 삶이 확신의 문제에서 어떤 역할을 하는지에 대해 이야기한다. 8장은 확신을 방해하는 자들에 대한 하나님의 해결책으로 확신의 수호자들을 소개한다. 하나님의 말씀, 성령, 다른 사람들을 돕고 사역하는 자들을 굳건히 세우기 위해 하나님이 사용하시는 사람들이 바로 그들이다. 결론에서는 (누구나 때로 겪을 수 있는) 확신의 문제로 분투하는 이들이 자비로우신 우리 하나님으로부터 가능한 한 완전한 확신을 얻도록 격려한다.

01

THE ASSURANCE OF SALVATION

확신을 방해하는 문제들

괴롭히는 사람들이 항상 문제다. 성경에는 문제를 일으키는 사람이 많이 등장하지만, '괴롭게 하는 자'(troubler)라고 불린 사람은 둘뿐이다. 그나마도 둘 중 한 사람은 진짜 괴롭힌 사람에게서 억울하게 비난받은 사람이었다. 성경에서 '괴롭게 하는 자'라고 하면 여호와의 분명한 명령에 불순종하여 하나님의 백성에게 해를 입힌 사람이다.[1]

첫 번째는 아간(아갈)이니 그는 진멸시킬 물건을 범하여 이스라엘을 괴롭힌 자다(대상 2:7). 아간의 죄 때문에 이스라엘은 약속의 땅 아이성에서 패했다. 백성의 마음이 녹아 물같이 되었기 때문에 이스라엘 군대는 더 작은 군대 앞에서 도망쳤다(수 7:5). 여호수아는 여호와 앞에서 땅에 엎드려 패한 이유를 물었다. 여호와께서는 이스라엘이 도둑질하고 속여서 그분과의

---

1) 이 정의를 알려 준 커버넌트 신학교 구약학 조교수 브라이언 오커(Brian Aucker)에게 감사한다.

언약을 어겼기 때문이라고 말씀하셨다. 그분은 이스라엘 백성이 여리고에서 승리했을 때 성읍과 그에 속한 모든 것을 여호와께 바쳐 그것들을 진멸하여 종교적 정화에 동참하라고 명령하셨다. 그러나 아간은 아름다운 외투 한 벌과 은금을 취하여 여호와의 명백한 명령에 불순종했다(수 7:20-21). 여호와께서 완전히 멸하라고 하신 것들을 아간이 취했기 때문에 이스라엘 스스로가 '온전히 (진멸하도록) 바친 것'이 되고 말았다(수 7:12). 백성이 아이성에서 패한 이유는 그 때문이다. 아간은 정말로 이스라엘을 괴롭힌 자였다.

하지만 두 번째는 사실상 여호와의 원수들을 괴롭힌 사람이었다. 하나님은 선지자 엘리야를 일으키셔서 악한 왕 아합에게 맞서게 하셨다. 아합이 얼마나 악한 왕이었는가?

오므리의 아들 아합이 그의 이전의 모든 사람보다 여호와 보시기에 악을 더욱 행하여…시돈 사람의 왕 엣바알의 딸 이세벨을 아내로 삼고 가서 바알을 섬겨 예배하고…그는 그 이전의 이스라엘의 모든 왕보다 심히 이스라엘 하나님 여호와를 노하시게 하였더라(왕상 16:30-33).

아합의 사악함은 극에 달했다. 그래서 그는 우상을 숭배하던 자신을 담대하게 책망한 엘리야를 미워했다. 그에 대한 심판으로, 엘리야는 자신이 다시 입을 열기 전까지 이스라엘 땅에 비가 오지 않으리라고 예언했다. 하나님이 명하신 이 가뭄은 3년간 계속되었고, 갈멜산에서 엘리야와 바알 선지자 450명, 아세라 선지자 400명의 극적인 대결로 이어졌다. 거짓 선지자들은 바알의 번제물에 불을 내리지 못했고, 이어 여호와께서 하늘에서 불을 내려 번제물과 나무와 돌과 흙을 태우고 도랑의 물을 다 핥아 그분이 살아 계신 참 하나님이심을 보여 주셨다(왕상 18:36-39). 그 결과, 거짓 선지자들은 다 죽임을 당했고 하나님은 엘리야의 말을 통해 비를 내려 주셨다(왕상 18:40, 45).

이 대결이 일어나기 전에 하나님은 아합에게 엘리야를 보내셨다. 이 악한 왕은 하나님의 선지자를 보고 이렇게 말했다. "이스라엘을 괴롭게 하는 자여 너냐"(왕상 18:17). 엘리야는 대결에서 물러설 줄 모르는 사람답게 그 비난을 아합에게 되돌려 주었다. "내가 이스라엘을 괴롭게 한 것이 아니라 당신과 당신의 아버지의 집이 괴롭게 하였으니 이는 여호와의 명령을 버렸고 당신이 바알들을 따랐음이라"(왕상 18:18). 그러고 나서 엘리야는 아합에게 거짓 선지자들을 갈멜산에 모아 앞서 언급한 대결을 펼치자고 도전했다.

아간은 이스라엘을 괴롭힌 자였다. 그리고 아합의 비난과는 반대로, 엘리야가 아니라 아합이 이스라엘을 괴롭게 했다. 이런 골치 아픈 사람들은 성경에만 나오는 것이 아니라 우리 삶에도 있다. 안타깝게도, 그리스도를 믿는 모든 신자에게도 그들을 괴롭히는 사람이 있다. 그들은 각양각색으로 찾아온다. 그중에서도 중요한 유형은, 믿는 사람의 구원의 확신을 방해하는 사람들 또는 문제들이다. 이 책은 이런 골칫거리들을 다룬다. 그리스도인이라면 누구나 구원의 확신이 놀라운 일이라는 데 동의한다. 들어가는 글에서 설명했듯이 세부 사항에서는 의견이 갈리지만, 구원의 확신이 건전하고 바람직하다는 데는 다들 동의한다. 확신을 방해하는 자들이 문제다.

하나님이 어떻게 구원의 확신을 주시는지 성경을 살펴보기 전에, 이런 골칫거리들을 파악해 둘 필요가 있다. 차례대로 세 가지 주의 사항을 소개한다. 첫째, 확신을 방해하는 부류는 얼마든지 늘어날 수 있다. 여기서는 다른 범주들을 대표하는 핵심 범주만 소개한다. 둘째, 이 분류는 딱 맞아떨어지지는 않는다. 대부분의 사람에게 있는 확신의 문제들은 한 가지 범주에 자로 잰 듯 들어맞지는 않는다. 하지만 한 범주가 도드라지는 경우가 많다. 셋째, 이후의 장에서 하나님이 자녀들에게 소속감을 주시는 방법들을 논의하면서 이에 관해 다시 다룰 계획이다. 이제 확신을 방해하는 다섯 가지 범주의 사연들을 들어 보자.

1. 불우한 배경
2. 지적인 회의
3. 민감한 마음, 격한 감정, 두려움
4. 위선과 배교
5. 과신

문제 1: 불우한 배경

불우한 배경이 주요한 걸림돌이 될 수 있다. 자신의 과거를 뒤로하고 앞으로 나아가는 데 어려움을 겪는 사람들이 있다. 따라서 불우한 배경 때문에 의심하는 성향이 있는 사람들과 관련된 문제도 고려할 것이다.

아버지의 부재와 냉담함

에리카는 하나님이 자신을 사랑하고 받아 주셨다는 사실을 오랫동안 믿지 못했다. 문제의 뿌리는 아주 깊었다. 에리카의 부모는 별거하다가 에리카가 아홉 살 때 이혼했다. 그런데 관계를 깔끔하게 정리하지 못했다. 아버지는 가끔 집에 돌아오곤 했지만 결국 또다시 떠났다. 에리카는 아버지가 차를 타고 떠나는 모습을 지켜보면서 느낀 거절감에 대해 들려주었다. 그런 일이 반복될 때마다 자신이 버림받았다는 느낌은 커져만 갔다. 아버지는 다정다감하고 따뜻한 사람이 아니어서 사랑을 표현하지 못했다. 에리카는 대학에 들어가서 그리스도인이 되었지만 여전히 아버지의 인정과 사랑을 갈구했다. 에리카는 하나님을 사랑하면서도 하나님이 자신을 온전히 받아 주셨다고 느끼지 못했다. 기독교의 의무 사항을 얼마나 잘 수행하느냐에 따라 하나님이 자신을 인정해 주시는 정도가 달라진다고 느꼈다. 이런 문제가 오랫동안 계속되었다.

의심하는 성향

선교학과 교회사를 가르치는 루스 터커(Ruth Tucker)는 솔직하고 유익한 책 『믿음을 떠나다』(*Walking Away from Faith: Unraveling the Mystery of Belief and Unbelief*)에서 자신의 영혼을 가감 없이 노출한다.[2] 그녀는 그 책에서 믿음을 잃는 것에 대해 다루고, 기독교에 대한 과거와 현대의 도전을 논의하며, 믿음을 떠난 사람들과 믿음으로 돌아온 사람들의 이야기를 수록했다.

내게 가장 유익했던 점은 기독교 지도자인 저자가 불신의 문제와 끊임없이 씨름한 내용을 솔직하게 기록한 것이었다. 그녀는 예배하고 교제하고 봉사하면서 하나님과 계속 관계를 맺으면서도 때로는 아주 심각하게 불신과 싸운다. 왜일까? 그녀의 결론은 여기에 다시 한 번 반복할 만하다. "나는 갈등과 의문을 심리적·영적 기질의 일부로 받아들인다. 그 덕에 나와 비슷한 문제로 씨름하는 사람들에게 겸손히 다가갈 수 있다."[3] 그녀의 책이 증명하듯, 그녀는 확실히 다른 사람들을 돕고 있다.

---

2) Ruth Tucker, *Walking Away from Faith: Unraveling the Mystery of Belief and Unbelief* (Downers Grove, IL: InterVarsity Press, 2002).
3) Tucker, *Walking Away from Faith*, 26.

그녀는 자신이 어떻게 그런 심리적·영적 기질을 갖게 되었는지에 대해 우리에게 실마리를 주는가? 그렇다. 자신의 종교적 배경 덕분에 그녀는 머리와 가슴을 살짝 섞을 수 있게 되었다. 그녀는 어린 시절에 자신이 다니던 시골 교회가 어떻게 결신자 초청을 하고 부흥을 포함한 가슴의 종교를 알려 주었는지 말해 준다. 다른 교인들은 기적을 경험하고 환상을 보고 음성을 들었다고 주장했지만, 그렇지 못한 그녀는 소외감을 느꼈다. "나는 내가 알았던 유일한 방식으로 하나님께 나아갔다. 내 감정, 가슴을 통해서 말이다."[4]

청소년기에 루스는 이성적인 성경 문자주의가 체험을 대신하는 근본주의 환경에서 보냈다. 하지만 그것도 그녀를 하나님께 가까이 이끌지는 못했다. 지금도 그녀는 이렇게 말한다. "내 세속 생활은 영적 생활과 점점 더 분리되었다. 이 이성과 감정의 이원론은 오늘날까지도 계속되고 있다."[5] 그래서 그녀는 우리를 위해, 자신의 불신에 영향을 주었고 여전히 영향을 끼치고 있는 배경과 경험을 추적한다.

그러면, 루스는 믿음과 의심의 경계에서 고군분투하다가 체념했는가? 기독교 신앙을 저버렸는가? 전혀 아니다.

신앙을 포기한 사람들과 달리, 나는 그렇게 하지 않을 것이다. 하나님이 나를 붙잡고 계시다는 신비로운 사실 말고 다른 어떤 이유가 없다

---

4) Tucker, *Walking Away from Faith*, 27.
5) Tucker, *Walking Away from Faith*, 27.

하더라도 말이다. 더구나 이 신앙은 내 문화이자 전통이다. 나는 성경 이야기와 옛 찬송을 좋아한다. …이것은 내 신앙이고, 하나님이 나를 버리지 않으시듯 나는 그 신앙을 절대 버리지 않을 것이다.

하지만 내가 정말로 믿는 것일까? 모든 게 내 믿음에 달려 있다면, 망할 것 같다는 생각이 드는 날이 있기는 하다. 하지만 내 구원은 내 믿음의 강도가 아니라 하나님의 은혜에만 달려 있다. 내 믿음이 연약할 때도 나는 하나님이 내 삶을 붙들고 계신다고 확신할 수 있다.[6]

루스 터커가 언급한 모든 사람이 그녀처럼 도전에 맞서 견뎌 냈기를 바란다. 하지만 슬프게도 현실은 그렇지 못하다. 어떤 사람들은 확신을 방해하는 문제가 너무 커서 싸움을 포기하고 중도 탈락한다. 이 책이 그런 사람들에게 도움이 되기를 기도한다. 또한 기존 신자들도 믿음이 흔들리는 친구들을 돕는 데 유용한 내용을 이 책에서 찾을 수 있을 것이다.

문제 2: 지적인 회의

많은 사람이 어려움을 겪는 또 다른 원인은 기독교 신앙이 지닌 지적인 문제들과 그에 따른 회의감이다. 기자 출신인 크리스틴 위커(Christine Wicker)는 자신의 회고록 『내 마음 아시는 하나님』(*God Knows My Heart*)에서

---

[6] Tucker, *Walking Away from Faith*, 26.

신앙을 떠난 경험을 들려준다.[7] 근본주의 기독교 배경에서 성장한 그녀는 자신이 물려받은 신앙을 망가뜨린 요인으로 대학과 교회를 꼽는다. 그녀는 수많은 무고한 사람들에게 고통을 허용하시는 하나님을 선하고 주권적인 분으로 묘사한 성경에 환멸을 느꼈다. 또한 대학에 들어가 다른 종교를 공부하면서 다른 신을 섬기는 수많은 사람이 자신이 아는 그리스도인들과 똑같이 좋은 사람인 것을 알게 되었을 때, 그녀의 신앙은 다시 한 번 타격을 입었다.[8]

크리스틴은 자기가 해야 할 생각을 남들에게 맡기지 않을 작정이었다. 특히 성경을 가르치는 설교자들에게는 말이다. 그녀는 "나는 내가 전혀 쓸모없는 뇌를 지닌 더러운 죄인이라고 말하는 사람들에게서 전해 내려온 편협한 지혜를 받아들여야 했다."라고 설명한다. "그 생각을 벗어나자 새로운 사상으로 가득 찬 드넓은 세상을 탐색할 수 있었다."[9] 그녀는 요즘 자신이 믿는 바를 다음과 같이 솔직하게 설명한다.

물론, 내가 생각하는 하나님은 내가 만들어 낸 것에 지나지 않는다. 나는 어머니 말씀처럼 하나님이 내 마음을 알아주신다는 생각에서 출발했는데, 거기서부터 온갖 의문이 쏟아졌다. 하지만 다시 한 번 내 신학

---

7) Christine Wicker, *God Knows My Heart: Finding a Faith that Fits* (New York: St. Martin's, 1999). 다음 책에서 인용되었다. Scot McKnight and Hauna Ondrey, *Finding Faith, Losing Faith: Stories of Conversion and Apostasy* (Waco, TX: Baylor University Press, 2008), 10.
8) McKnight and Ondrey, *Finding Faith, Losing Faith*, 10.
9) McKnight and Ondrey, *Finding Faith, Losing Faith*, 10.

을 세우고 다른 누구의 동의도 포기한 채 그것에 대해 함구했다. 그런데 예상치 못한 곳에서 그것이 반영되는 것을 보기 시작했다. 나는 하나님이 우리를 사랑하는 자라고 부르신다고 말한 나우웬(Henri Nouwen)의 글을 이미 언급한 적이 있다. 그것은 내 마음을 아는 존재와 꽤 비슷하다.[10]

공평하게 말하자면, 지적인 이유로 기독교를 반대하는 모든 사람이 크리스틴처럼 공공연히 자기 개인의 종교를 만들지는 않는다. 지적 배교자라고 해서 모두가 자신의 의심을 공개할 필요를 느끼지도 않는다. 믿음과 확신의 문제로 고민하는 사람에는 여러 형태가 있다. 다음 예가 그중 하나를 잘 보여 준다.

과학적 회의

스콧 맥나이트(Scot McKnight)는 솔직히 말한다. "신앙을 포기한…사람들의 사연을 조사해 보니, 과학적 증거가 가장 흔한 갈등 요소다."[11] 소위 과학과 기독교의 충돌은 많은 사람이 신앙을 의심하고 떠나가게 했다. 그리스도인들은 때로 해로운 방식으로 창조론을 제시하기도 한다. 기독교 학교와 주일학교에서 학생들이 까다로운 질문을 던지지 못하게 만드는 분위기가 형성되기도 한다. 이것은 엄연한 잘못으로, 정직하게 진리를 추

---

10) McKnight and Ondrey, *Finding Faith, Losing Faith*, 12.
11) McKnight and Ondrey, *Finding Faith, Losing Faith*, 27.

구하는 사람들에게 상처를 준다. 오히려 교사들은 질문을 권장하고 어디서 답을 얻을 수 있는지 배울 필요가 있다. 여기서 내 목적은 신앙과 과학이 불러일으킨 문제들을 해결하려는 것이 아니다. 단지 독자들에게 가이드를 줄 수 있는 자료를 제시할 뿐이다.[12]

때로 그리스도인들은 자신들이 반대하는 관점을 잘못 전달하거나 폄하하는 것으로 신앙을 옹호하곤 했다. 결국에는 기독교 신앙을 떠난 크리스틴 로젠(Christine Rosen)은 기독교 초등학교에 다닐 때 3학년 담임 교사가 창조와 진화에 대해 했던 이야기를 기억한다.

"창세기는 우리에게 모든 걸 말해 줍니다."라고 선생님은 말씀하셨다. 크리스틴이 설명한다. "말도 안 되는 이야기였다."

"선생님은 마치 돼지가 날아간다고 이야기하듯이 크게 말씀하셨다. '진화는 우리가 유인원과 원숭이에게서 왔다고 말합니다.'"

크리스틴에게는 그 말이 결정적이었다. 그녀는 이렇게 결론을 내렸다. "당신은 동물원에 가 보았을 것이다. 다윈(Charles Darwin)과 하나님 중

---

12) C. John Collins, *Science and Faith: Friends or Foes?* (Wheaton, IL: Crossway, 2003); C. John Collins, *Did Adam and Eve Really Exist? Who They Were and Why You Should Care* (Wheaton, IL: Crossway, 2011); Bernard Ramm, *The Christian View of Science and Scripture* (Grand Rapids: Eerdmans, 1954); Michael J. Behe, *Darwin's Black Box: The Biochemical Challenge to Evolution* (New York: Free Press, 1996); J. P. Moreland and John Mark Reynolds, eds., *Three Views on Creation and Evolution* (Grand Rapids: Zondervan, 1999); J. P. Moreland, ed., *The Creation Hypothesis* (Downers Grove, IL: InterVarsity Press, 1994); Michael Denton, *Evolution: A Theory in Crisis* (Bethesda, MD: Adler & Adler, 1986); William A. Dembski, *Intelligent Design: The Bridge Between Science and Theology* (Downers Grove, IL: Intervarsity Press, 1999).

에 누가 옳다고 생각하는가? 선생님이 그런 식으로 표현했을 때 나는 하나님을 선택해야겠다고 생각했다."[13]

크리스틴은 선생님이 의도하지 않았던 교훈을 얻었지만, 그날의 선생님의 말씀을 잊을 수 없었다. 그리스도인은 모든 답을 알고 있고, 과학적인 질문을 던지는 사람들은 무식한 바보 취급을 당한다는 것이었다. 이 불쾌한 경험은 계속 크리스틴의 마음에 남았고 "부분적으로는 그녀가 가진 정통 신앙의 중심을 무너뜨린 촉매가 되었다."[14]

루스 터커의 말이 옳다는 데는 의심의 여지가 없다. "기독교 신앙에 대한 가장 큰 과학의 공격은 19세기 말 다윈의 진화론이었다. 리처드 도킨스(Richard Dawkins)에 따르면, '다윈으로 인해 지적으로 만족스러운 무신론자가 탄생할 수 있었다.'"[15]

또 다른 예를 생각해 보자. 어른이 되어 회심한 샘은 지적이고 다재다능한 호감형 인물이다. 성경과 신학을 공부한 그는 헌신적인 신자이며 지역 교회에서 평신도 사역자로 섬겼다. 그는 다윈의 진화론을 공부하면서 조금씩 그것에 매료되다가 결국에는 그 세계관 전체를 받아들이게 되었다. 과학적 증거를 통해 그는 성경에 오류가 있고 기독교 신앙이 공허하

---

13) McKnight and Ondrey, *Finding Faith, Losing Faith*, 22.
14) McKnight and Ondrey, *Finding Faith, Losing Faith*, 22.
15) Tucker, *Walking Away from Faith*, 107. 리처드 도킨스(Richard Dawkins)의 말은 다음 에세이에서 따온 것이다. Alvin Plantinga, "Darwin, Mind and Meaning," *Books and Culture* (May-June 1996): 35.

다는 확신을 갖게 되었다. 진화에는 초자연적 존재가 들어설 여지가 없었다. 그는 과학을 깊이 파고들면서 더는 기도도 하지 않고 성경도 읽지 않았다. 그의 생각에 그는 진리를 찾았고, 그 진리에 확고히 헌신하기로 결심했다. 과학이 불러온 회의가 구원과 확신을 포함하여 그의 신앙을 가장 괴롭히는 문제였다.

문제 3: 민감한 마음, 격한 감정, 두려움

민감성, 감정, 두려움은 다 하나님이 주신 선물이다. 하나님은 우리를 서로 반응하는 민감한 존재로 창조하셨다. 그분은 우리에게 감정을 주셔서 기쁨의 근원이 되게 하셨다. 그리고 어린아이일 때 우리는 위험을 적절히 두려워하는 법을 배운다. 하지만 이 세 가지 선물은 우리 삶에 골칫거리가 될 수 있다.

민감한 마음과 격한 감정

"나는 선천적·후천적으로 감정이 풍부한 사람이다." 언젠가 내가 구원의 확신에 대해 가르쳤던 한 수업에서, 스티브라는 학생이 과제에 이렇게 적었다. 그는 이어서 설명하기를, 자신의 감정 표출이 두 가지 주요한 방식으로 나타난다고 했다. 우선, 그는 주변 상황과 환경에 감정적으로 반응할 때가 많다. 그는 어떤 사실을 다른 방식으로 증명하기 전에 본능적으로 알고 느낄 때가 자주 있다. 많은 경우에 이는 유익하고 그를 올바른 방향으로 이끈다. 둘째, 그는 자신에게 강렬한 감정적 반응이 부족할 때면 그것을 간절히 원한다는 것을 인정한다. 이런 성향은 때로 문제를 일으키곤 한다.

감정적 반응에 대한 이런 갈망 때문에 그는 구원의 확신을 두고 씨름하게 되었다. 물론, 이것은 그의 삶에서도 문젯거리다. "나를 향한 하나님의 사랑을 느끼지 못할 때가 많다."라고 그는 고백한다. 그는 자신의 감정적 성향을 축복이자 저주로 여기는데, 맞는 말이다. 그는 하나님을 더 깊이 체험하기를 간절히 원한다. 예배를 드리고 성경을 읽고 기도하면서 즐거워한다. 하나님은 그의 민감한 마음을 사용하셔서 놓치기 쉬운 다른 사람들의 필요를 잡아내게 하신다. 그의 긍휼히 여기는 마음은 상담과 공감 사역을 하는 많은 사람에게 도움을 주었다.

하지만 그는 하나님을 정서적으로 체험하고 싶어 하는 갈망이 언제나 자신을 빛으로 인도하는 것은 아니라고 인정한다.

하지만 이 갈망에는 더 어둡고 위험한 측면이 있습니다. 나는 하나님의 약속의 말씀이나 표현보다 하나님을 더 필요로 합니다. 나는 내 삶의 정서적 결핍을 채워 줄 체험을 찾곤 합니다.
때때로 불안정하고 우울하고 자포자기하는 심정을 느낍니다. 더 좋은 무언가를 찾겠다며 내 삶에 이미 충만한 복을 무시할 때가 너무 많습니다. 그 점이 부끄럽습니다. 이를 깨닫고 나서는 내 감정 표출을 통제하려고 애쓰고 있습니다.

하나님의 은혜로 스티브는 무난하고 평범한 시간에 대처하는 법을 배웠고 지금도 배우고 있다. 우리는 나중에 하나님이 자녀들에게 구원의 확신을 주시는 기분 좋은 방법들을 살펴볼 때, 어떻게 그것이 가능한지 생각해 볼 것이다. 스티브는 자신의 정서적 특징이 때에 따라 그를 종교적 황홀경으로 이끌기도 하고 영적 고통에 빠지게도 만든다고 고백한다. 민감한 마음과 격한 감정은 그의 평안과 확신을 방해하는 주된 골칫거리다. 그는 이렇게 쓴다. "하나님께 버림받았다고 느끼거나 절망적인 기분이 들 때는 어떻게 해야 하나? …내가 할 수 있는 일이라고는 말씀을 붙잡고 어둠 속을 걷는 것뿐일 때도 있었다." 이것이야말로 그런 암흑기에 해야 할 올바른 행동이다.

두려움

두려움은 또 다른 문젯거리가 될 수 있다. 엘리야 선지자에게도 꼼짝 못 할 만큼 두려움에 사로잡혔던 뜻밖의 사연이 있었다. 그는 악한 왕 아합의 악한 아내 이세벨의 위협을 받고 벌벌 떨었다. 놀랍게도 이 이야기는 이 장 앞부분에서 소개한 일화에 이어지는 내용이다. 엘리야는 여호와를 통해 큰 능력을 보여 주었다. 아합에게 맞섰고, 하나님의 명령으로 이스라엘에 가뭄을 불러왔으며, 하늘에서 불을 내려 갈멜산에 모인 수많은 거짓 선지자를 물리치고 그들을 몰살했다. 그는 3년의 가뭄 끝에 하나님께 기도하여 비를 내렸으며, 이스르엘까지 27킬로미터를 달려갔다(왕상 18장). 엘리야는 최고의 능력을 보여 주었다. 대승을 거두었다. 바알과 아세

라의 선지자들을 물리치고 말 그대로 그들을 모두 무너뜨렸다. 그의 말 한마디에 하늘이 열렸다 닫혔다 했다. 그가 바로 그런 사람이었다.

그러나 손바닥 뒤집듯 순식간에 상황이 변할 때가 있다. 엘리야가 이기고 자신이 후원한 선지자들이 죽었다는 소식을 들은 이세벨은 분노가 극에 달했다. 이세벨은 엘리야에게 사신을 보내어 위협적인 약속을 전달했다. "내가 내일 이맘때에는 반드시 네 생명을 저 사람들 중 한 사람의 생명과 같게 하리라 그렇게 하지 아니하면 신들이 내게 벌 위에 벌을 내림이 마땅하니라"(왕상 19:2). 용맹하게 거짓 선지자들을 물리친 이 하나님의 선지자는 악한 왕후의 위협에 어떻게 반응했을까? "그가 이 형편을 보고 일어나 자기의 생명을 위해 도망하여"(왕상 19:3). 언뜻 봐서는 잘 이해가 가지 않는다. 갈멜산에서 선지자 850명을 이긴 엘리야가 어떻게 고작 한 여자의 위협에 벌벌 떠는가? 오스 기니스(Os Guinness)는 이렇게 쓴다.

엘리야는 사역의 최고조에 있었다. 그는 인정받았고, 옳음이 입증되었고, 성공했다. 모든 것을 손에 쥐기만 하면 되는 상황이었다. 군중들은 그를 지지했고 왕의 힘은 위축되었다. 적들은 대거 소탕되었고 그의 대의는 정당성이 입증되었다. 그런 그가 돌연 한 여자 이세벨의 위협 앞에 풀이 꺾여 목숨을 걸고 달아났다. 이보다 얼토당토않은 일은 없어 보인다.[16]

---

16) Os Guinness, *God in the Dark: The Assurance of Faith Beyond a Shadow of Doubt* (Wheaton, IL: Crossway, 1996), 129-130.

다른 각도에서 보면, 엘리야의 두려움과 도망은 이해가 가는 면이 있다고 기니스는 설명한다.

엘리야는 감정이 격해져 긴장한 탓에 지쳤다. 녹록지 않은 공적인 대결에 그의 비축된 힘이 모두 동원되어 소진되었다. 광야에서 외로운 세월을 보내던 그가 이스르엘까지 전력 질주했으니 감정이 잔뜩 예민해졌고, 그래서 단 하나의 위협에도 기가 죽었다. 하나님이 그를 실망시키신 것이 아니라, 그의 감정이 믿음과 이성을 꺾고 그를 절망의 수렁에 몰아넣었다.[17]

다음과 같은 엘리야의 말이 드러내듯, 아무리 큰 업적을 이루었다 해도 두려움과 의심이 완전히 사라지지는 않는다. "여호와여 넉넉하오니 지금 내 생명을 거두시옵소서 나는 내 조상들보다 낫지 못하니이다"(왕상 19:4).
여러 가지 형태의 두려움이 우리의 삶의 문젯거리가 되어 우리가 주님의 소유라는 확신을 망가뜨린다. 그 결과로 엘리야처럼 항상 자살을 떠올리는 것은 아니지만, 두려움의 여러 양상이 하나님의 백성을 괴롭힐 수 있다.

---

17) Guinness, *God in the Dark*, 130.

문제 4: 위선과 배교

위선과 배교를 살펴보는 일은 우리 마음을 불편하게 하지만 꼭 필요한 일이다. 이 두 가지가 많은 사람의 삶에 영향을 미치기 때문이다. 위선은 신앙을 고백하는 그리스도인이 실제 삶에서는 그 믿음이 거짓임을 드러내는 것이다. 배교는 한때 신앙을 고백했던 사람이 신앙을 거부하는 것이다. 둘 다 확신에 방해가 되기에 주의를 기울일 필요가 있다.

위선

맥나이트는 단도직입적으로 말한다. "그리스도인들, 현대는 물론이고 (현대의 기준으로 매우 놀라운 순간과 사건을 포함하여) 교회 역사 전체의 그리스도인들이 신앙의 방해물을 만들고 때로 신자들을 믿음에서 멀어지게 한다."[18] 이에 대한 강력한 예가 '로스앤젤레스 타임스'(Los Angeles Times) 기자 윌리엄 롭델(William Lobdell)의 이야기다. 그는 회심을 통해 우울하고 절망적인 삶에서 벗어났다. 그는 종교 담당 기자로 경력을 쌓기 시작했다. "그는 그의 칼럼에 신앙인들의 이타적이고 감동적이며 거룩한 수고를 보도했다. 노숙자들에게 집을 내주고 굶주린 사람들에게 음식을 주며 경건과 자비와 선의로 세상을 더 좋은 곳으로 만들고자 애쓰는 사람들의 사연을 소개했다."[19]

---

18) McKnight and Ondrey, *Finding Faith, Losing Faith*, 27-28.
19) Phil Zuckerman, *Faith No More: Why People Reject Religion* (New York: Oxford University Press, 2012), 88.

롭델의 아내가 로마 가톨릭 가정에서 자랐기 때문에 그도 가톨릭 전통에 호감이 있었고, 부활절 성야 입교식을 준비하기도 했다. 그러나 그 무렵 가톨릭교회의 성 추문 기사를 쓰게 되면서 그는 마음이 몹시 괴로웠다. 그는 자신의 심경을 이렇게 털어놓는다.

피해자의 사연이나 주교들의 거짓말(그중 다수가 그들이 직접 쓴 편지에 적혀 있었다)이 머릿속에서 사라지지 않았다. 언론에 20년 넘게 몸담으면서 살인, 강간을 비롯해 온갖 폭력 범죄와 비극을 다루었지만 이번에는 달랐다. 아이들은 아무 죄가 없었고 아이들의 부모는 너무나 신실했으며 사제와 주교들은 너무 부패했다. 빈센트 신부님이 내게 던져 준 생명줄이 내 손에서 빠져나가기 시작했다.[20]

그래서 어떻게 되었을까? 롭델은 양심상 로마 가톨릭교회의 일원이 될 수 없었다. 그가 개신교계에 초점을 맞추어 찾은 결과 역시 별 다를 바가 없었다. 필 주커만(Phil Zuckerman)은 자세한 이야기를 들려준다.

롭델은 은사주의 신앙 치료자이자 백만장자인 베니 힌(Benny Hinn) 같은 사람들을 추적했다. 베니 힌은 끊임없이 몰려오는 가난하고 고통받는 이들에게 약속하기를, 전 재산을 바치면 암이나 당뇨, 다발 경화증 같

---

[20] McKnight and Ondrey, *Finding Faith, Losing Faith*, 28.

은 병을 고쳐 주겠다고 했다. 롭델은 복음주의 공동체 내에서 이런 비윤리적인 기독교 사기를 더 많이 목격할수록 종교에 대한 혐오감이 점점 더 커졌다.[21]

위선적인 그리스도인들의 사연이 쌓여 가면서 롭델의 신앙은 더 견뎌 내지 못했다. "내 영혼은… 오래전에 믿음을 잃어버렸다. 머리로는 그 사실을 부정해 왔지만 결국에는 불신앙에 도달했다. …아내에게 핸드폰으로 전화해서 기사에 새로운 내용을 실을 것이라고 말했다."[22]

위선은 롭델의 신앙과 확신을 무너뜨린 문젯거리였다. 반드시 이런 결론이 나는 것은 아니지만, 많은 사람이 위선이라는 적수를 극복하지 못한다.

배교

많은 사람을 괴롭히는 또 다른 문젯거리는 그들이 존경하는 사람들의 배교다. 배교는 한때 자신이 주장하던 신앙을 떠나는 것이다. 이것은 다른 사람들을 실족하게 만드는 그리스도인들의 부정적인 사례와는 다르다. 이전에 신앙을 고백했던 이가, 심지어 기독교 지도자가 신앙을 거부하는 것이다. 물론, 기독교 신앙에 등을 돌린다는 것은 확신을 잃어버렸다는 뜻이다. 배교는 어떤 이들에게는 유독 화를 불러일으키는 본보기가

---

21) Zuckerman, *Faith No More*, 89.
22) McKnight and Ondrey, *Finding Faith, Losing Faith*, 29.

되는 것 같다. 루스 터커는 많은 사람을 신앙에서 떠나게 만든 책임이 있는 배교자 댄 바커(Dan Barker)의 이야기를 들려준다.

열다섯 살에 복음 전도를 시작한 바커는 기독교 대학을 졸업한 다음 세 개의 교회를 섬겼으며, 8년간 기독교 전도사로 사역하면서 전국적으로 활동했다. 또한 피아노 연주자로도 성공하여 여러 곡을 작곡했다. 지금까지도 그는 자신이 그리스도인이던 시절에 만든 노래로 저작권 수입을 얻고 있다. 하지만 그는 더 이상 그리스도를 전하지 않는다. 오히려 정반대다.

요즘 바커는 자신의 전도 기술을 활용하여 강연과 저술을 통해 사람들을 신앙에서 돌아서게 하고 있다. 웹사이트에 게재된 론다 자키시(Rhonda Jockisch)의 간증이 전형적인 예다. 그녀는 대학을 졸업하고 좋은 직장에 들어갔으며 날마다 성경을 읽는 습관을 들이고 있었다.
"세상 부러울 게 없는데도 늘 비참한 기분이었어요. 내가 지은 온갖 죄 때문에 죄책감에 가득 차 있었죠. …그러다가 온라인에서 어떤 인문주의자/무신론자들을 만나 대화를 나누기 시작했어요. …그중 한 사람이 댄 바커의 『신앙 안에서 신앙을 잃다』(Losing Faith in Faith)를 추천해 주었어요. 그 책을 읽고 나서 댄 바커가 진실을 말하고 있다면 기독교가 절대 사실일 리 없다는 것을 알게 되었죠."[23]

---

23) Tucker, *Walking Away from Faith*, 185-186.

바커는 기독교를 갑자기 떠난 것이 아니라 네다섯 해에 걸쳐 서서히 거리를 두었다. 그는 완전히 신앙을 떠나기까지 자유주의 저술로 자신의 지적 갈망을 만족시켰다. 한동안 겉으로만 전도사 활동을 하다가 초월적 존재를 부인하고는 다시 전도 활동을 하지 않았다. 적어도 그리스도를 다시 전하는 일은 없었다. 대신 반기독교 메시지를 전했다. 그의 새로운 사역은 성공 가도를 달렸다. 그 덕분에 평신도 복음 전도자였던 부모가 신앙을 버렸다. 동생도 무신론으로 넘어왔다. 바커의 표현을 빌리자면, "부모와 동생이 서서히 변하는 모습이 큰 격려가 되었다."[24]

미국 최고의 불신앙 전도사라고 할 만한 바커는 자신이 한때 옹호했던 신앙에 대해 그것을 전파할 때만큼이나 열심히 맞서 싸우고 있다. 그는 때로 그리스도인들과의 논쟁을 불사하면서까지 열정적으로 무신론에 대해 글을 쓰고 강연한다. 양로원에서 강연하고, 어른뿐 아니라 아이들에게도 메시지를 전한다. 아이들을 위한 책도 출간했다. 전에는 그리스도인들이 부르는 찬양을 만들었지만, 최근에는 기도는 아무 소용 없다는 노래나 무신론자 이웃을 칭송하는 노래 같은 것을 만든다.[25]

기독교를 거부하는 사람들 대부분은 댄 바커처럼 큰 소리를 내지 않는다. 바커처럼 다른 사람의 신앙을 해치는 사람은 별로 없다. 그럼에도 배교는 많은 사람에게 문젯거리이며, 완전히 믿음을 포기하게 하지는 않더라도 믿음을 흔들고 확신을 손상시킨다.

---

24) Tucker, *Walking Away from Faith*, 189.
25) Tucker, *Walking Away from Faith*, 184, 186.

문제 5: 과신

과신이 확신을 방해할 수 있다고 말하면 놀라는 사람들이 있다. 그러나 제이슨의 사연이 보여 주듯, 그럴 가능성은 충분하다.

어떤 목사가 제이슨이라는 사람과 많은 시간을 함께 보냈다. 제이슨은 여자 친구 크리스타와 함께 살고 있었는데, 둘은 영적으로 서로 다른 방향으로 움직이기 시작했다. 크리스타는 목사님의 따뜻한 가르침과 교회 사람들의 친절한 모습을 보면서 하나님께 끌리고 있었다. 그러나 제이슨은 교회의 필요성을 느끼지 못했고 여자 친구와 교회에 가지도 않았다. 그는 자신과 하나님 사이에 아무 문제도 없다고 생각했다. 그는 오래전에 청소년 집회에서 그리스도를 믿는다고 고백한 적이 있었다. 전도사가 전하는 천국과 지옥에 대한 메시지를 듣고 겁에 질린 그는 결신자 초청에 응해 앞으로 나갔다.

이 목사는 그 후에 제이슨의 삶에 벌어진 일과 그 영향에 대해 이렇게 말한다.

그가 눈물범벅이 된 채 강단 앞에 서자 강사는 앞으로 나온 사람들에게 "저를 따라서 기도하세요."라고 말했다. 제이슨도 한 마디씩 따라서 기도했다. 기도가 끝나자 강사는 이렇게 선언했다. "이 기도를 드린 사람은 이제 하나님의 자녀입니다. 천국이 여러분의 진짜 집이니 다시는 지옥을 두려워하지 않아도 됩니다. 하나님의 가족이 된 것을 환영합니다!"

제이슨은 그 말에 안심했다. 이후로는 천국이나 지옥에 대해 생각할 일이 거의 없었다. 그 강사의 약속을 철석같이 믿은 그는 자신이 영원히 하나님의 가족이 되었다고 생각했다.[26]

그러나 제이슨의 악한 생활 방식은 그대로였다. 강사가 말해 준 확신만 의지한 채 그는 별생각 없이 죄를 지었다. 그는 그 확신의 말씀을 지옥에 대한 '화재 보험'처럼 여겼다. 그것을 하나님에 대해 깊이 생각하지 않은 채 자기 마음대로 살아갈 면죄부로 취급했다. 목사는 제이슨과 대화를 나누면서 그가 하나님에 대한 사실을 몇 가지 알고 있기는 하지만 인격적으로는 그분을 모른다는 것을 확실히 알게 되었다. 제이슨은 그리스도와 살아 있는 관계를 맺고 있지 않았다. 청소년 집회 강사가 그에게 뭐라고 말했든, 그는 세상에서 소망이 없고 하나님도 없는 사람이었고 영적으로 죽은 상태였다(엡 2:1, 12).

한 전도사의 부주의한 말이 제이슨을 구원에 대한 과신과 거짓 확신으로 잘못 인도했다. 역설적이게도 사람들을 하나님께로 인도하기 위한 모임이 마취제가 되었다. 그래서 제이슨이 죄를 용서하시고 그분을 알고 사랑하는 사람들에게 거룩한 삶을 허락하시는 구세주의 필요성을 느끼지 못하게 만들어 버렸다. 이처럼 때로 거짓 확신을 낳는 과신도 확신의 방해물에 포함될 수 있다. 과신은 죄와 예수님에 대한 필요를 깨달아야 할 사람

---

[26] Tullian Tchividjian, *Do I Know God? Finding Certainty in Life's Most Important Relationships* (Colorado Springs: Multnomah, 2007), 42.

들을 잠재우는 자장가를 불러 준다. 이 문젯거리는 극복하기가 쉽지 않지만, 나는 하나님의 사랑으로 이를 극복하는 모습을 여러 차례 목격했다.

결론

그리스도인들은 구원의 확신이 유익하고 바람직하다고 확신한다. 그러나 확신에는 적이 많다. 이 적들은 "내가 네 구원을 흔들고 확신을 앗아 갈 것이다."라며 공공연히 존재를 드러내지 않는다. 대신, 여러 형태로 위장한다.

때로 이 문젯거리들은 그리스도 안에 있는 하나님의 무조건적 사랑을 받아들이지 못하게 만드는 환경으로 나타나기도 한다. 또 때로는 하나님을 포함하여 다른 사람을 믿는 능력을 방해하는 힘겨운 경험으로도 나타난다. 선천적으로든 후천적으로든 하나님을 의심하는 성향의 사람이 있다. 그런 사람들에게 확신은 늘 전쟁과도 같으며, 일부는 그 전쟁에서 위축되고야 만다.

확신의 방해물은 믿음에 도전하고 그것을 폄하하는 지적인 사상으로 둔갑하기도 한다. 우리가 '그런 순진한 생각'을 믿어서 속았다고 느끼게 만든다. 다원주의나 다른 철학 사상으로 계몽된 우리의 세계관은 하나님과 확신이 설 자리가 없을 때까지 계속해서 변한다.

이런 방해물은 정정당당하게 나오지만은 않을 것이다. 방심한 틈을 타서 우리 약점을 공략한다.

민감한 마음을 지닌 덕분에 타인의 필요를 잘 파악하고 자비를 베푸는 사람들이 있다. 하지만 이 민감한 마음 때문에 상처에 노출되기도 한다. 다른 사람들은 잘 대처하는 경험이 우리에게는 힘든 것이 되고 하나님과의 관계에 의문을 제기하게 할 수 있다.

기쁨과 흥분 같은 강렬한 감정을 즐기는 이들이 있다. 하지만 이 강렬한 감정이 지나친 염려나 불행으로 이어질 수도 있다. 두려움에 별로 영향을 받지 않는 사람들이 있는가 하면, 조심하지 않으면 두려움에 크게 좌지우지되는 사람들도 있다. 이런 감정들은 문젯거리라는 역할을 크게 드러내지는 않지만, 민감한 마음과 격한 감정, 두려움은 우리의 정서적·영적 평형을 깨뜨리고 구원을 의심하게 만들 수 있다.

위선과 배교 역시 많은 사람에게 슬며시 다가가 하나님과의 관계를 망가뜨린다. 주님을 안다고 고백하는 일부 사람들의 거룩하지 못한 모습 때문에 많은 사람이 복음에서 돌아선다. 구원과 확신이라는 개념을 비웃는 지적인 배교자들은 책이나 강의, 블로그나 웹사이트 등에 수록한 기발한 말로 다른 사람들의 신앙과 확신에 상처를 준다.

과신은 남몰래 작용하기 때문에 특이나 교활한 문젯거리다. 신앙을 고백하고 확신의 말씀을 받은 사람들이 때로는 엉뚱한 길로 간다. 그들의 삶에 하나님을 위한 영적 열매가 없다면 그들 자신의 신앙 고백을 의심해 보아야 한다. 그런데도 그들은 과신이라는 방해물에 속아서 그대로 삶을 영위하는 경우가 있다.

지금까지는 부정적인 내용만 다루었다. 구원의 확신을 괴롭히는 다섯 가지 문제를 숙지하는 동안 우리는 계속해서 문제가 있는 이야기만 들었다. 앞으로 나올 다른 단계를 위해 괴롭지만 꼭 필요한 첫 단계였다. 이제 계속해서 함께 하나님의 말씀을 탐구하면서, 어떻게 하나님이 측량할 수 없는 은혜로 신자들에게 확신을 주시는지 배워 보자. 앞으로 살펴보겠지만, 하나님은 그렇게 하시기 위해 우리에게 약속을 주시고, 우리 안에서 일하시는 성령을 허락하시며, 우리 삶에 역사하신다. 어떻게 하나님의 은혜가 우리의 모든 문젯거리를 넉넉히 이기는지 확인해 보자.

Part 1

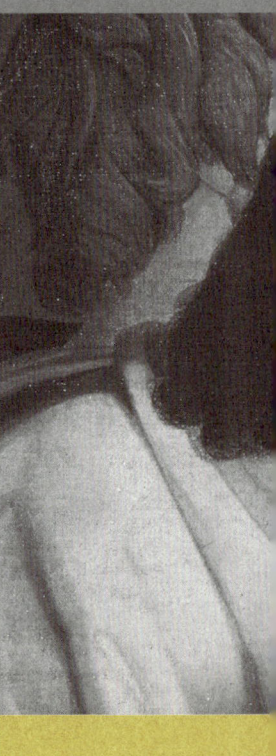

확신과 하나님의 말씀

02

THE ASSURANCE OF SALVATION

확신과 복음

하나님은 세 가지 주요한 방식으로 확신을 주신다. 하나님의 말씀으로 구원을 약속하시고, 성령이 우리 마음속에 역사하시며, 우리 삶에서 하나님이 일하신다. 2장부터 4장까지는 이 중에서 첫 번째 방식에 초점을 맞춘다. 하나님은 복음의 메시지를 통해 그분의 사랑과 우리의 영원한 생명을 확인해 주신다. 앤서니 후쿠마(Anthony Hoekema)는 복음의 내용을 다음과 같이 깔끔하게 요약한다.

1. 복음과 관련된 사실들과 구원의 방법
2. 회개와 믿음으로 그리스도께 나아오라는 초대
3. 용서와 구원의 약속[1]

---

[1] Anthony A. Hoekema, *Saved by Grace* (Grand Rapids: Eerdmans, 1989), 70-72.

후쿠마가 옳다. 복음에는 우리 죄를 용서하시고 우리를 구원하시려는 하나님의 약속이 들어 있다. 그리고 이 약속은 확신을 가져다준다. 복음 자체가 하나님이 그분의 자녀들이 하나님께 속했음을 확인해 주시기 위해 사용하시는 실질적 수단이다. 이 장은 복음에 대한 다음 여섯 본문을 집중적으로 살펴보려 한다.

- 요한복음 3장 16-18절
- 요한복음 5장 24절
- 에베소서 2장 1-9절
- 히브리서 7장 23-25절
- 히브리서 10장 11-14절
- 베드로전서 1장 3-5절

요한복음 3장 16-18절

하나님이 세상을 이처럼 사랑하사 독생자를 주셨으니 이는 그를 믿는 자마다 멸망하지 않고 영생을 얻게 하려 하심이라 하나님이 그 아들을 세상에 보내신 것은 세상을 심판하려 하심이 아니요 그로 말미암아 세상이 구원을 받게 하려 하심이라 그를 믿는 자는 심판을 받지 아니하는 것이요 믿지 아니하는 자는 하나님의 독생자의 이름을 믿지 아니하므로 벌써 심판을 받은 것이니라.

성경에서 가장 유명한 이 구절은, 하나님이 세상을 사랑하셨다고 말한다(요 3:16). 다른 성경 구절들에서 하나님께 반대한다고 말한 바로 그 세상이다(요 7:7, 15:18; 요일 2:16). 한마디로, 세상은 하나님을 미워했다. 그런데도 하나님은 하나밖에 없는 아들을 보내셔서 사랑을 표현하셨다. 하나님은 하늘에서 땅으로 그 아들을 보내셔서 동정녀 마리아에게서 태어나게 하셨다. 예수님은 죄 없는 삶을 사시고 죄인들을 위해 죽으셨다. 그래서 그분을 구세주로 믿는 모든 사람은 영원히 지옥에 떨어지지 않고 지금부터 영원까지 지속되는 영생을 얻게 되었다.

구출 작전

요한은 하나님 아버지가 아들을 보내신 이유는, 세상을 심판하기 위해서가 아니라 구원하기 위해서라고 설명한다(요 3:17). 구출 작전에 착수하신 것이다. 아들은 심판하시지만, 그분의 구출 작전에 반하는 죄의 결과로만 심판하신다.

이것은 한 문화권에 구원을 전하고자 하는 선교사들과 비슷하다. 구원 사역을 하다 보면 불가피하게 심판이 따를 수밖에 없다. 이 선교사들에게 정죄하려는 의도가 있었을까? 당연히 아니다. 그러나 복음을 선포하다 보면 불신앙을 맞닥뜨리기 때문에 의도치 않게 심판이 따른다. F. F. 브루스(F. F. Bruce)는 복음에 대한 다양한 반응을 다음과 같이 미술관을 찾은 관람객과 비교했는데 이해에 도움이 된다.

작품을 전시하는 미술관에서 시험대에 오르는 것은 작품이 아닌 관람객이다. 작품이 관람객의 질문에 부응하기 위해 존재하는 것이 아니라, 관람객이 자신이 보는 작품에 대한 반응을 통해 그들의 취향(혹은 다른 취향)을 드러낸다. 몇 해 전에 '모나리자'(Mona Lisa)를 쓰레기 취급했다고(실제로는 '쓰레기'보다 더 심한 표현을 사용했다) 보도된 어느 팝 가수는 그 작품에 대해 무언가를 말해 주었다기보다는 그 자신에 대해 시사한 바가 더 컸다. 예술 영역에 적용되는 이런 사실은 영적 영역에도 똑같이 적용된다. 그리스도를 평가 절하하거나 그분이 그런 충성을 받을 만한 가치가 없다고 여기는 사람은 그리스도가 아니라 자신을 비판하는 것이다.[2]

---

2) F. F. Bruce, *The Gospel of John* (Grand Rapids: Eerdmans, 1983), 91.

하나님의 아들은 우리를 구원하러 오셨지만, 구원 사명의 불가피한 부산물로 심판이 따른다. 하지만 놀랍게도 그 아들이 오셔서 마지막 날의 판결을 밝혀 주셨다. 사람들은 자신의 영원한 운명을 알기 위해 마지막 심판 때까지 기다릴 필요가 없다. 예수 그리스도와의 관계에 따라 그 운명은 지금 밝혀진다.

그리스도를 거부한 사람들에게는 좋지 않은 소식이다. "믿지 아니하는 자는 하나님의 독생자의 이름을 믿지 아니하므로 벌써 심판을 받은 것이니라"(요 3:18). 복음이 제시하는 그리스도를 거부한 모든 이는 마지막 날의 판결을 지금 알 수 있다. 심판장 하나님의 판결을 들을 때까지 기다리지 않아도 된다. 벌써 심판을 받았기 때문이다. 요한의 생각의 흐름을 따르자면, 이 좋지 않은 소식은 좋은 소식이기도 하다. 하나님은 믿지 않는 이들이 이 심판의 말씀을 듣고 믿음으로 그리스도께 돌아와서 달라진 판결을 알기 원하신다.

아주 좋은 소식

물론, 미리 선포된 마지막 판결은 그리스도를 믿는 모든 사람에게는 아주 좋은 소식이다. "그를 믿는 자는 심판을 받지 아니하는 것이요"(요 3:18). 구원이 그리스도께만 있다고 믿는 이들은 마지막 날에 하나님의 심판을 받지 않을 것을 지금 확신할 수 있다. 복음을 믿는 행위에는 확신이 따르는데, 그리함으로써 우리 자신에게서 하나님의 아들, 곧 잃어버린 자를 구원하실 수 있는 유일한 분에게로 눈을 돌리게 하기 때문이다. 그래서 요한복음 3장 16절은 그리스도의 구원하심을 믿는 이들에게 확신을 주시고자 하나님이 준비하신 세 구절(요 3:16-18) 중 하나다. D. A. 카슨(D. A. Carson)은 간결하게 말한다. "따라서 신자는 심판받지 않고… 심판받지 않을 것이다."[3]

요한복음 5장 24절

내가 진실로 진실로 너희에게 이르노니 내 말을 듣고 또 나 보내신 이를 믿는 자는 영생을 얻었고 심판에 이르지 아니하나니 사망에서 생명으로 옮겼느니라.

요한복음은 단순하면서도 심오한 단어들을 사용한다. 이런 단어 사용은 때로 독자들에게 혼란을 일으킨다. 예를 들면, 예수님은 마지막 때에 죽은 자들을 일으키신다고 말씀하신다. "이를 놀랍게 여기지 말라 무덤 속에 있는 자가 다 그의 음성을 들을 때가 오나니 선한 일을 행한 자는 생명의 부활로, 악한 일을 행한 자는 심판의 부활로 나오리라"(요 5:28-29). 인자이신 예수님은 죽은 자들을 무덤에서 부르셔서 그들의 영원한 운명을 맞이하게 하실 것이다.

---

3) D. A. Carson, *The Gospel According to John*, Pillar New Testament Commentary (Grand Rapids: Eerdmans, 1991), 206.

영의 부활

그러므로 예수님이 몇 구절 앞에서 비슷한 표현을 사용하실 때 그분이 똑같은 내용을 말씀하신다고 가정하는 것은 당연하다. "진실로 진실로 너희에게 이르노니 죽은 자들이 하나님의 아들의 음성을 들을 때가 오나니 곧 이때라 듣는 자는 살아나리라"(요 5:25). 언뜻 보기에 이 말씀은 예수님이 이 땅에서 사역하실 때 죽은 자들을 일으키신 일을 말씀하시는 것처럼 들린다. 나인성 과부의 아들이나 야이로의 딸, 나사로를 그렇게 살리지 않으셨던가? 하지만 이런 해석은 잘못된 결론에 도달하게 한다. "때가 오나니 곧 이때라"(요 5:25)와 "때가 오나니"(요 5:28)라는 요한 특유의 구분에 주목하라. 후자의 표현은 아직 일어나지 않은 무언가를 가리키는데, 이 경우에는 마지막 날에 있을 죽은 자들의 부활이다. 전자의 표현은 이미 일어난 무언가를 가리키는데, 이 경우에는 지금 예수님을 믿는 모든 이의 영적 부활이다.

바로 앞 절이 이런 결론을 확인해 준다. 거기서 예수님은 이렇게 말씀하신다. "내가 진실로 진실로 너희에게 이르노니 내 말을 듣고 또 나 보내신 이를 믿는 자는 영생을 얻었고 심판에 이르지 아니하나니 사망에서 생명으로 옮겼느니라"(요 5:24). 예수님의 메시지를 듣고 그분(그리고 하나님 아버지)을 믿는 사람은 어떤 한 영적 차원에서 다른 영적 차원으로 옮겨졌다. 그들은 영적 죽음에서 영적 생명으로 옮겨졌다. 얼마나 놀라운 일인가! 예수님의 말씀을 믿고 그분을 구세주로 믿는 사람은 영적으로 살리심을 받았다. 이것은 마지막 날에 하나님의 능력으로 몸이 부활하는 것과 같다.

예수님에 대한 믿음이 확신을 불러온다

그러므로 예수님에 대한 믿음이 구원의 확신을 가져온다. 영적 부활을 경험한 모든 사람은 심판에 이르지 아니하나니 사망에서 생명으로 옮겼다(요 5:24). 또한 마지막 때에 생명의 부활을 경험할 것이다(요 5:29). 레온 모리스(Leon Morris)는 그리스도를 거부한 이들에게 임할 심판에 대한 요한의 가르침을 설명한 후에, 중요한 유사점을 끌어낸다.

> 영생을 지닌 사람도 마찬가지다. 그의 정당성은 지금 여기서 인정받는다. 그는 이미 죽음의 상태를 벗어나 생명으로 들어갔다. 이것이 현 상태이지만 거기에는 미래의 함의도 들어 있다. 심판을 받지 않는 사람은 마지막 날에도 심판받지 않을 것이다. …이 말씀은 그의 영원한 안전을 가리킨다. 지금 영생을 소유하는 것은 영원히 안전하다는 뜻이다.[4]

카슨은 여기서 요한의 표현이 "…사실상 신자는 최후의 심판에 이르지 않고 이미 무혐의로 법정을 떠난다는 바울의 칭의 교리와 구분하기 어렵다."[5]라고 옳게 파악한다.

이제부터는 바울의 가르침을 살펴볼 차례다.

---

4) Leon Morris, *The Gospel According to John*, New International Commentary on the New Testament (Grand Rapids: Eerdmans, 1971), 316.
5) Carson, *The Gospel According to John*, 256.

에베소서 2장 1-9절

그는 허물과 죄로 죽었던 너희를 살리셨도다 그때에 너희는 그 가운데서 행하여 이 세상 풍조를 따르고 공중의 권세 잡은 자를 따랐으니 곧 지금 불순종의 아들들 가운데서 역사하는 영이라 전에는 우리도 다 그 가운데서 우리 육체의 욕심을 따라 지내며 육체와 마음의 원하는 것을 하여 다른 이들과 같이 본질상 진노의 자녀이었더니 긍휼이 풍성하신 하나님이 우리를 사랑하신 그 큰 사랑을 인하여 허물로 죽은 우리를 그리스도와 함께 살리셨고 (너희는 은혜로 구원을 받은 것이라) 또 함께 일으키사 그리스도 예수 안에서 함께 하늘에 앉히시니 이는 그리스도 예수 안에서 우리에게 자비하심으로써 그 은혜의 지극히 풍성함을 오는 여러 세대에 나타내려 하심이라 너희는 그 은혜에 의하여 믿음으로 말미암아 구원을 받았으니 이것은 너희에게서 난 것이 아니요 하나님의 선물이라 행위에서 난 것이 아니니 이는 누구든지 자랑하지 못하게 함이라.

바울도 요한처럼 신자들에게 궁극적인 구원을 확신시키기 위해 복음을 전한다. 여기서 그는 하나님의 은혜가 그리스도 안에 있는 모든 신자를 건져 낸 절망적인 상태를 생생하게 파헤친다. 첫째, 구원받기 전에 우리는 하나님의 생명이 없는, 영적으로 죽은 상태였다(엡 2:1). 둘째, 죄와 세상의 영역에서 살았다. 셋째, 믿지 않는 이들의 삶 가운데 활동하는 사탄의 욕구를 무심결에 따랐다(엡 2:2). 넷째, 육체의 욕심을 따라 살았다(엡 2:3).

다섯째, 다른 이들과 같이 본질상 진노의 자녀였다(엡 2:3). 즉 우리를 비롯하여 온 인류는 하나님께 반항했기 때문에 그분의 거룩하신 진노를 받아 마땅하다.

왜 사도는 구원받기 전 인류의 상태를 이토록 암울하게 묘사하는가? 두 가지 이유가 있다. 우선은 그것이 사실이기 때문이다. 우리는 잃어버린 바 되었고 스스로를 구할 수 없었다. 하나님은 우리가 이런 사실을 기억하기를 원하신다. 그래야 우리는 은혜에 감사할 수 있다. 다이아몬드는 보석 세공인의 자주색 천에 대비될 때 가장 밝게 빛나는 법이다. 마찬가지로 하나님의 비할 데 없는 은혜는 우리의 끔찍한 곤경과 대비될 때 가장 밝게 빛난다.

선명한 대조

에베소서 2장 4-5절은 앞의 내용과 극명하게 대비된다. "긍휼이 풍성하신 하나님이 우리를 사랑하신 그 큰 사랑을 인하여 허물로 죽은 우리를 그리스도와 함께 살리셨고." 에베소서 2장 1-3절이 묘사한 대로 우리는 잃어버린 바 되고 절망적인 상태였지만, 하나님이 그 크신 자비하심으로 우리를 사랑하셨다. 우리가 구원받은 것은 우리의 공로 때문이 아니다. 오히려 하나님의 긍휼과 사랑과 자비하심과 은혜 덕분이다(엡 2:4-5, 7).

하나님은 우리를 향한 그분의 풍성하신 긍휼을 어떻게 표현하셨는가? 우리를 그리스도와 함께 살리셨다(엡 2:5). 하나님은 영적으로 죽은 우리를 살려 주셨는데 그리스도와 함께 살리셨다. 하나님은 우리를 그 아들과 영적으로 하나 되게 하셔서 그분의 부활이 우리의 부활이 되게 하셨다. 그리스도께서 죽은 자들 가운데서 다시 사신 것처럼 우리도 그리스도 안에서 하나님을 향하여 살게 되었다.

바울은 죄 가운데 죽은 자들을 다시 살리시는 하나님의 능력을 은혜의 본보기로 묘사한다. 그래서 그다음 절에서 이렇게 말한다. "너희는 은혜로 구원을 받은 것이라"(엡 2:5). 하나님의 은혜는 스스로 구원할 수 없는 이들을 그분의 자비하심으로 구원한다.

그리스도와 함께 하늘에 앉히시니

하나님은 우리를 부활하신 그리스도와 영적으로 하나 되게 하실 뿐 아니라, 또 함께 일으키사 그리스도 예수 안에서 함께 하늘에 앉히신다(엡 2:6). 성경 전체에서 이렇게 말씀하는 곳은 (골로새서 3장 3절에서 이를 암시하기는 하지만) 여기뿐이다. 사람들의 삶에 이렇듯 놀라운 은혜를 보여 주시는 하나님의 목적은 무엇일까? 바울에 따르면, 이는 그리스도 예수 안에서 우리에게 자비하심으로써 그 은혜의 지극히 풍성함을 오는 여러 세대에 나타내려 하심이다(엡 2:7). 하나님은 교회를 통해 사람들과 천사들에게 그분의 은혜를 드러내신다.

이번에도 사도는 은혜라는 단어를 되풀이하고 확장한다. "너희는 그 은혜에 의하여 믿음으로 말미암아 구원을 받았으니 이것은 너희에게서 난 것이 아니요 하나님의 선물이라 행위에서 난 것이 아니니 이는 누구든지 자랑하지 못하게 함이라"(엡 2:8-9). 구원은 순전히 하나님의 은혜에서 비롯된다. 우리에게는 자랑할 이유가 전혀 없다. 하나님과 그분의 자비하심만을 자랑할 수 있을 뿐이다.

하나님의 은혜에 대한 이 놀라운 말씀이 도대체 확신과 무슨 상관이 있는가? 우선, 프랭크 틸먼(Frank Thielman)이 지적하듯이, 이 본문에서 구원은 신자들이 현재 누리는 축복이다. "여기서 신자들은 확실히 지금 구원을 누린다. 하나님은 그들을 그리스도와 함께 이미 살리셨고 일으키셨으며 심지어는 이미 함께 하늘에 앉히셨다. 어떤 의미에서 이들의 부활은 이미 이루어졌다."[6] 바울은 구원을 다룰 때 대체로 미래를 가리킨다. 구원을 영광스러운 소망으로 제시한다. 그러나 여기서는 현재성을 강조한다.

하지만 어째서 그 말씀이 우리의 확신을 강화해 주는가? F. F. 브루스는 다음과 같이 말한다.

하나님이 이미 그 백성을 그리스도와 함께 하늘에 앉히셨다는 개념은 다른 곳에서는 찾아볼 수 없는 바울의 표현이다. 이는 자기 백성을 향한 하나님의 목적을 선언한 내용으로 이해하는 것이 가장 좋을 듯하다. 그 목적이 이루어질 것이 너무 확실하기에 이미 이루어진 일로 표현할 수 있는 것이다. "의롭다 하신 그들을 또한 영화롭게 하셨느니라"(롬 8:30).[7]

---

6) Frank Thielman, *Ephesians*, Baker Exegetical Commentary on the New Testament (Grand Rapids: Baker Academic, 2010), 135.
7) F. F. Bruce, *The Epistles to the Colossians, to Philemon, and to the Ephesians*, New International Commentary on the New Testament (Grand Rapids: Eerdmans, 1984), 287.

하나님 백성의 최종 구원은 너무도 확실해서 최소한 두 본문에서 그 구원을 기정사실, 즉 이미 이루어진 일로 간주한다(엡 2:6; 롬 8:30). 하나님은 우리가 지금 그 구원을 누리고, 그 구원을 잃어버릴 수 없다는 것을 확신하기 원하신다. 구원은 하나님이 그 백성에게 주시는 영구한 은혜의 선물이다. 이 좋은 소식 때문에 우리는 감사하고 만족하며 거룩해져야 한다.

히브리서 7장 23-25절

제사장 된 그들의 수효가 많은 것은 죽음으로 말미암아 항상 있지 못함이로되 예수는 영원히 계시므로 그 제사장 직분도 갈리지 아니하느니라 그러므로 자기를 힘입어 하나님께 나아가는 자들을 온전히 구원하실 수 있으니 이는 그가 항상 살아 계셔서 그들을 위하여 간구하심이라.

히브리서 저자는 그리스도가 구약성경의 대응 인물(여기서는 제사장)보다 우월하심을 자주 언급한다. 예수님은 아론의 아들들처럼 제사장을 세습하지 않으신다. 오히려 시편 110편 4절에서 예견하듯이 하나님의 서약으로 제사장이 되셨다(참고. 히 7:20-21).

여호와는 맹세하고 변하지 아니하시리라 이르시기를 너는 멜기세덱의 서열을 따라 영원한 제사장이라 하셨도다.

신기하게도, 창세기 14장 18-20절에서는 지극히 높으신 하나님의 제사장 멜기세덱이 난데없이 등장하여 이스라엘과 그 제사장 직분의 아버지인 아브라함을 축복한다(최초의 대제사장 아론은 아브라함의 후손이다). 이후로 멜기세덱은 구약성경에서 사라졌다가 시편 110편 4절에 다시 등장한다. 신약성경 저자 중에서는 유일하게 히브리서 저자가 예수님이 멜기세덱의 반차를 따른 제사장이시라고 설명한다. 이 계통에는 멜기세덱과 예수님, 둘밖에 없다.

예수님이 구약의 제사장들을 뛰어넘는 또 다른 이유는 그분의 제사장 직분이 특정 족속 요건에 근거하지 않기 때문이다. 제사장은 레위 족속 아론의 후손이어야만 했다. 그러나 예수님의 제사장 직분은 육신에 속한 한 계명의 법을 따르지 아니하고 오직 불멸의 생명의 능력, 곧 부활의 생명을 따라 된 것이다(히 7:16). 또다시 저자는 시편 110편 4절에 기대는데, 이번에는 '영원히'라는 단어를 강조한다. "네가 영원히 멜기세덱의 반차를 따르는 제사장이라 하였도다"(히 7:17).

예수님의 영구한 제사장 직분

히브리서 저자는 7장 23-25절에서 이 점을 더 자세히 설명한다. 아론의 제사장직은 세습되었기 때문에 제사장 된 그들의 수효가 많은 것은 죽음으로 말미암아 항상 있지 못함이었다(히 7:23). 대제사장이 죽으면 아들이 뒤를 잇고, 아들이 죽으면 다시 그의 아들이 대를 잇는 식이었다. 그러나 구약의 제사장들과 달리, 예수님은 영원히 계시므로 그 제사장 직분도 갈리지 않는다(히 7:24). 십자가에서 죽으신 예수님은 죽은 자들 가운데서 다시 사셨기 때문에 그분을 대체할 필요가 없다. 예수님의 제사장 직분은 영원하다.

예수님의 죽음과 부활에 근거한 영구한 제사장 직분은 믿는 자들에게 큰 격려가 된다. "예수는 영원히 계시므로 그 제사장 직분도 갈리지 아니하느니라 그러므로 자기를 힘입어 하나님께 나아가는 자들을 온전히 구원하실 수 있으니 이는 그가 항상 살아 계셔서 그들을 위하여 간구하심이라"(히 7:24-25). 살아 계신 그리스도, 우리의 대제사장은 제사장직을 영구히 간직하신다. 십자가에 돌아가신 그분의 영단번의 희생이 그리스도인의 삶 처음부터 끝까지를 구원하신다. 예수님은 죽은 자들 가운데서 사셨기 때문에 우리를 구원하실 수 있다. 그분을 힘입어 하나님께 나아가는 모든 사람을 온전히 구원하실 수 있다(히 7:25). '온전히'는 '영원히'라는 뜻일 뿐 아니라 '전적으로'라는 뜻이다.[8] 예수님은 구원을 생각할 수 있는 모든 방식으로 구원하신다. 그 백성은 그분의 돌보심 가운데 안전하다. F. F. 브루스는 의기양양하게 이렇게 말한다. "단번에 완성된 그분의 자기희생은 전적으로 받아들여지며 효력이 있다. 아버지와 그분의 접촉은 즉각적이고 깨지지 않는다. 그 백성을 위한 제사장 사역은 끝이 없으므로 그분이 그들에게 보장한 구원은 절대적이다."[9]

---

8) William L. Lane, *Hebrews 1-8*, Word Biblical Commentary (Dallas: Word, 1991), 189. 헬라어로는 에이스 토 판텔레스(*eis to panteles*)다.
9) F. F. Bruce, *The Epistle to the Hebrews*, New International Commentary on the New Testament (Grand Rapids: Eerdmans, 1964), 155.

예수님의 간구

히브리서 저자는 또 다른 핵심적인 세부 사항을 추가한다. 그는 승천하신 그리스도께서 "항상 살아 계셔서 그들을 위하여 간구하심이라"(히 7:25)라고 말한다. 사람들은 그리스도께서 하늘에서 중보하신다는 말씀을 오해하는 경우가 많다. 우리는 그분이 우리 편에서 하나님 아버지께 애원하시는 모습을 상상해서는 안 된다. 그분은 그러실 필요가 없다. 죄를 정결하게 하는 일을 하시고 높은 곳에 계신 지극히 크신 이의 우편에 앉으셨기 때문이다(히 1:3). 이는 하나님 아버지가 아들의 희생을 온전하고 완전하며 효력이 있다고 받아들이셨음을 암시한다. 그 결과는 무엇인가? 신자들은 자신의 최종 구원을 확신할 수 있다. 이는 필립 휴스(Philip Hughes)가 다음과 같이 설명한 바와 같다.

> 그분이 항상 살아 계실 뿐 아니라 우리의 영원하신 제사장으로서 하늘 성소에서 우리를 위해 끊임없이 중보하고 계신다는 사실을 고려할 때, 그리스도를 통해 하나님께 가까이 나아간 우리가 어떻게 영원히 안전하지 않을 수 있는가? 능력으로 우리를 지지하시고 사랑으로 우리를 감싸 안으시는 우리의 중보자이신 그분이 계시기에 그 어떤 세력도 우리를 겁주거나 사로잡을 수 없다(참고. 빌 4:13; 롬 8:37).[10]

---

10) Philip Edgcumbe Hughes, *A Commentary on the Epistle to the Hebrews* (Grand Rapids: Eerdmans, 1977), 269-270.

히브리서 10장 11-14절

제사장마다 매일 서서 섬기며 자주 같은 제사를 드리되 이 제사는 언제나 죄를 없게 하지 못하거니와 오직 그리스도는 죄를 위하여 한 영원한 제사를 드리시고 하나님 우편에 앉으사 그 후에 자기 원수들을 자기 발등상이 되게 하실 때까지 기다리시나니 그가 거룩하게 된 자들을 한 번의 제사로 영원히 온전하게 하셨느니라.

이번에도 히브리서 저자는 그리스도와 구약성경의 제사장들을 극명하게 대조한다. 그는 이렇게 시작한다. "제사장마다 매일 서서 섬기며 자주 같은 제사를 드리되 이 제사는 언제나 죄를 없게 하지 못하거니와"(히 10:11).

다음 절에서는 이 말씀과 대조되는 다섯 가지를 나열한다(히 10:12). 첫째, 구약의 여러 제사장은 한 분 그리스도와 대조된다. 예수님의 인격과 사역은 전적으로 유일무이하다. 둘째, 이전 제사장들은 서서 섬겼지만, 그리스도께서는 앉아 계신다. 서 있는 제사장들은 이들의 사역이 온전하지 못함을 암시했다. 반면, 앉으신 예수님은 그분의 사역이 완성되었음을 암시한다. 예수님의 희생 제사는 모든 희생 제사를 종결한다. 셋째, 구약성경의 제사장들은 여러 번 제사를 드렸지만, 그리스도께서는 죄를 위하여 한 제사를 드리신다. 한 번의 제사인 까닭은 그것이 하늘에서 완전하고 온전하게 받아들여졌기 때문이다. 더는 희생 제사가 필요 없다. 넷째, 이전 제사장들은 자주 같은 제사를 드리지만, 그리스도께서는 죄를 위하여 한 영원한 제사를 드리셨다. 예수님의 제사는 완전하기에 반복할 필요가 없다. 모든 시대, 모든 하나님 백성의 구원에 효력이 있다. 다섯째, 구약 제사장들의 제사는 죄를 없게 하지 못하거니와 그리스도의 제사는 바로 그 일을 해낸다(히 10:14). 예수님의 제사는 최종적이고 완전한 용서를 가져온다. 따라서 앞으로 살펴보겠지만, 그것은 신자들에게 큰 확신을 준다.

궁극의 대제사장

그리스도의 제사장 사역은 구약성경 제사장들의 사역보다 훨씬 더 크고 중요하다. 그리스도의 제사장 사역의 우월성을 보여 주는 이런 대조에는 두 가지 핵심 사항이 있다. 히브리서 저자는 그리스도의 인격과 사역을 모두 극찬한다. 첫째, 그는 그리스도를 하나님과 인간 사이의 유일한 중보자로 찬양한다(딤전 2:5). 둘째, 그는 그리스도의 독특한 성취를 기뻐한다. 그분의 죽음은 모든 죄를 사하시는 온전하고 궁극적인 제사다.

그리스도께서는 '단번에' 그리고 '영원히' 자신을 드렸다(히 10:10, 12). 이 표현은 그리스도의 구원하시는 죽음이 유일하고 독특함을 가리킨다(히 7:27, 9:12, 26, 28). 이런 죽음은 지금까지도 없었고 앞으로도 없을 것이다. 이 죽음이 영원한 속죄를 보장했다(히 9:12). 새 언약의 중보자이신 그리스도의 죽음은 그 백성에게 영원한 기업의 약속을 허락하신다(히 9:15). 그리스도의 속죄의 구원 효과는 끝이 없다. 그분은 자기를 제물로 드려 죄를 없이 하시려고 이 땅에 오셨다(히 9:26). 따라서 그 백성은 이생과 오는 생에서 용서를 확신할 수 있다.

또한 그리스도의 제사장직과 구약성경의 제사장직의 대조는 그 백성에게 확신을 주시고 그들이 계속해서 믿음을 지키도록 동기를 부여하시려는 하나님의 의도를 강조한다. 저자는 히브리서 10장 14절에서 이렇게 적용한다. "그가 거룩하게 된 자들을 한 번의 제사로 영원히 온전하게 하셨느니라." 얼마나 놀라운 말씀인지 모른다. 하나님은 예수님이 우리를 위해 하신 일 때문에 우리를 용서하시되, 영원히 용서하신다. 물론 지금은 우리 생각과 말과 행동이 온전하지 못하다. 하지만 하나님 보시기에 우리는 영원히 온전해졌다!

확신과 동기 부여

이런 말씀은 그리스도를 아는 모든 사람에게 큰 확신을 준다. 동시에 그 말씀은 우리가 그분을 위해 살도록 동기를 부여한다. 히브리서는 신앙을 고백하는 히브리 그리스도인 공동체에 보낸 편지인데, 그들은 박해를 벗어나려면 그리스도를 부인해야 한다는 압박을 받고 있었다. 저자는 그들에게 인내하라고 자주 권면한다. 여기서는 그런 권면이 암시적으로 드러나 있다.

그리스도께서는 한 번의 제사로 거룩하게 된 자들을 영원히 온전하게 하셨다. 하나님 보시기에 온전해진 사람들은 확연히 알아볼 수 있다. 그들은 은혜 가운데 성장하며 점점 더 거룩해진다.

히브리서 10장 14절의 나머지 내용은 주목할 만하다. 하나님 백성이 온전하게 되려고 애쓰기 때문에 하나님이 그들을 받아 주시는 것이 아니다. 그리스도의 한 번의 제사 때문에 받아 주신다. 그러나 그들은 어느 쪽도 선뜻 받아들이지 못할 수 있다. 그들이 정말로 그리스도를 안다면, 그분의 능력 가운데서 거룩해지기 위해 애쓸 것이다. 히브리서 10장 14절에 따르면, 하나님은 그 백성에게 두 가지로 확신을 주신다. 그리스도의 유일하신 속죄에 근거한 자신의 약속으로, 그리고 믿음과 거룩함 가운데 인내하라는 권면으로 그렇게 하신다.

 F. F. 브루스는 신자들이 누릴 수 있는 최종 구원의 확신을 강조한다. "그리스도의 제사가 죄의 오염으로부터 그 백성을 정결하게 하고, 하나님과의 올바른 관계에서 누리는 영원한 교제를 확신하게 해주었다."[11]

베드로전서 1장 3-5절

우리 주 예수 그리스도의 아버지 하나님을 찬송하리로다 그의 많으신 긍휼대로 예수 그리스도를 죽은 자 가운데서 부활하게 하심으로 말미암아 우리를 거듭나게 하사 산 소망이 있게 하시며 썩지 않고 더럽지 않고 쇠하지 아니하는 유업을 잇게 하시나니 곧 너희를 위하여 하늘에 간직하신 것이라 너희는 말세에 나타내기로 예비하신 구원을 얻기 위하여 믿음으로 말미암아 하나님의 능력으로 보호하심을 받았느니라.

---

11) Bruce, *The Epistle to the Hebrews*, 241.

하나님이 영적으로 죽은 자들에게 새 생명을 주신다고(중생) 생각할 때 우리는 대개 성령을 떠올리며, 이는 당연하다. 다음 본문이 보여 주듯이, 성령은 거듭남에서 중요한 역할을 하신다.

바람이 임의로 불매 네가 그 소리는 들어도 어디서 와서 어디로 가는지 알지 못하나니 성령으로 난 사람도 다 그러하니라(요 3:8).
살리는 것은 영이니 육은 무익하니라 내가 너희에게 이른 말은 영이요 생명이라(요 6:63).
우리 구주 하나님의 자비와 사람 사랑하심이 나타날 때에 우리를 구원하시되…중생의 씻음과 성령의 새롭게 하심으로 하셨나니(딛 3:4-5).

성령은 우리를 소생시키시는 삼위일체의 위격이시다. 성령은 우리가 하나님과 영적인 것들에 살아 있고 깨어 있게 하신다.

베드로는 성부와 성자도 거듭남에 동참하심을 보여 준다. 사도는 성자 하나님을 이렇게 찬송한다. "우리 주 예수 그리스도의 아버지 하나님을 찬송하리로다 그의 많으신 긍휼대로 예수 그리스도를 죽은 자 가운데서 부활하게 하심으로 말미암아 우리를 거듭나게 하사 산 소망이 있게 하시며"(벧전 1:3).

긍휼이 많으신 아버지 하나님이 우리를 거듭나게 하신다. 그분이야말로 새 생명의 창시자시다. 성자 하나님도 역할이 있으시다. 예수 그리스도를 죽은 자 가운데서 부활하게 하심으로 말미암아 우리는 거듭난다. 그리스도의 부활이 거듭남의 능력이 된다. 그분의 부활 생명이 우리 새 생명의 기초다.

요약하자면, 하나님 아버지는 우리가 영적 생명을 받도록 계획하신다. 그분은 부활하셔서 죽음을 극복하신 성자 하나님을 근거로 그렇게 하신다. 그러면 성령이 아버지 하나님의 계획과 아들의 사역을 개인의 삶에 적용하셔서 그들로 다시 태어나게(거듭나게) 하신다.

원대한 목표

삼위일체가 하시는 거듭남의 사역에는 원대한 목표가 있다. 신자들에게 유업을 전하는 것이다. 베드로는 이 유업을 아주 후하게 묘사한다. 그것은 썩지 않고 더럽지 않고 쇠하지 아니하는 것으로 그리스도인들을 위하여 하늘에 간직하신 것이다(벧전 1:4). 이 유업은 땅에 있는 다른 것들과 달리 부패하거나 죄로 변색하거나 그 아름다움을 잃거나 박탈당할 수 없다. 긍정적으로 표현하자면, 그것은 가치와 순수함과 광채가 있으며 영원히 남는다.

베드로는 흔히 이스라엘을 묘사할 때 사용하는 용어인 '흩어진 나그네'로 그리스도인들을 묘사하면서 그의 편지를 시작한다(벧전 1:1). 아마도 그는 여기에서 그리스도인들의 하늘 유업과 구약성경 이스라엘의 유업을 대조하고자 했을 것이다. 이에 대해 웨인 그루뎀(Wayne Grudem)은 이렇게 요약한다.

따라서 신약성경 그리스도인, 새 언약에 속한 그리스도인의 유업은 가나안 땅 이스라엘 백성의 땅의 유업보다 훨씬 월등해 보인다. 그 땅은 그들을 위해 '간직되지' 못했다. 유배지에서, 나중에는 로마 정복으로 그들은 땅을 빼앗겼다. 그들이 땅을 차지했을 때조차도 썩는 보상, 그 영광이 쇠하는 보상을 소출했을 뿐이다. 하나님 앞에서 그 땅의 거룩한 아름다움은 번번이 죄로 더럽혀졌다.[12]

우리의 유업에 대한 베드로의 마지막 묘사는 확신이라는 주제와 관련하여 가장 중요하다. 즉, 우리 유업은 이와 같다. "너희를 위하여 하늘에 간직하신 것이라 너희는 말세에 나타내기로 예비하신 구원을 얻기 위하여 믿음으로 말미암아 하나님의 능력으로 보호하심을 받았느니라"(벧전 1:4-5). 하늘에 있는 유업은 우리를 위해 간직되었다. 하나님은 그분의 자녀 각 사람을 위해 하나님 나라에 자리를 마련하셨다.

그리스도인의 유업이 하늘에 간직하신 것이라는 베드로의 말은 무슨 뜻인가? 토머스 슈라이너(Thomas Schreiner)는 이렇게 답한다. "'간직하다.'(teteremenen)라는 단어의 수동태는 신적 수동태로, 신자들을 위해 유업을 간직하시는 하나님을 가리킨다. 베드로는 할 수 있는 한 가장 강력한 단어로, 신자들을 기다리고 있는 보상의 안전성과 확실성을 강조했다."[13]

---

12) Wayne Grudem, *1 Peter*, Tyndale New Testament Commentaries (Grand Rapids: Eerdmans, 1988), 58.
13) Thomas R. Schreiner, *1, 2 Peter, Jude*, New American Commentary (Nashville: B&H, 2003), 63.

간직된 우리

하나님은 신자들의 유업을 간직하실 뿐 아니라 신자들도 간직하신다. 신자는 믿음으로 말미암아 하나님의 능력으로 보호하심을 받는 사람이다(벧전 1:5). 예수님을 믿는 진정한 신자들은 반드시 하늘의 유업을 받을 것이다. 베드로전서 1장 5절은 그 유업을 '구원'으로 언급한다.

성경에 나오는 구원은 과거형과 현재형과 미래형이다. 하나님은 그분의 백성을 과거에 영단번에 구원하셨다. "너희는 그 은혜에 의하여 믿음으로 말미암아 구원을 받았으니"(엡 2:8).

그들이 하나님께 부르짖을 때 하나님은 긍휼과 은혜를 베푸셔서 현재에도 구원하신다. "그러므로 우리는 긍휼하심을 받고 때를 따라 돕는 은혜를 얻기 위하여 은혜의 보좌 앞에 담대히 나아갈 것이니라"(히 4:16).

성경에 가장 자주 나오는 경우는 미래형으로, 하나님이 그 백성을 그들의 죄에서 구원하실 것이라고 말한다. "우리는 그의 약속대로 의가 있는 곳인 새 하늘과 새 땅을 바라보도다"(벧후 3:13).

베드로는 베드로전서 1장 5절에서 구원의 미래 시제를 염두에 둔다. "너희는 말세에 나타내기로 예비하신 구원을 얻기 위하여 믿음으로 말미암아 하나님의 능력으로 보호하심을 받았느니라." 하나님은 능력으로 그 백성을 보호하여 최후의 구원을 허락하신다. 사도는 군대의 비유로 그리스도인들을 말한다. 피터 데이비즈(Peter Davids)는 이것을 다음과 같이 상세히 설명한다.

이들의 미래를 보호하시는 하나님의 하늘에서의 행동과 현재 그들을 보호하시는 땅에서의 행동 사이에는 의도적인 균형이 있다. 이 그림은 요새나 군부대를 떠올리게 한다. 그들은 그 안에 있다. 밖에서는 악한 세력이 그들을 공격하고 있다. 그러나 '하나님의 능력'이라는 막강한 세력이 그 주위를 둘러싸고 있다. 그들을 보호하시는 분은 바로 하나님이시다. … 그들은 그들만으로는 연약할 수 있고 실제로도 연약하지만, 하나님의 선하심과 보호하심이 그들을 두르고 있다. 하나님이 보호하실 것이다.[14]

하나님은 어떤 과정을 통해 자기 백성을 구원에 이르도록 보호하시는데, '믿음으로 말미암아' 그렇게 하신다. 즉 그분은 신자들의 구원을 보장하시기 위해 믿음이라는 수단을 사용하신다.

오해하지 말라. 슈라이너를 인용하자면, "신자들은 최종 구원을 얻기 위해 믿음을 발휘해야 한다." 하지만 이것은 자기 개발 프로그램이 아니다. "하나님의 능력이 우리의 믿음을 유지할 수 있는 수단이기에 그분의 능력이 우리를 보호하신다."[15]

---

14) Peter H. Davids, *The First Epistle of Peter*, New International Commentary on the New Testament (Grand Rapids: Eerdmans, 1990), 53.
15) Schreiner, *1, 2 Peter, Jude*, 64, 65.

결론

1장에서 우리는 에리카의 이야기를 들었다. 에리카는 아버지에게서 받은 거절감 때문에 하나님이 자신을 사랑하시고 받아 주셨다는 사실을 믿기 힘들었다. 에리카를 비롯하여 비슷한 문제로 힘들어하는 사람들은 이 장의 메시지에서 도움을 받을 수 있을 것이다. 우리는 그 백성을 구원하고 보호하신다는 하나님의 약속을 강조하여 확신을 강화하는 성경 저자들의 합창을 들었다. 에리카는 우리를 향한 하나님의 사랑의 메시지와 그분이 그리스도 안에서 우리를 받아 주신다는 사실을 계속해서 들어야 한다. 이 장의 여섯 개의 본문은 이 메시지를 담고 있다. 그중 일부는 하나님의 긍휼과 사랑을 분명하게 노래한다.

하나님이 세상을 이처럼 사랑하사 독생자를 주셨으니(요 3:16).
긍휼이 풍성하신 하나님이 우리를 사랑하신 그 큰 사랑을 인하여 허물로 죽은 우리를 그리스도와 함께 살리셨고 (너희는 은혜로 구원을 받은 것이라)… 이는 그리스도 예수 안에서 우리에게 자비하심으로써 그 은혜의 지극히 풍성함을 오는 여러 세대에 나타내려 하심이라 너희는 그 은혜에 의하여…구원을 받았으니(엡 2:4-8).
우리 주 예수 그리스도의 아버지 하나님을 찬송하리로다 그의 많으신 긍휼대로 예수 그리스도를 죽은 자 가운데서 부활하게 하심으로 말미암아 우리를 거듭나게 하사 산 소망이 있게 하시며(벧전 1:3).

에리카는 대학 재학 중에 탕자의 비유 설교를 들었다. 그 설교는 아버지의 사랑과 은혜를 강조하고 그것을 우리와 하나님과의 관계에 적용했다. 설교 한 편으로 사람의 인생이 극적으로 바뀌는 경우는 드문데, 에리카에게 그런 일이 생겼다. 에리카는 하나님의 은혜와 자비와 사랑을 다룬 성경 본문을 연구하고 암송하기 시작했다. 그리스도인으로 살면서 난생 처음 하나님이 자신을 받아 주셨다고 느꼈고, 하나님을 아버지로 모시고 관계를 맺었다.

대학을 졸업한 에리카는 문제가 있는 십 대들을 대상으로 가족 상담 일을 시작했다. 아버지 하나님의 은혜와 수용을 알고 적용한 것이 그녀의 삶과 메시지에 빠질 수 없는 부분이었다. 오늘날 에리카는 행복한 결혼 생활을 유지하면서 장성한 두 자녀를 두고 있다. 자기 아버지에게서 경험한 것과는 달리, 아이들을 사랑하고 관심 있게 돌보는 부모 역할을 잘 감당하면서 말이다.

복음에는 하나님이 우리를 용서하신다는 약속이 들어 있기에 구원의 확신을 준다. 복음은 우리가 그 아들을 믿을 때 하늘에 계신 우리 아버지가 우리를 사랑하시고 그분의 가족으로 맞아 주신다고 선언한다.

03

THE ASSURANCE OF SALVATION

요한이 말하는 확신과 보전

하나님은 그 아들을 믿는 모든 이를 구원하시고 보호하시겠다는 약속의 말씀으로 우리에게 확신을 주신다. 앞 장에서는 복음이 우리에게 확신을 준다고 주장했다. 이 장에서는 사도 요한의 두 저술, 곧 요한복음과 요한일서를 집중적으로 살펴보려 한다. 먼저, 하나님이 그 아들을 믿는 신자들에게 구원의 확신을 주기 원하신다는 사실을 확실히 증언하는 요한일서부터 살펴보자.

하나님은 우리에게 확신을 주기 원하신다

하나님이 자기 백성을 구원하고 보호하기 원하신다는 성경의 수많은 증거를 제시하기 전에, 하나님이 우리에게 확신을 주기 원하신다는 사실부터 돌아보자.

앞서 우리는 요한일서 5장 11-13절에 나오는 요한일서의 사명 선언문을 연구했다. "또 증거는 이것이니 하나님이 우리에게 영생을 주신 것과 이 생명이 그의 아들 안에 있는 그것이니라 아들이 있는 자에게는 생명이 있고 하나님의 아들이 없는 자에게는 생명이 없느니라 내가 하나님의 아들의 이름을 믿는 너희에게 이것을 쓰는 것은 너희로 하여금 너희에게 영생이 있음을 알게 하려 함이라." 흔히 사람들이 이야기하는 것과 달리, 하나님은 그리스도의 구원하심을 믿는 사람들이 자신이 그분께 속했음을 확신하기를 원하신다. 그들에게 영생이 있음을 알게 하시기를 원하신다.

이 장에서는 하나님의 말씀이 어떻게 우리에게 확신을 주는지에 대해 사도 요한이 보여 주는 내용을 강조한다. 여기서 '하나님의 말씀'이란 성경, 특히 성경이 말하는 구원 약속, 복음에 대한 메시지를 뜻한다. 요한일서의 사명 선언문에서부터 이 책을 시작했기 때문에, 요한복음을 살펴보기 전에 요한일서에서 확신을 다루는 본문부터 살펴보려 한다.

- 요한일서 2장 18-19절
- 요한일서 5장 18절
- 요한복음 6장 35, 37-40, 44절
- 요한복음 10장 27-30절
- 요한복음 17장 9-12, 15, 24절

요한일서 2장 18-19절

아이들아 지금은 마지막 때라 적그리스도가 오리라는 말을 너희가 들은 것과 같이 지금도 많은 적그리스도가 일어났으니 그러므로 우리가 마지막 때인 줄 아노라 그들이 우리에게서 나갔으나 우리에게 속하지 아니하였나니 만일 우리에게 속하였더라면 우리와 함께 거하였으려니와 그들이 나간 것은 다 우리에게 속하지 아니함을 나타내려 함이니라.[1]

요한일서 2장 18-19절은 언뜻 봐서는 하나님이 구원의 약속에 기초해서 주시는 확신을 언급하는 것 같지 않다. 그러나 조금 더 자세히 들여

---

1) 이 내용은 다음 내 책에서 가져왔다. *Our Secure Salvation: Preservation and Apostasy*, Explorations in Biblical Theology (Phillipsburg, NJ: P&R Publishing, 2009).

다보면 바로 그 내용을 다루고 있음을 알 수 있다. 요한은 적그리스도가 공동체에 일으킨 문제에 대해 경고한다. 그는 예수님이 그리스도이심을 부인하는 자, 곧 아버지와 아들을 부인하는 자를 적그리스도라고 규정한다(요일 2:22). 그는 한 사람의 적그리스도와 많은 적그리스도를 대조한다. 전자는 아직 미래형인 반면, 후자는 이미 교회에 들어와 있다. 많은 적그리스도는 요한의 서신을 받은 사람들에게 영적으로 해를 입히는 거짓 교사들이다.

요한은 이 적그리스도들의 존재 때문에 마지막 때가 우리에게 임했다고 결론을 내린다. "아이들아 지금은 마지막 때라 적그리스도가 오리라는 말을 너희가 들은 것과 같이 지금도 많은 적그리스도가 일어났으니." 지금이 마지막 때라는 말은 요한의 다음 말에 긴급함을 더한다. "그들이 우리에게서 나갔으나 우리에게 속하지 아니하였나니 만일 우리에게 속하였더라면 우리와 함께 거하였으려니와 그들이 나간 것은 다 우리에게 속하지 아니함을 나타내려 함이니라"(요일 2:19).

적그리스도들은 공동체 밖에서가 아니라 안에서부터 악한 일을 했다. 그들은 요한이 서신을 보낸 교회들에 들어왔다. 그러나 나중에는 그 교회들을 떠났는데, 그렇게 해서 자신들의 본색을 드러냈다. 요한은 그들이 떠난 것이 바로 적그리스도들이 진정한 하나님의 자녀가 아니라는 사실을 폭로한다고 가르친다. 로버트 W. 야브로(Robert W. Yarbrough)는 그 점을 분명히 한다.

요한의 판단에 따르면, 사람들이 공동체를 떠나는 이유는 한두 가지 근본적인 측면에서 그들이 공동체의 진정한 일원이 아니었기 때문이다. …떠난 이들은 스스로 자기 자신을 정죄한다. …그런 사람들은 의도적인 배교의 결과로 그리스도를 따르는 이들의 범주에서 벗어난 이들이다. …간단히 말해, 이 사람들은 사도들이 세운 경계 안에 남는 것이 적절치 않다고 생각했는데, 요한은 그 경계가 진정한 그리스도인을 포괄한다고 보았다.[2]

거짓 교사들은 배교의 죄를 지었다. 이전에 고백했던 믿음을 버렸다. 이들은 신자들과 함께 있고 그리스도와 교회에 속한 것처럼 보였지만, 진정으로 소속된 것이 아니었다. 존 스토트(John Stott)의 결론대로, 이들이 나간 것은 그들의 진정한 정체성을 드러냈다. "마지막으로 분리하는 날에 이르러서야 밀과 잡초가 완전히 드러날 것이다. 그때까지는 일부만이 변절로 자신의 본색을 드러내게 된다."[3] 그들 가운데 요한이 비난한 적그리스도들도 있을 것이다. 실제로 요한은 "만일 우리에게 속하였더라면 우리와 함께 거하였으려니와"(요일 2:19)라고 분명히 말한다. 만일 거짓 교사들이 진정한 신자였다면 교회에 남았을 것이다.[4] D. E. 히버트(D. E. Hiebert)

---

2) Robert W. Yarbrough, *1-3 John*, Baker Exegetical Commentary on the New Testament (Grand Rapids: Baker Academic, 2008), 146-147.
3) John R. W. Stott, *The Letters of John*, rev. ed., Tyndale New Testament Commentaries (Grand Rapids: Eerdmans, 1964; repr., 1988), 111.
4) 요한이 여기서 제2유형 조건문을 사용한 점이 중요하다. 인정받는 언어학자 대니얼 월리스(Daniel Wallace)는 그런 헬라어 조건문은 "논증을 위한 가짜 전제를 암시한다."라고 말하면서 요한일서

는 이 구절에 쓰인 헬라어 구조가 어떤 의미인지 다음과 같이 설명한다. "그들이 우리에게서 나왔다면(하지만 아니었다) 우리와 함께 남았을 것이다 (하지만 그러지 않았다)."[5] 요한의 메시지는 분명하다. 거짓 교사들은 교회에 속하지 않았기에 떠났다. 그러나 진정한 신자들은 기독교 공동체를 떠나지 않는다.

진정한 믿음은 인내한다

역설적이게도, 요한이 거짓 교사들에 대해 교회에 경고한 내용은 진짜 신자들에게는 구원의 확신을 준다. 요한은 독자들을 잠재적인 실망에서 보호하기 위해 서신을 쓴다. 거짓 교사들이 그들을 버리고 떠날 때 그들은 절망해서는 안 된다. 이 떠남이 진짜 신자와 가짜 신자를 구분해 주기 때문이다. 하나님은 최후의 구원에 이르기까지 그분의 백성을 보호하시기 때문에 진정한 그리스도인은 믿음으로 끝까지 인내한다. D. A. 카슨(D. A. Carson)이 지적한 대로, 배교자들은 암묵적으로 거짓 그리스도인들이다.

동일한 입장이 요한일서 2장 19절에도 나타나 있다. 교회를 떠난 사람들을 강렬한 표현으로 묘사한다. "그들이 우리에게서 나갔으나 우리에

2장 19절을 이 부류에 포함시킨다. Daniel B. Wallace, *Greek Grammar Beyond the Basics: An Exegetical Syntax of the New Testament* (Grand Rapids: Zondervan, 1996), 694, 696.

5) D. E. Hiebert, "An Exposition of 1 John 2:18-28," *Bibliotheca Sacra* (1989): 81. 다음 책에서 인용되었다. Daniel L. Akin, *1, 2, 3 John*, New American Commentary (Nashville: B&H, 2001), 116.

게 속하지 아니하였나니 만일 우리에게 속하였더라면 우리와 함께 거하였으려니와 그들이 나간 것은 다 우리에게 속하지 아니함을 나타내려 함이니라." 다시 말해, 진정한 믿음은 당연히 인내한다. 인내가 없다면 그 믿음은 진정한 믿음일 수 없다.[6]

진정한 믿음은 인내한다. 진정한 신자는 예수님에 대한 믿음을 입술로 처음 고백하는 데서 그치지 않는다. 그렇게 고백하고 나서 구원하시는 예수님을 계속해서 믿는다. 그분과 동행한다. 자주 넘어지고 때로 의심하기도 한다. 그러나 '완전히 최종적으로' 믿음을 버리지는 않는다.[7] 진정한 그리스도인은 이 책 1장에서 소개한 제이슨과는 다르다. 제이슨은 부흥집회에서 앞으로 나가 기도를 따라 했고 영원히 안전하다는 말씀을 들었다. 진정한 하나님의 자녀라면 제이슨처럼 믿음을 고백하고 나서 하나님이 원하시는 삶에 대해 아무 생각이 없지는 않을 것이다. 오히려 진심으로 복음을 받아들이고 좋을 때나 나쁠 때나 계속해서 믿을 것이다. 그들이 의지하는 구원 약속은 하나님이 그들을 사랑하시고, 그리스도께서 그들을 구원하기 위해 죽으셨으며, 그들이 하나님의 자녀라는 확신을 준다. 복음은 사실이고 그들이 정말로 복음을 믿기 때문에 하나님이 그들의 삶에 역

---

6) D. A. Carson, "Reflections on Assurance," in *Still Sovereign: Contemporary Perspectives on Election, Foreknowledge, and Grace*, ed. Thomas R. Schreiner and Bruce A. Ware (Grand Rapids: Baker, 2000), 264.

7) St. Augustine, "On the Gift of Perseverance," in *Nicene and Post-Nicene Fathers*, ed. Philip Schaff (repr., Grand Rapids: Eerdmans, 1991), 5:532, 538.

사하셔서 그분의 사랑을 확증해 주신다. 하나님은 인자하시다. 진짜 믿음과 가짜 믿음을 구별하신다. 가짜 믿음은 떨어져 나가고 진짜 믿음은 견딘다. 우리는 하나님의 구원 약속을 계속해서 믿는다. 하나님의 백성과 함께 계속 교회에 나가 하나님의 말씀을 찬양하고 선포한다. 이런 믿음의 실천은 하나님이 우리 안에 계시고 우리가 그분 안에 있다는 확신을 준다.

요한일서 5장 18절

하나님께로부터 난 자는 다 범죄하지 아니하는 줄을 우리가 아노라 하나님께로부터 나신 자가 그를 지키시매 악한 자가 그를 만지지도 못하느니라.

요한은 독자들에게 그리스도를 위해 살라고 권면하면서 이 확신의 말씀을 전한다. "하나님께로부터 난 자는 다 범죄하지 아니하는 줄을 우리가 아노라"(요일 5:18). 요한은 아버지가 거듭나게 하신 모든 이는 거듭나기 전에 하던 방식으로 죄를 짓지 않는다고 가르친다. 요한은 완벽주의를 가르치는 것이 아니다. 그리스도인들도 여전히 죄를 짓는다(요일 1:8, 10). 그러나 그들은 죄를 고백하고 하나님의 용서와 깨끗하게 하심을 받으며 계속해서 경건함을 추구한다(요일 1:9, 2:1-2). 왜 그런가? 그리스도께서 그들을 보호하시기 때문이다. "하나님께로부터 나신 자가 그를 지키시매 악한 자가 그를 만지지도 못하느니라"(요일 5:18).

하나님의 아들이 우리를 지키신다

'하나님께로부터 나신 자'는 신자들이 아니라 하나님의 독생자 그리스도를 가리킨다.[8] 요한은 독생자께서 지키시므로 거듭난 사람들이 거룩함을 지킬 수 있다고 암시한다. 궁극적으로, 그리스도의 보호하심이 신실함을 낳는다.

또한 그리스도께서는 악한 자에게서 그리스도인을 보호하신다. 그리스도께서 우리를 보호하시기에 악한 자가 우리를 만지지도 못한다(요일 5:18). 이 문맥에서 '만지다.'는 해를 끼칠 정도로 '건드리다.' 혹은 '잡는다.'라는 뜻이다.[9] 악한 자는 우리보다 강하고 우리를 해치려 한다. "너희 대적 마귀가 우는 사자같이 두루 다니며 삼킬 자를 찾나니"(벧전 5:8). 악한 자가 신자들을 삼키지 못하는 한 가지 이유는 그들이 파괴적인 죄에 빠지지 않도록 그리스도께서 보호하시기 때문이다. 존 스토트는 이렇게 설명한다.

악한 자 마귀는 악의를 품고 활동한다. 강력하면서도 교묘한 그는 신자 혼자서는 상대가 되지 않는다. 그러나 하나님의 아들은 마귀의 일을 멸하러 오셨다(요일 3:8). 그분이 그리스도인을 지키시면, 마귀는 해를 끼칠 수 없을 것이다. …하나님의 아들이 그리스도인을 지키시기 때문에

---

8) 이 지배적 관점에 대한 증거는 다음을 보라. Stephen S. Smalley, *1, 2, 3 John*, Word Biblical Commentary (Waco, TX: Word, 1984), 303.
9) Smalley, *1, 2, 3 John*, 303. 여기서 '만지다.'를 뜻하는 헬라어는 합테타이(*haptetai*)다. Walter Bauer, William F. Arndt, F. Wilbur Gingrich, and Frederick W. Danker, *A Greek-English Lexicon of the New Testament and Other Early Christian Literature*, 2nd ed. (Chicago: University of Chicago Press, 1979), 103.

마귀는 그를 만지지도 못하며, 그분이 보호하시기에 그리스도인은 계속해서 죄를 짓지 않는다.[10]

악한 자 안에 처한 세상과 달리, 신자들은 하나님께 속한다(요일 5:19). 신자들은 하나님 아버지에게서 나서 그분께 속했다. 그 결과, 하나님의 아들이 죄와 사탄에게서 그들을 보호하신다. 따라서 요한은 우리에게 강력한 확신의 말씀을 준다. 예수님은 그 자녀들을 영단번에 구원하실 뿐 아니라 보호하셔서 죄에 압도당하거나 마귀에게 멸하지 않게 하신다. 그분은 다정한 격려의 말씀으로 그 백성에게 확신을 주시는 놀라운 구세주시다.

성경은 모든 문제를 일시에 해결하는 만병통치약을 주지는 않지만, 우리가 고군분투할 때 실제적인 도움을 준다. 요한일서의 이 말씀도 우리가 1장에서 만난 스티브 같은 사람들에게 그러한 도움을 준다. 그의 예민한 마음과 강렬한 감정은 때로는 축복이기도 하고 때로는 저주이기도 하다. 그래서 하나님이 자신을 사랑하지 않으시는 것 같다고 느낄 때가 있다고 스스로 인정한다. 예수님이 우리 죄에서 비롯된 최악의 영향과 사탄의 화살에서 우리를 보호해 주신다는 사실은 우리에게 닥친 전쟁에 맞서 우리를 강하게 할 수 있다. 특히 스티브 같은 사람들에게 말이다. 그런 사실을 안다고 해서 우리의 문제가 사라지지는 않지만, 더 담대하게 문제에 직면할 수 있게 해준다. 요한일서 5장 18절, 이 한 절이 모든 유혹에

---

10) Stott, *The Letters of John*, 195.

서 우리를 지켜 주지는 못할 것이다. 그러나 유혹이 닥칠 때 그 유혹을 견디도록 도와줄 수는 있다.

요한복음에 나오는 예수님의 강력한 말씀은 수 세기 동안 수많은 신자에게 구원의 확신을 주었다. 이제부터는 그중 일부를 살펴보자.

요한복음 6장 35, 37-40, 44절

예수께서 이르시되 나는 생명의 떡이니 내게 오는 자는 결코 주리지 아니할 터이요 나를 믿는 자는 영원히 목마르지 아니하리라…아버지께서 내게 주시는 자는 다 내게로 올 것이요 내게 오는 자는 내가 결코 내쫓지 아니하리라 내가 하늘에서 내려온 것은 내 뜻을 행하려 함이 아니요 나를 보내신 이의 뜻을 행하려 함이니라 나를 보내신 이의 뜻은 내게 주신 자 중에 내가 하나도 잃어버리지 아니하고 마지막 날에 다시 살리는 이것이니라 내 아버지의 뜻은 아들을 보고 믿는 자마다 영생을 얻는 이것이니 마지막 날에 내가 이를 다시 살리리라 하시니라…나를 보내신 아버지께서 이끌지 아니하시면 아무도 내게 올 수 없으니 오는 그를 내가 마지막 날에 다시 살리리라.

예수님은 떡 다섯 개와 물고기 두 마리로 5천 명을 먹이신 후에 이 유명한 생명의 떡 설교를 하신다. 이 메시지를 제대로 파악하려면 요한의 표현을 이해해야 한다. 예수님은 요한복음 6장 35절에서 그분께 오는 것과 그분을 믿는 것을 나란히 배치하신다. "나는 생명의 떡이니 내게 오는 자는 결코 주리지 아니할 터이요 나를 믿는 자는 영원히 목마르지 아니하리라." 이 두 표현은 같은 뜻이다. 예수님께 온다는 것은 요한이 그분에 대한 믿음을 표현하는 한 가지 방식이다.

독특한 표현이 하나 더 있는데, 예수님이 아버지가 자신에게 사람들을 '주신다.'라고 말씀하신다는 것이다. '아버지께서 내게 주시는 자'는 아버지가 구원하려고 택하신 모든 자를 의미한다(요 6:37). 아버지가 아들에게 사람들을 주신다는 것은 요한이 택하심을 말하는 한 가지 방식이다.[11] 요한은 아버지가 예수님께 사람들을 '이끄신다.'라는 표현도 사용한다. "나를 보내신 아버지께서 이끌지 아니하시면 아무도 내게 올 수 없으니"(요 6:44). 요한이 말하는 이끄심은 바울이 말하는 부르심, 곧 복음을 통해 사람들을 예수님께 소환하는 것과 비슷하다. 아버지는 그 백성을 예수님께 이끄셔서 구원을 얻게 하신다.

예수님은 절대 우리를 거절하지 않으신다

이제 우리는 확신에 대한 예수님의 메시지를 더 잘 이해할 수 있게 되었다. 예수님이 "아버지께서 내게 주시는 자는 다 내게로 올 것이요"(요 6:37)라고 말씀하실 때는 아버지가 택하신 모든 사람이 확실히 예수님을 믿게 된다는 뜻이다. 하나님의 택하심이 믿음에 근거한다고 주장하는 사람들

---

11) 요한복음 10장 29절, 17장 2, 6, 9, 24절에서도 마찬가지다.

도 있지만 요한은 반대로 가르친다. 믿음은 택하심의 결과다. 예수님은 위안이 되는 말씀을 덧붙이신다. "내게 오는 자는 내가 결코 내쫓지 아니하리라"(요 6:37). 예수님은 그분께 구원을 의탁하는 모든 사람을 보호하겠다고 약속하신다. 예수님은 구원의 믿음으로 그분께 오는 사람들을 절대 거절하지 않으실 것이다. 하나님은 그 백성의 구원을 영원히 보호하시는데, 그것을 가리키는 다른 이름이 '보전'이다.

예수님은 아버지의 뜻을 행하기 위해 하늘에서 땅으로 내려오셨다고 말씀하신다. 그런 다음 이렇게 말씀하신다. "나를 보내신 이의 뜻은 내게 주신 자 중에 내가 하나도 잃어버리지 아니하고 마지막 날에 다시 살리는 이것이니라"(요 6:39). 예수님은 그 백성을 구원하고 지키셔서 아버지의 계획을 성취하신다. 더 나아가, 모든 신자들을 죽은 자들 가운데서 다시 살리셔서 새 땅에서 영원히 그분과 아버지와 함께하게 하는 날까지 그들의 구원을 보호하겠다고 약속하신다. 예수님은 지금 모든 신자에게 영생을 주시고, 마지막 날에 부활을 허락하신다. 그분은 반복해서 말씀하신다. "내 아버지의 뜻은 아들을 보고 믿는 자마다 영생을 얻는 이것이니 마지막 날에 내가 이를 다시 살리리라"(요 6:40).

예수님은 하나님의 백성이 그분의 돌보심 가운데 안전하다는 사실을 다시 확인해 주신다. "나를 보내신 아버지께서 이끌지 아니하시면 아무도 내게 올 수 없으니 오는 그를 내가 마지막 날에 다시 살리리라"(요 6:44). 아버지가 이끄신(내면에서 부르신) 사람들만이 예수님을 믿을 수 있다. 그리고 예수님은 최종 구원을 위해 모든 신자를 다시 살리겠다고 약속하신다.

아버지와 아들은 함께 일하신다

요한은 아버지와 아들이 구원 사역에서 조화롭게 일하시는 아름다운 그림을 그리고 있으며, 이 그림은 확신을 더 강화해 준다. 그 내용을 요약하면 다음과 같다.

- 아버지가 사람들을 아들에게 주신다(택하심, 요 6:37).
- 아버지가 그들을 아들에게 이끄신다(부르심, 요 6:44).
- 그들은 구원을 받으려고 아들에게 온다(믿음, 요 6:37, 40, 44).
- 아들이 그들의 구원을 보호하신다(보전, 요 6:37, 39).
- 아들이 마지막 날에 그들을 다시 살리실 것이다(부활, 요 6:39, 40, 44).

아버지와 아들은 하나가 되어 일하신다. 아버지는 사람들을 택하시고 그들을 아들에 대한 믿음으로 이끄신다. 그들은 아들을 믿고 구원받는다. 아들은 그들을 보전하고 다시 살리셔서 영원히 살게 하실 것이다. 그리스도인들을 구원하고 보호하시기 위해 아버지와 아들이 조화롭게 일하신다.

아버지와 아들이 화목하게 구원을 이루시기 때문에 구원받은 사람들에게는 연속성이 있다. 아버지가 아들에게 주시고 이끄신 사람들은 아들에게 온 사람들이다. 아들이 구원하시고 보호하시는 사람들이며, 그분이 마지막 날에 다시 살리실 사람들과 같은 사람들이다. 하나님이 구원하신 사람들의 정체성은 구원의 처음부터 끝까지 변하지 않는다. 이는 자기 백성의 구원을 보호하시겠다는 하나님의 약속에 이목을 집중시킨다는 점에서 중요하다. 아버지와 아들의 조화로운 사역 때문에 모든 신자가 안전하며 아무도 잃어버려지지 않고 마지막 날에 다시 살 것이다(요 6:37, 39).

예수님의 약속을 다음과 같이 나열해 보면 더욱 인상적이다.

아버지께서 내게 주시는 자는 다 내게로 올 것이요 내게 오는 자는 내가 결코 내쫓지 아니하리라(요 6:37).

나를 보내신 이의 뜻은 내게 주신 자 중에 내가 하나도 잃어버리지 아니하고 마지막 날에 다시 살리는 이것이니라(요 6:39).

내 아버지의 뜻은 아들을 보고 믿는 자마다 영생을 얻는 이것이니 마지막 날에 내가 이를 다시 살리리라 하시니라(요 6:40).

나를 보내신 아버지께서 이끌지 아니하시면 아무도 내게 올 수 없으니 오는 그를 내가 마지막 날에 다시 살리리라(요 6:44).

예수님은 우리의 보전, 즉 마지막 날까지 우리 구원을 보호하실 것을 간단명료하게 반복해서 가르치신다. 그분의 크신 은혜가 우리를 감화하신다. 우리가 그리스도 안에서 성장하는 동안 그분은 우리의 약점을 더 많이 보여 주시는데, 덕분에 우리는 우리를 구원하시고 보호하시는 그 은혜에 더 감사하게 된다. 토머스 슈라이너(Thomas Schreiner)와 아들 케인데이(Ardel Caneday)가 옳다. "우리는 방황하기 쉬운 존재이지만, 예수님이 우리를 절대 잃지 않으시겠다는 약속, 그분이 시작하신 일을 우리가 부활하는 날에 완성하시겠다는 약속이 우리에게 있다."[12] 예수님의 메시지는 자신의 배경이나 인생 경험 때문에 힘들어하는 사람들에게 도움을 준다. 1장에 나온 에리카를 기억하는가? 에리카는 냉담하고 서먹한 아버지에게 거절감을 느꼈고 하나님이 자신을 받아 주셨다는 사실을 믿지 못해 힘들었다. 다행히도, 에리카는 예수님의 말씀이 자기 안에 거하게 했고(요 15:7) 그분의 음성을 듣고 따르는 법을 배웠다(요 10:27). 확신을 주는 예수님의 말씀이 그녀의 마음속에 자리 잡았고 그녀의 삶은 변화되었다. 대부분의 사람들은 에리카가 느낀 실망감을 알지 못하겠지만, 누구나 어떤 형태로든 실망감을 경험한다. 그러나 예수님은 우리를 실망시키지 않으신다(벧전 2:6). 그분은 그분의 백성을 구하시고 보호하시며, 그들이 그분의 사랑과 보호의 능력 가운데 안식하기를 원하신다.

요한복음 10장 27-30절

내 양은 내 음성을 들으며 나는 그들을 알며 그들은 나를 따르느니라 내가 그들에게 영생을 주노니 영원히 멸망하지 아니할 것이요 또 그들을 내 손에서 빼앗을 자가 없느니라 그들을 주신 내 아버지는 만물보다 크시매 아무도 아버지 손에서 빼앗을 수 없느니라 나와 아버지는 하나이니라.

---

12) Thomas R. Schreiner and Ardel B. Caneday, *The Race Set before Us: A Biblical Theology of Perseverance and Assurance* (Downers Grove, IL: InterVarsity Press, 2001), 250.

이 말씀은 하나님이 자기 백성의 구원을 지키신다고 말씀하시는 신약 성경의 두 군데 본문 중 하나다(나머지 하나는 로마서 8장 28-39절이다). 이 말씀은 예수님의 선한 목자 설교의 일부다.

여호와 하나님은 구약 이스라엘의 불성실한 목자들을 맹렬하게 비난하신다(겔 34:1-10). 그들은 양 떼를 돌보지 않고 방치하여 야생 동물의 먹이가 되게 내버려 두었다. 또한 예수님도 도둑질하고 죽이고 멸망시키려고 오는 절도와 강도들을 비난하신다(요 10:8, 10). 이는 그분을 메시아로 받아들이지 않을 뿐 아니라 백성들도 그렇게 하도록 방해하는 이스라엘 지도자들을 가리키는 것이다. 예수님이 고치신 눈먼 자를 홀대하는 모습에서 이들의 잘못을 엿볼 수 있다(요 9장).

선한 목자 예수님은 이 과거와 현재의 불성실한 목자들을 대신하신다. 그분은 양 떼를 사랑하시고 그들에게 자신을 주신다. 예수님은 양들을 위해 목숨을 버린다고 다섯 번이나 말씀하신다(요 10:11, 15, 17, 18). 그분은 십자가에서 자기 목숨을 버리시는데 부활 때에 그것을 다시 얻기 위함이라고 말씀하신다(요 10:17-18).

일부 유대인 지도자들은 예수님께 이의를 제기한다. "당신이 언제까지나 우리 마음을 의혹하게 하려 하나이까 그리스도이면 밝히 말씀하소서"(요 10:24). 그러나 예수님의 답변에서 드러나듯이, 그들의 말은 진심이 아니라 그분을 시험하려고 하는 말이었다. "내가 너희에게 말하였으되 믿지 아니하는도다 내가 내 아버지의 이름으로 행하는 일들이 나를 증거하는 것이거늘"(요 10:25). 유대인 반대자들이 예수님을 거부한 이유는 증거가 부족해서가 아니었다. 그분의 말씀과 행동은 그분이 하나님의 아들 그리스도이심을 증거하고도 남았다(요 20:31).

반대자들은 자신의 불신앙에 대한 책임이 있었지만, 예수님은 더 근본적인 이유를 지적하신다. "너희가 내 양이 아니므로 믿지 아니하는도다"(요 10:26). 그들은 예수님을 믿지 않았기 때문에 그분의 양이 아니라는 것은 틀림없는 사실이다. 요한은 불신앙을 비난받을 만한 문제로 간주할 때가 많다. 그러나 예수님은 그들이 믿지 않아서 그분께 속하지 않은 것이 아니라고 말씀하신다. 오히려 그들이 그분의 양이 아니기 때문에 믿지 않는다고 말씀하신다. 이것이 요한이 묘사하는 택하심, 곧 하나님이 구원받을 백성을 선택하시는 것에 대한 내용이다. 요한에 따르면, 하나님의 백성은 예수님을 믿는 것으로 드러나는 우선적인 정체성이 있다. 또한 요한복음 10장 26절은 하나님의 백성이 아닌 사람들은 예수님과의 관계에서 드러나는 우선적인 정체성이 있다고 가르친다. 그들은 예수님을 거부하며, 그럼으로써 그들이 하나님의 백성에 속하지 않은 것을 드러낸다.

그러나 우리의 주요 관심사는 예수님의 백성, 그분의 양 떼다. 예수님을 거부하는 사람들과는 대조적으로, 양 떼는 그 음성을 들으며 그분을 믿는다. 더 나아가 예수님은 그들을 개인적으로 아시고, 그들은 그분을 따른다. 그분의 명령에 순종한다(요 10:27). 그 뒤에 나오는 보전과 연관된 말씀은 성경에 나오는 다른 어떤 말씀 못지않게 중요하다. 예수님은 말씀하신다. "내가 그들에게 영생을 주노니 영원히 멸망하지 아니할 것이요 또 그들을 내 손에서 빼앗을 자가 없느니라 그들을 주신 내 아버지는 만물보다 크시매 아무도 아버지 손에서 빼앗을 수 없느니라 나와 아버지는 하나이니라"(요 10:28-30).

요한은 요한복음 앞부분을 비롯한 여러 곳에서 예수님을 영생을 주시는 분으로 묘사한다. 요한은 영원하신 말씀이 사람이 되시기 전부터 홀로 영생을 소유한 그분이 만물을 창조하시고 거기에 생명을 주셨다고 선언한다(요 1:3-4).

따라서 육신이 되신 말씀이 곤경에 처한 죄인들에게 몸과 영의 생명을 주신다는 사실은 놀라운 일이 아니다. 38년 된 병자의 다리를 고쳐 주신 예수님은 "아버지께서 죽은 자들을 일으켜 살리심같이 아들도 자기가 원하는 자들을 살리느니라"(요 5:21)라고 말씀하신다. 그뿐 아니라 요한은 예수님을 생명의 떡(요 6:35), 부활이요 생명(요 11:25), 길이요 진리요 생명(요 14:6)으로 묘사한다. 이 모든 이미지는 예수님을 생명을 주시는 분으로 표현한다.

영원히 멸망하지 아니할 것이요

따라서 예수님이 영생을 그분의 양 떼에게 주는 선물로 선포하신 것은 적절하다. "내가 그들에게 영생을 주노니"(요 10:28). 양 떼가 아닌 사람들, 곧 그분을 거부하고 하나님께 거부당한 사람들과는 대조적으로, 예수님의 양들은 선한 목자이신 분에게서 영생을 선물로 받는다. 예수님은 믿기 힘든 말씀을 하신다. 그들이 "영원히 멸망하지 아니할 것이요"(요 10:28). 번역 성경은 헬라어 원어의 말뜻을 제대로 담아내지 못한다. 높이 평가받는 헬라어 문법책의 저자인 대니얼 B. 월리스(Daniel B. Wallace)는 다음과 같이 설명한다.

> 우 메(*ou me*)와 부정 과거 가정법의 결합은 강한 부정을 암시한다. …이것은 헬라어에서 무언가를 부정하는 가장 강력한 화법이다. …우 메는 가능성의 개념조차 배제한다. …강한 부정은 주로 예수님이 하셨다고 전해지는 말씀에서 볼 수 있다. …특히 요한복음에는 구원론에 대한 주제가 자주 등장하는데, 그런 부정문에서는 구원을 잃어버릴 수 있다는 가능성을 부정한다.[13]

월리스가 열거한 예시 중에는 요한복음 10장 28절도 있다. 그는 이렇게 번역했다. "내가 그들에게 영생을 주니 그들이 전혀 멸망하지 않을 것이다."[14] 예수님은 자신이 영생을 준 사람들이 절대로 지옥에 떨어지지 않을 것이라고 대단히 단호하게 말씀하신다. 긍정문으로 말하자면, 그들은 반드시 최후의 구원을 얻을 것이다. 온 세상의 구세주이신 예수님은 성경 전체를 통틀어 하나님이 자기 백성을 보전하신다는 말씀 가운데 가장 강력한 말씀 하나를 하신다. 예수님이 멸망하지 않으리라고 분명히 말씀하셨으므로 양의 일부가 (구원을 잃어서) 멸망하리라는 말은 성립하기 어렵다.

---

13) Wallace, *Greek Grammar Beyond the Basics*, 468.
14) Wallace, *Greek Grammar Beyond the Basics*, 468.

아버지와 아들의 손에서 안전하다

예수님의 다음 말씀은 그분의 진술에 더 힘을 실어 준다. "또 그들을 내 손에서 빼앗을 자가 없느니라"(요 10:28). 선한 목자 예수님이 그 팔에 양을 안고 계시니 어떤 적수도 그 강력한 팔을 펼 수 없다. '빼앗다.'라는 단어는 목자에게서 양을 떼어 내려는 폭력적인 시도를 뜻한다. 하지만 하나님의 백성은 강력한 구세주의 사랑과 보호 가운데 안전하다.

예수님은 계속해서 "그들을 주신 내 아버지는 만물보다 크시매 아무도 아버지 손에서 빼앗을 수 없느니라"(요 10:29)라고 말씀하신다. 여기서 요한은 성육신하신 성자의 신성과 인성을 모두 가르친다. 하나님만이 하실 수 있는 일을 행하시는 예수님은 영생을 선물로 주신다. 그 일은 천사든 인간이든 어떤 피조물도 하지 못한다. 오직 하나님만이 생명을 허락하신다. 또한 요한은 하나님의 아들이 사람이 되셔서 아버지께 자신을 복종시키신다고 가르친다. 이것이 예수님이 "내 아버지는 만물보다 크시매"라고 말씀하신 뜻이다. 성자와 성부 모두 양 떼를 꼭 붙들고 계신다. 이 아버지와 아들의 강력한 품에서 양들은 안전하다.

"나와 아버지는 하나이니라"(요 10:30)라는 예수님의 말씀은 성부와 성자가 하나님의 본질을 공유한다는 가르침으로 종종 오해되기도 한다. 물론 그것은 성경이 말하는 진리다(히브리서 1장 3절에서 그렇게 가르친다). 그러나 여기서는 직접적으로 그렇게 가르치지 않는다. 오히려 앞의 문맥을 보면, 예수님은 자신과 아버지가 하나님의 백성을 보전하는 일에서 하나라고 암시하신다. 예수님은 양에게 영생을 주시고 그들은 멸망하지 않을 것이다. 왜인가? 예수님과 아버지가 능력으로 양들을 붙잡고 계셔서 아무도 빼앗을 수 없기 때문이다.

예수님이 말씀하신 뜻은 그분과 아버지가 하나님의 백성을 최종 구원까지 안전하게 지키는 일에서 하나라는 것이다. 실제로 요한복음 10장 30절은 예수님이 보전하는 일, 곧 하나님만이 하실 수 있는 일을 하신다고 함으로써 그리스도의 신성을 확언한다.

이 본문이 영원한 보장에 대한 증거 본문으로 유명한 것은 당연하다. 예수님은 그분의 양이 안전하다고 세 번이나 주장하신다. 첫째, 그들에게 생명을 주신다고 말씀하신 이후에 그들이 멸망하지 않으리라고 확실히 말씀하신다. 둘째, 그들을 그 손에서 빼앗을 자가 아무도 없다고 말씀하시면서, 그분의 힘센 팔에서 양들이 안전하다고 선언하신다. 셋째, 아버지도 그분의 능력 있는 팔로 양들을 안전히 붙들고 보호하며 지키신다고 말씀하신다.

D. A. 카슨(D. A. Carson)은 이렇게 결론을 맺는다. "초점은…예수님의 능력에 있다. '그들을 내 손에서 빼앗을 자가 없느니라.' 사냥감을 찾아 헤매는 이리(요 10:12)도, 절도와 강도(요 10:1, 8)도, 아무도."[15] 레온 모리스(Leon Morris)는 요한복음 10장 28-30절에 나오는 요한의 가르침을 다음과 같이 요약한다. "기독교 신앙에서 가장 귀한 것은, 그리스도를 붙잡고 있는 우리의 약한 손이 아니라 우리를 붙잡고 계신 그리스도의 강력한 손

---

15) D. A. Carson, *The Gospel According to John*, Pillar New Testament Commentary (Grand Rapids: Eerdmans, 1991), 393.

때문에 우리가 계속해서 영생을 누린다는 것이다."[16] 양은 인간이 상상할 수 있는 가장 안전한 장소, 아버지와 아들의 강력한 손안에 있다.

스트레스, 예민한 마음, 낙담에 대한 도움

이런 진실은 영혼에 미치는 다양한 문제로 씨름하고 있는 그리스도인들에게 막대한 도움이 된다. 나는 엘리야처럼 큰 스트레스를 받는 사람들을 비하할 생각은 없다(왕상 18장). 그럼에도, 우리가 안정되어 자신이 겪은 극도의 스트레스 상황을 돌아볼 수 있을 때, 아버지와 아들의 영원하고 강력한 팔이 우리를 지지해 왔고 앞으로도 지지한다는 사실을 아는 것은 위안이 된다. 우리는 자신의 구원을 보장하지 못한다. 하나님만이 우리를 보전하시며, 그 결과로 우리는 그분을 사랑하고 그분께 순종한다.

예수님은 자기 백성에게 영생을 선물로 주시고 그들이 절대 멸망하지 않으리라고 선언하신다. 이는 감정 상태에 따라 하나님과의 관계가 흔들리는 경향이 있는 예민한 마음을 지닌 사람들에게 도움이 된다. 다시 한 번 말하지만, 나는 큰 절망감으로 고통받는 형제자매들을 무시하려는 의도가 없다. 나도 그런 경험이 있고 그것이 얼마나 힘든지 안다. 심신이 녹아내리는 느낌이라는 것을 안다. 하지만 그렇게 우울할 때조차도 감히 포기해서는 안 된다. 이번에도 성경이 우리에게 마술봉을 쥐어 주지는 않는다. 하지만 양들의 선한 목자이신 예수님의 치유하시는 말씀에서 (시간이 걸

---

[16] Leon Morris, *The Gospel According to John*, New International Commentary on the New Testament (Grand Rapids: Eerdmans, 1971), 521.

린다 해도) 도움을 받을 수 있다. 우리는 모두 양 같아서 어리석은 행동을 하고 자기를 망가뜨리는 일을 저지른다. 그런데도 예수님은 우리를 사랑하시고 그분의 팔에 안으신다. 그것이 우리에게 얼마나 큰 의미가 있는지 모른다. 하나님이 우리에게 은혜와 평안을 주셔서 예수님의 사랑과 보호하심이 더 큰 의미가 되기를 기도한다.

요한복음 17장 9-12, 15, 24절

내가 그들을 위하여 비옵나니 내가 비옵는 것은 세상을 위함이 아니요 내게 주신 자들을 위함이니이다 그들은 아버지의 것이로소이다 내 것은 다 아버지의 것이요 아버지의 것은 내 것이온데 내가 그들로 말미암아 영광을 받았나이다 나는 세상에 더 있지 아니하오나 그들은 세상에 있사옵고 나는 아버지께로 가옵나니 거룩하신 아버지여 내게 주신 아버지의 이름으로 그들을 보전하사 우리와 같이 그들도 하나가 되게 하옵소서 내가 그들과 함께 있을 때에 내게 주신 아버지의 이름으로 그들을 보전하고 지키었나이다 그중의 하나도 멸망하지 않고 다만 멸망의 자식뿐이오니 이는 성경을 응하게 함이니이다…내가 비옵는 것은 그들을 세상에서 데려가시기를 위함이 아니요 다만 악에 빠지지 않게 보전하시기를 위함이니이다…아버지여 내게 주신 자도 나 있는 곳에 나와 함께 있어 아버지께서 창세 전부터 나를 사랑하시므로 내게 주신 나의 영광을 그들로 보게 하시기를 원하옵나이다.

예수님이 천국에서 우리를 위해 중보하실 때(롬 8:34; 히 7:25) 어떻게 기도하실지 궁금한 적이 있는가? 주님이 요한복음 17장에서 아버지께 드리는 기도를 보면 꽤 근접한 답을 얻을 수 있지 않을까 싶다. 다음과 같은 전통적인 구분이 정확할 것 같다. 예수님은 자신을 위해(요 17:1-5), 열한 제자를 위해(요 17:6-19), 미래의 신자들을 위해(요 17:20-26) 기도하신다. 여러 가지를 간구하시지만, 그중에 네 가지가 두드러진다. 예수님은 그리스도인의 하나 됨(요 17:11, 21-23)과 거룩함(요 17:17, 19), 세상을 향한 증거(요 17:18, 21, 23), 보전(요 17:11-12, 15, 24)을 위해 기도하신다. 우리는 특히 마지막 내용에 관심이 있다. 요한복음 17장에서 예수님은 네 번이나 보전에 대해, 즉 하나님이 신자들의 구원을 지키시는 것에 대해 말씀하신다.

예수님은 세상을 위해서가 아니라 아버지가 자신에게 주신 사람들, 아버지가 선택하신 사람들을 위해 기도하신다(요 17:9). 그들은 아버지와 아들에게 속했다. 제자들의 고군분투 상황을 고려할 때, 놀랍게도 그분이 그들 가운데서 영광을 받으신다고 말씀하신다(요 17:9-10). 그런 다음 "나는 세상에 더 있지 아니하오나…나는 아버지께로 가옵나니"(요 17:11)라고 말씀하신다. 예수님의 마음의 눈으로는 이 땅에서 그분의 사역이 완성되었다고 확신하심을 암시하는 것 같다(요 17:4). 이것이 이 기도에서 전형적으로 드러나는 그분의 자세다. 아직 죽음과 부활과 승천 이전이지만, 예수님은 마치 하늘에 계신 아버지께 이미 돌아가기라도 하신 것처럼 기도하신다. 이 네 가지 기도를 좀 더 자세히 살펴보자.

기도 1: 아버지가 신자들을 보전해 주시기를(요 17:11)

예수님은 마치 자신이 아버지께로 돌아가신 것처럼 기도하시지만, 제자들은 세상에 남아 있다. 그래서 그분은 "거룩하신 아버지여 내게 주신 아버지의 이름으로 그들을 보전하사"(요 17:11)[17]라고 기도하신다. 본문의 맥락을 알면 이 예수님의 간구를 이해하기 쉽다. 예수님은 모든 인류의 주권자시므로 아버지가 아들에게 주신 사람들에게 영생을 주신다(요 17:2). 예수님은 영생을 정의하시기를, 아버지와 아들을 아는 것이라고 말씀하신다(요 17:3). 그러고는 아버지가 세상 중에서 주신 사람들에게 아버지를 나타냈다고 덧붙이신다(요 17:6). 이 나타내심에는 여러 사실과 아버지와의 개인적인 관계가 포함된다(요 17:6-8). 따라서 아버지께 "그들을 보전하사"(요 17:11)라고 부탁하실 때, 예수님은 제자들이 아버지와 아들을 계속해서 알아 가는 여정을 보호해 주시기를 원하신 것이다.

"거룩하신 아버지여 내게 주신 아버지의 이름으로 그들을 보전하사"(요 17:11)라는 예수님의 기도에서 '이름'은 예수님을 통해 드러난 하나님의 성품을 상징한다.[18] 예수님은 아버지께 신자들을 보전해 달라고 간구하신다. 그분의 말씀은 아버지의 모든 사랑과 능력, 신실하심이 담긴 인격을 강조한다. 신자들은 아버지의 손안에서 안전하다.

---

17) 여기서 예수님은 아버지께 명령법을 사용하시지만, 당연히 하나님께 명령하고 계신 것은 아니다. 기도할 때 간구를 표현하기 위해 명령법을 사용한다. Wallace, *Greek Grammar Beyond the Basics*, 487-488.

18) Carson, *The Gospel According to John*, 562.

기도 2: 아버지가 예수님처럼 신자들을 지켜 주시기를(요 17:12)

예수님은 자신이 땅에서 사역하는 동안 그렇게 하셨듯이 자신이 없을 때도 아버지가 신자들을 보호해 주시기를 간구하신다. "거룩하신 아버지여…그들을 보전…하옵소서 내가 그들과 함께 있을 때에…그들을 보전하고 지키었나이다"(요 17:11-12). 하나님의 아들이신 예수님은 열한 제자에게 영생을 주시고 그들과 함께 있을 때 그들을 보전하셨다. 요한복음 17장 11절은 예수님이 이 땅에서 시작하신 일, 곧 제자들을 최후의 구원까지 보존하는 일을 아버지가 계속해 주시기를 부탁하는 간구다.

이런 면에서 요한복음 17장은 요한복음 10장과 흡사하다. 우리는 요한복음 10장에서 아들과 아버지의 강력한 팔에서 양 떼가 안전한 것을 보았다. 여기서 아들은 자신이 이 땅에 있는 동안 자기 사람들을 보전했다고 말씀하시며, 그들을 하늘에서부터 지켜 주시기를 아버지께 간구하신다.

예수님은 그리스도인들을 보전하신다는 것을 강조하시려고 반복법을 사용하신다. "내가…그들을 보전하고 지키었나이다 그중의 하나도 멸망하지 않고"(요 17:12). 예수님은 열한 제자를 보호하신다는 점을 강조하시기 위해 '보전하다.'라는 표현에 '지키다.'라는 표현을 추가하신다. 예수님이 그들을 지키시기에 그중의 하나도 멸망하지 않을 것이다.

이 예수님의 말씀이 유다가 구원을 잃어버렸음을 보여 준다고 말하는 사람들도 있지만, 그것은 잘못된 것이다.[19] 예수님은 "그중의 하나도 멸

---

19) Grant R. Osborne, "Soteriology in the Gospel of John," in *The Grace of God, the Will of Man*, ed. Clark H. Pinnock (Grand Rapids: Zondervan, 1989), 249, 254.

망하지 않고 다만 멸망의 자식뿐이오니"(요 17:12)라고 말씀하신다. 유다는 예수님의 열두 제자 중 하나였지만 신자는 아니었다. 이런 결론에는 최소한 네 가지 이유가 있다. 첫째, 예수님은 유다를 제자로 택하셨지만, 유다가 믿음이 없는 것과 그분을 배신할 것을 처음부터 아셨다(요 6:64, 70-71).

둘째, 유다는 나사로의 누이 마리아가 예수님의 발에 값비싼 향유를 부은 것에 반대했다. 그는 그 향유를 팔아서 가난한 사람에게 주었다면 더 좋았을 것이라고 항변했다(요 12:3-5, 7). 요한은 유다의 동기를 폭로한다. "이렇게 말함은 가난한 자들을 생각함이 아니요 그는 도둑이라 돈궤를 맡고 거기 넣는 것을 훔쳐 감이러라"(요 12:6). 여기서 '훔쳐 갔다.'라는 표현은 정확히 말하면 '훔치곤 했다.'로서 반복되거나 습관적인 행동을 암시한다. 유다는 주기적으로 주님의 돈을 훔쳤다.

바울은 위선에 대해 경고하면서 불의한 자가 하나님 나라를 유업으로 받지 못할 것이라고 말하는데, 거기에는 도적도 포함된다(고전 6:9-10). 그리스도인도 남의 물건을 훔칠 수 있다. 심지어 우상 숭배나 간음을 저지르기도 한다. 그러나 도둑질이나 우상 숭배, 간음을 습관적으로 행하는 사람들은 그리스도인이라는 고백이 거짓임을 드러낸다. 유다는 구원받은 적이 없는 도둑이었다. 예수님을 배신한 행동은 그의 성품의 결을 벗어난 행동이 아니었다. 오히려 그의 성품을 드러낸 행동이었다. 예수님에 대한 배신은 그의 악한 불신을 표현한 것이었다.

셋째, 예수님은 제자들의 발을 씻어 주시며 이렇게 말씀하셨다. "이미 목욕한 자는 발밖에 씻을 필요가 없느니라 온몸이 깨끗하니라 너희가 깨끗하나 다는 아니니라 하시니 이는 자기를 팔 자가 누구인지 아심이라 그러므로 다는 깨끗하지 아니하다 하시니라"(요 13:10-11). 열한 제자는 이미 목욕한(영단번에 하나님께 용서받은) 자들이어서 발밖에 씻을 필요가 없었다(날마다 자기 죄를 고백하기만 하면 되었다). 하지만 유다는 회심에 동반된 죄 용서함을 알지 못했다. 그는 깨끗하지 못했다.

넷째, 하나님의 주권과 인간의 책임은 둘 다 유다가 신자가 아니었다는 사실을 가리킨다. 하나님은 그 아들이 배신당할 때조차도 만사를 다스리시는 주권자시다. 예수님은 누가 그분을 배신할지 처음부터 아셨다(요 6:64). 예수님은 유다의 배신을 예언하심으로 자신이 하나님이심을 증명하셨다(요 13:19). 예수님은 이렇게 기도하셨다. "내가 그들과 함께 있을 때에 내게 주신 아버지의 이름으로 그들을 보전하고 지키었나이다 그중의 하나도 멸망하지 않고 다만 멸망의 자식뿐이오니 이는 성경을 응하게 함이니이다"(요 17:12).

다른 성경 본문들도 증명하듯이, 예수님이 당하신 배신은 하나님의 주권적 계획을 성취하는 것이었다(눅 22:22; 행 2:23, 4:27-28). 하나님은 놀라지 않으셨다. 그럼에도 유다는 죄가 있으며, 자기 행동에 책임이 있다. 그는 주기적으로 돈궤에서 돈을 훔쳤다(요 12:6). 열두 제자 중에 유다만이 사탄이 악용할 틈을 주었다(요 13:2, 27). 예수님이 "내가 떡 한 조각을 적셔다 주는 자가 그니라"(요 13:26)라고 말씀하시면서 배신자를 확인해 주시자 유다는 거리낌 없이 그 조각을 받았다.

그러므로 슈라이너와 케인데이가 옳다.

예수님이 유다를 지적하신 것의 포인트는 그가 처음부터 예외였다는 것이다. 그는 절대…아버지가 아들에게 주신 사람들에 속하지 않았다. 그는 절대 구원의 목욕을 하고 깨끗해지지 않았다. 그가 배신자 역할을 할 것은 처음부터 예언되었다. 따라서 예수님은 하나님이 그분에게 주신 사람들 중에 단 한 사람도 잃지 않으셨고, 우리는 이 예수님의 기도가 확실히 응답받으리라는 것을 깨달을 때 엄청난 힘을 얻는다. 하나님은 우리를 끝까지 지키시고 그 아들의 기도에 의심할 여지 없이 응답하실 것이다.[20]

기도 3: 아버지가 그들을 악에 빠지지 않게 지켜 주시기를(요 17:15)

예수님은 계속해서 제자들을 위해 기도하신다. "내가 비옵는 것은 그들을 세상에서 데려가시기를 위함이 아니요 다만 악에 빠지지 않게 보전하시기를 위함이니이다"(요 17:15). 이번에도 예수님은 자기 사람들을 지켜 주시기를 아버지께 간구하신다. 그리고 적의 정체를 드러내신다. "다만 악(악한 자)에 빠지지 않게 보전하시기를."

요한복음에서 예수님은 이 악한 자가 누구인지 알려 주신다. "그는 처음부터 살인한 자요…이는 그가 거짓말쟁이요 거짓의 아비가 되었음이라"(요 8:44). 예수님은 그를 '이 세상의 임금'이라고 부르시고, 원수를 완전히 물리쳤다고 선언하신다(요 12:31, 14:30, 16:11). 사탄이라고 불리는 이 마

---

20) Schreiner and Caneday, *The Race Set before Us*, 253-254.

귀가 가룟 유다를 부추겨 예수님을 배신하고 악행을 저지르도록 힘을 실어 주었다(요 13:2, 27).

예수님은 나머지 열한 제자를 이 악한 세상에서 데려가 달라고 간구하지 않으시고, 그들을 악한 자에게서 지켜 달라고 간구하신다. 예수님은 마귀가 활동하고 있고 제자들을 유혹할 것을 아신다. 그냥 내버려 두면 열한 제자도 유다처럼 타락할 것이다. 그러나 예수님이 그들을 악한 자에게서 보호해 달라고 아버지께 간구하셨기 때문에 그들은 홀로 남겨지지 않는다. 아들의 기도와 아버지의 능력이 그들을 악에서 지키신다. 아버지와 아들의 이러한 사역 때문에, 겁에 질린 그리스도인들도 요한의 말에서 용기를 얻을 수 있다. "너희 안에 계신 이가 세상에 있는 자보다 크심이라"(요일 4:4).

기도 4: 아버지가 신자들을 하늘로 데려가 주시기를(요 17:24)

이 유명한 기도 내내 예수님은 마치 자신이 이미 하늘에 계신 아버지께 돌아가신 것처럼 행동하신다. 이 점은 요한복음 17장 24절에서 가장 확연하게 드러난다. "아버지여 내게 주신 자도 나 있는 곳에 나와 함께 있어 아버지께서 창세 전부터 나를 사랑하시므로 내게 주신 나의 영광을 그들로 보게 하시기를 원하옵나이다." 예수님은 아직 이 땅에서 십자가의 길을 준비하고 계시지만, 승리의 부활과 승천을 확신하신다. 그분은 아버지가 신자들을 천국으로 데려가셔서 그분과 함께 하늘의 영광을 보게 하시기를 원하신다.

아버지는 사랑하는 아들의 기도에 기꺼이 응답하실 것이다. 신자들은 틀림없이 예수님의 영광을 보게 될 것이다. 이렇게 예수님은 하나님의 백성을 보전하겠다는 또 다른 확증으로 이 유명한 기도를 맺으신다.

요한복음 10장 28-30절에서 성부와 성자가 조화롭게 구원 사역에 동참하는 모습은 요한복음 17장에도 나타난다. 예수님은 죽음과 부활을 앞두고 하늘 아버지께 마음을 여시면서, 자신이 제자들과 함께 있는 동안 영적으로 그들을 보호했다는 사실을 강조하신다(요 17:12).

이제 아버지께 돌아갈 날을 준비하시는 예수님은 아버지께 자신이 이 땅에 없을 때도 그분이 선택하신 사람들을 계속해서 지켜 주시기를 간구하신다. 구체적으로 말하면, 예수님은 제자들을 적대적인 세상에서 데려가지 않으시고 그들을 사탄에게서 보호해 주시기를 아버지께 간구하신다. 그리고 선택하신 사람들을 하늘의 영광으로 인도해 주시기를 간구하면서 기도를 마치신다.

확신?

역설적이게도, 그리스도를 믿는 이들은 가룟 유다의 슬픈 이야기에서 오히려 확신을 얻을 수 있다. 유다는 위선자요 배교자였다. 그는 예수님을 믿는 척했지만, 앞서 언급한 이유들로 인해 절대 진정한 신자가 아니었다. 그는 이전에 고백했던 믿음을 포기하고 변절했다. 하나님의 말씀에 위선자와 배교자가 등장하는 한 가지 이유는, 그리스도인들을 위로하시기 위해서다. 어떻게 그럴 수 있을까? 자비로우신 하나님은 겉으로 보기에는 그리스도인 같지만 실제로는 그렇지 않은 사람이 있다는 것을 미리 우리에게 말씀해 주신다(요일 2:19). 유다처럼 하나님의 백성에서 떨어져 나가는 사람들이 있을 것이다.

1장에서 만났던 댄 바커(Dan Barker)처럼 한때 믿음을 고백했던 그리스도인이 신앙을 부인할 때, 우리는 낙담하지 않아도 된다. 그런 현상은 성경을 약화하지 않고 오히려 그 진실성을 증명해 준다. 성경에서 이미 그런 일이 일어날 것을 예언했기 때문이다.

하나님은 위선자들이 나타날 것을 미리 말씀해 주셨다. 그러므로 우리는 그런 사람이 드러났을 때도 믿음을 잃지 않을 수 있다. 우리는 그런 일을 예상해야 한다. 물론, 위선이나 배교를 보고 좋아할 사람은 없다. 그러나 그런 일이 생기지 않는다면 성경은 사실이 아닐 것이다. (적그리스도들과 유다가 증거하듯이) 위선과 배교는 1세기부터 시작되었다. 안타깝지만, 예수님이 다시 오셔서 바로잡으실 때까지 위선자와 배교자는 계속해서 나타날 것이다.

요한복음 17장에서 예수님은 네 가지 다른 방식으로 아버지가 그 자녀들의 구원을 보호해 주실 것을 기도하신다. 예수님이 우리를 대신하여 아버지께 기도하실 때, 우리가 반드시 하늘나라에 들어갈 것이라는 확신을 주고자 하신다니 얼마나 흥미진진한지 모른다. 얼마나 자비로우신 분인가! 아버지께 드리는 아들의 진실한 기도 가운데 우리의 확신에 대한 이런 증거가 등장한다는 사실은 우리가 아버지와 아들과 맺는 관계를 격려해 준다. 확실히 아버지와 아들은 관계적인 존재시다. 그런데 놀랍게도 그분들이 우리와 관계를 맺기 원하신다. 예수님은 아버지가 예수님의 죽음과 부활을 통해 예수님을 영화롭게 하셔서 하나님의 백성이 영생을 누릴 수 있기를 기도하신다. 그런 다음 예수님은 아버지와 아들을 아는 것이 영생이라고 말씀하신다(요 17:2-3).

우리는 굳이 어려운 방법을 찾을 필요가 없다. 어떤 사람들처럼 반항의 씨앗을 뿌리지 않고도 그분께 복종할 수 있다. 더 나아가, 우리는 1장에서 만난 루스 터커(Ruth Tucker)처럼 의심이 들 때조차도, 우리를 사랑하셔서 자신을 주신 자비로우신 성자 하나님께 복종할 수 있다.

04

THE ASSURANCE OF SALVATION

바울이 말하는 확신과 보전

빌은 학업과 인간관계 모두에서 번번이 실패를 경험했다. 성공과 성취를 매우 강조하는 그의 가족은 대놓고 그를 실망스럽게 여겼다. 결국, 성취 지향적인 부모의 기준을 충족하지 못한 그는 뿌리 깊은 실패감과 무능력에 시달리게 되었다. 복음조차 그에게 위안이 되지 못하는데, 그가 충족시킬 수 없다고 느끼는 요구를 하는 것처럼 보이기 때문이다. 그는 하나님께 실망을 안겨 드릴까 봐 두려워한다. 자신이 정말로 그리스도인이 될 수 있을지 심각하게 고민하고 의심하고 있다.[1]

빌 같은 사람들은 높은 기준을 충족하지 못해서 힘들어한다. 그 기준의 출처는 다양하다. 부모나 교사처럼 외부적인 요인도 있고 내적인 요인도

---

1) Alister E. McGrath, *The Sunnier Side of Doubt* (Grand Rapids: Zondervan, 1990), 27-28.

있는데, 이는 사람들이 때로 자신조차 설명하기 힘든 탁월함을 추구하곤 하는 데서 비롯된다. 그 기준이 무엇이든 계속된 실패는 큰 타격을 준다. 그 결과, 많은 사람이 스스로 부족하고 가치가 없다고 느낀다. 성경은 빌과 그와 비슷한 사람들을 위한 좋은 소식이다. 우리와 우리의 실패 그리고 우리의 성공에서 눈을 돌려 죽으시고 다시 사신 예수님을 바라보게 만들기 때문이다. 예수님의 구원 사역에 근거한 하나님의 약속은 확신의 강력한 방어벽이다. 기대감을 충족하지 못해 낙담한 이들도 그리스도를 믿는 믿음을 통해 하나님의 은혜로 진정한 확신을 얻을 수 있다.

앞 장에서는 요한이 쓴 책 중에서 신자의 구원의 확신을 강화해 주는 다섯 개의 본문을 살펴보았다. 이 장에서는 바울 서신에서 똑같은 역할을 하는 다섯 가지 본문을 살펴보려 한다.

- 로마서 8장 1-3절
- 로마서 8장 28-39절
- 에베소서 1장 13-14절, 4장 30절
- 빌립보서 1장 4-6절
- 데살로니가전서 5장 23-24절

로마서 8장 1-3절

그러므로 이제 그리스도 예수 안에 있는 자에게는 결코 정죄함이 없나니 이는 그리스도 예수 안에 있는 생명의 성령의 법이 죄와 사망의 법에서 너를 해방하였음이라 율법이 육신으로 말미암아 연약하여 할 수 없는 그것을 하나님은 하시나니 곧 죄로 말미암아 자기 아들을 죄 있는 육신의 모양으로 보내어 육신에 죄를 정하사.[2]

바울은 하나님의 말씀을 믿는 사람들에게 그들이 하나님의 주권적 은혜로 구원받고 보호받고 있다는 확신을 주기 위해 여러 본문을 기록한다. 로마서 8장은 그중에서 가장 유명한 본문이다. 이 장은 처음부터 끝까지, 신자들이 그리스도 안에서 안전하며 그 결과 확신이 있다는 것에 대해 성경에서 가장 확실한 증거를 제공한다. "그러므로 이제 그리스도 예수 안

---

[2] 다음 내 책에서 도움을 받았다. *Our Secure Salvation: Preservation and Apostasy*, Explorations in Biblical Theology (Phillipsburg, NJ: P&R Publishing, 2009).

에 있는 자에게는 결코 정죄함이 없나니"(롬 8:1). '정죄'라는 단어는 신약성경에서 로마서 5장 16절과 18절, 8장 1절에만 나오는데, 이는 바울이 로마서 8장 1-3절에서 로마서 5장 12-21절의 결론을 끌어내고 있음을 암시한다. 그는 로마서 5장에서 두 아담을 대조하고, 그들이 각각 대표하는 사람들에게 미친 영향을 대조한다. 아담이 에덴동산에서 지은 죄는 인류에게 정죄와 죽음을 가져왔다. 그러나 그리스도의 한 의로운 행위는 그분을 믿는 모든 사람에게 의롭다 하심과 영생을 가져왔다(롬 5:18-19).

정죄함이 없나니

법정이라는 배경은 바울의 말씀을 이해하는 데 도움이 된다. "그러므로 이제 그리스도 예수 안에 있는 자에게는 결코 정죄함이 없나니"(롬 8:1). 사도는 법률 용어를 빌려 와서, 그리스도께서 자기 백성을 범법자가 받아 마땅한 형벌, 곧 정죄에서 구원하신다고 주장한다. 예수님은 정죄 받은 자들의 운명인 지옥에서 신자들을 구원하신다. 사도는 결코 정죄함이 없나니 앞으로도 없으리라고 강조한다.[3] 예수님은 자기 백성의 영원한 속죄를 보장하셨다(참고. 히 9:12).

바울은 이 구원이 그리스도 예수 안에 있는 모든 자를 위한 것이라고 주장하면서 법률 용어에 관계적인 용어를 추가한다. 그리스도와 함께 죽고 다시 산 모든 사람(롬 6:1-11)은 그분과 영적으로 하나가 되고 정죄 받지

---

3) 강한 부정형 우덴(*ouden*)을 문장 맨 앞에 사용하여 그 의미를 강조한다.

않을 것이다. 로마서 8장 3절에서 분명히 하듯이 "그리스도께서 그들이 받아 마땅한 정죄를 이미 온전히 감당하셨기 때문이다."[4]

해방하였음이라

"이는 그리스도 예수 안에 있는 생명의 성령의 법이 죄와 사망의 법에서 너를 해방하였음이라"(롬 8:2). 사도는 로마서 8장 1절의 근거를 제시한다. 즉 성령이 범법자들에게 모세의 율법이 명시하는 정죄의 위협으로부터 신자들을 해방하셨다는 것이다. 바울이 언급한 대로, 성령은 '생명의 성령'이신데 그분이 영적으로 죽은 사람들을 되살리시기 때문이다. 이렇게 해서 성령은 죄와 사망으로 이끄는 율법에서 우리를 해방하신다. 생명을 주시는 이 성령이 우리를 죄와 사망의 나라에서 의와 영생의 나라로 옮겨 주신다. 그 결과, 죄의 형벌과 능력은 힘을 잃고 만다. 신자들을 정죄에서 구원받으며(롬 8:1), 더는 죄의 끔찍한 지배 아래 살지 않아도 된다(롬 8:4-17).

죄를 정하사

"율법이 육신으로 말미암아 연약하여 할 수 없는 그것을 하나님은 하시나니 곧 죄로 말미암아 자기 아들을 죄 있는 육신의 모양으로 보내어 육신에 죄를 정하사"(롬 8:3). 모세의 율법은 육신으로 말미암아 연약해진다.

---

4) C. E. B. Cranfield, *A Critical and Exegetical Commentary on the Epistle to the Romans*, 2 vols., International Critical Commentary (Edinburgh: T&T Clark, 1975), 1:373.

타락한 사람들이 율법을 지킬 수 없기 때문에 율법은 그들을 구원하지 못한다. 그러나 율법이 연약하여 할 수 없는 일을 하나님은 죄 있는 육신의 모양으로 보내신 그리스도 안에서 하셨다.

바울은 신중하게 말한다. 그는 "그리스도께서 죄 있는 육신으로 오셨다."라고 말하지 않는다. 그렇게 되면 예수님이 죄인이 되시기 때문에 다른 사람들을 구하실 수 없다. 바울은 그리스도께서 스스로 죄인들과 동일시하셨음을 부인하지 않는다. 그렇지 않으면 우리를 대표하실 수 없기에 우리를 구하실 수 없다. 바울은 중립을 지키려 한다. 그리스도께서는 죄 있는 육신의 모양으로 오셔서 스스로는 죄가 없으면서도 인류처럼 죄인이 되셨다. 그뿐 아니라, 아버지는 아들을 죄 있는 육신의 모양으로 보내어 육신에 죄를 정하셨다. 바울은 그리스도의 죽음을 죄를 없애는 희생제물이라고 말한다.[5]

그렇다면 어떻게 하나님은 자기 아들을 죄 있는 육신의 모양으로 보내어 육신에 죄를 정하사 아들의 인성 가운데 있는 죄를 정죄하실 수 있었을까? 더글러스 무(Douglas Moo)는 이렇게 훌륭하게 답한다.

> 정죄는 아들의 속죄하는 죽음을 통해 하나님이 심판을 실행하시는 것이다. "하나님이 … 우리를 대신하여 죄로 삼으신"(고후 5:21) 그리스도께

---

[5] '죄로 말미암아'를 70인역(헬라어 구약성경)에서 '속죄제'라는 의미로 자주 사용하고, 대부분의 주석가가 여기서 이 단어를 그런 의미로 해석하기 때문이다. James D. G. Dunn, *Romans 1-9*, Word Biblical Commentary (Waco, TX: Word, 1988), 403.

서 하나님의 진노, 곧 그 죄에 내린 심판을 받으셨다. …물론 그렇게 하셨기에 우리는 바울이 죄를 사람들을 손아귀에 쥐고 정죄하는 능력으로 묘사한 의미에서 죄의 권세가 깨졌다고 말할 수 있다. …우리 죄로 인해 받아 마땅한 정죄가 우리 죄를 대신 지신 그리스도께 부어졌다. 그러므로 이제 그리스도 예수 안에 있는 자에게는 결코 정죄함이 없다(롬 8:1).[6]

하나님이 그 아들을 보내신 것은 구원받지 못한 사람들을 정죄함에서 해방하실 뿐 아니라(롬 8:1-4) 그들의 삶에 거룩함을 심어 주시기 위해서다(롬 8:4-11). 그리스도께서는 신자들을 의롭게 하시는 동시에 점진적으로 성화시키시기 위해 죽으셨다.

요약

바울은 하나님이 그 백성을 구원하시고 지키신다는 선언으로 로마서 8장을 시작한다. 그는 "그러므로 이제 그리스도 예수 안에 있는 자에게는 결코 정죄함이 없나니"(롬 8:1)라고 선언한다.

바울의 말은 다른 사람들의 잘못된 본보기로 스트레스를 받는 그리스도인들에게 치료제가 될 수 있다. 그리스도를 안다고 주장하지만 정반대로 살면서 그리스도의 명성에 먹칠하는 위선자들이 있다. 수년간 복음을

---

6) Douglas J. Moo, *The Epistle to the Romans*, New International Commentary on the New Testament (Grand Rapids: Eerdmans, 1996), 481.

믿는다고 고백해 놓고서, 때로 아주 적대적으로 믿음을 떠나는 사람들도 있다. 이런 상황을 지켜보는 일은 참으로 힘들고 한탄을 불러일으킨다. 그러나 이런 것들이 하나님의 말씀의 진실성이나 그 말씀이 약속하는 구원의 확신을 의심할 이유는 되지 못한다.

바울은 그리스도 안에 있는 신자들에게 죽음(정죄함)이 없다고 확신을 준다. 위선자들과 배교자들은 자기 삶으로 그리스도께 대답해야 할 것이다. 그들의 좋지 않은 본보기는 때로 우리에게 상처를 주지만, 우리는 하나님의 은혜로 그들을 위해 계속 기도한다. 하지만 결국 가장 중요한 것은 그들을 주님의 손에 맡기는 것이다. 우리는 위선자들과 배교자들을 피하지 않는다. 그렇다고 그들의 삶을 우리 삶의 기준으로 삼지도 않는다. 오히려 하나님의 말씀과 그 약속을 우리 삶의 기준으로 삼는다. 그 가장 큰 확신의 말씀 중 하나가 로마서 8장 1-3절이다. 아버지는 아들을 육신의 모양으로 보내셔서 죄를 정하시고 우리가 정죄 받지 않도록 하신다. 그 말씀이 주변에서 벌어지는 일과 상관없이 우리의 믿음을 든든하게 지켜 준다. 그러므로 우리는 우리를 사랑하시고 우리를 위하여 자기 몸을 주신 그분께 감사한다(갈 2:20).

로마서 8장 28-39절

우리가 알거니와 하나님을 사랑하는 자 곧 그의 뜻대로 부르심을 입은 자들에게는 모든 것이 합력하여 선을 이루느니라 하나님이 미리 아신

자들을 또한 그 아들의 형상을 본받게 하기 위하여 미리 정하셨으니 이는 그로 많은 형제 중에서 맏아들이 되게 하려 하심이니라 또 미리 정하신 그들을 또한 부르시고 부르신 그들을 또한 의롭다 하시고 의롭다 하신 그들을 또한 영화롭게 하셨느니라 그런즉 이 일에 대하여 우리가 무슨 말 하리요 만일 하나님이 우리를 위하시면 누가 우리를 대적하리요 자기 아들을 아끼지 아니하시고 우리 모든 사람을 위하여 내주신 이가 어찌 그 아들과 함께 모든 것을 우리에게 주시지 아니하겠느냐 누가 능히 하나님께서 택하신 자들을 고발하리요 의롭다 하신 이는 하나님이시니 누가 정죄하리요 죽으실 뿐 아니라 다시 살아나신 이는 그리스도 예수시니 그는 하나님 우편에 계신 자요 우리를 위하여 간구하시는 자시니라 누가 우리를 그리스도의 사랑에서 끊으리요 환난이나 곤고나 박해나 기근이나 적신이나 위험이나 칼이랴 기록된 바 우리가 종일 주를 위하여 죽임을 당하게 되며 도살당할 양같이 여김을 받았나이다 함과 같으니라 그러나 이 모든 일에 우리를 사랑하시는 이로 말미암아 우리가 넉넉히 이기느니라 내가 확신하노니 사망이나 생명이나 천사들이나 권세자들이나 현재 일이나 장래 일이나 능력이나 높음이나 깊음이나 다른 어떤 피조물이라도 우리를 우리 주 그리스도 예수 안에 있는 하나님의 사랑에서 끊을 수 없으리라.

로마서 8장 28-39절 말씀은 성경에서 성도의 보전이라는 주제를 다루는 본문 중 가장 강력한 본문이다. 내가 이렇게 이야기하는 이유는 두 가지다. 첫째, 본문의 목적은 보전을 가르치는 것이다. 둘째, 이 본문은 하나님이 성도들을 지키신다고 가르치는 성경 본문 중 가장 포괄적이다.

이 본문은 익숙한 말씀으로 시작한다. "우리가 알거니와 하나님을 사랑하는 자 곧 그의 뜻대로 부르심을 입은 자들에게는 모든 것이 합력하여 선을 이루느니라"(롬 8:28). 이 문맥에서 '모든 것'은 '현재의 고난'을 의미한다(롬 8:18). 하나님을 사랑하는 자, 곧 신자들은 괴로움과 고통을 포함해 모든 것이 합력하여 그들에게 궁극적인 선을 이룬다는 사실을 깨달아야 한다. 바울은 그 이유를 설명해 준다. 하나님이 신자들의 가장 큰 유익, 곧 최종 구원을 계획하셨기 때문이다(롬 8:29-30).

여기서 사도는 그리스도인들이 하나님의 은혜 가운데 안전한 이유를 뒷받침하는 네 가지 주장 중에서 첫 번째 주장을 시작한다. 그는 하나님의 성품에 기초하여 각각의 주장을 내세운다. 하나님은 그분의 주권으로(롬 8:29-30), 능력으로(롬 8:31-32), 정의로(롬 8:33-34), 긍휼로(롬 8:35-39) 성도들을 보전하실 것이다.

우리는 하나님의 주권 때문에 안전하다(롬 8:29-30)

바울은 하나님이 어떻게 모든 것이 합력하여 선을 이루게 하시는지 설명하기 위해 '때문에'라는 뜻의 헬라어로 로마서 8장 29-30절을 시작한다. 그 이유는 하나님이 처음부터 끝까지 우리의 가장 큰 선, 곧 구원을 계획하셨기 때문이다. 바울은 다섯 개의 과거형 동사로 하나님의 계획을 설명한다. 하나님이 각 동사의 주어이고, 하나님의 백성은 각 동사의 직접 목적어에 해당한다. 하나님은 신자들을 미리 아셨고, 미리 정하셨고, 부르셨고, 의롭다 하셨고, 영화롭게 하셨다.

하나님은 성도들을 미리 아셨다. '미리 아신다.'와 '예지'는 신약성경에서 몇 가지의 의미가 있다. 이 단어들은 하나님이 그리스도를 택하신 것(행 2:23; 벧전 1:20)과 사람들이 어떤 사실을 미리 아는 것(행 26:5; 벧후 3:17)을 가리킨다. 그러나 미리 아는 분이 하나님이시고 그 대상이 그리스도인들일 때, '미리 아신다.'와 '예지'는 그들을 향한 하나님의 사랑을 가리킨다(롬 8:29, 11:2; 벧전 1:2).

두 가지 이유에서 로마서 8장 29절의 '미리 아신다.'는 하나님이 누가 그리스도를 믿게 될지를 포함하여 사실을 미리 아신다는 뜻이 아니다. 물론, 하나님은 그 사실을 포함하여 모든 것을 아시지만, 로마서 8장 29절에서 말하는 미리 아심은 단순히 그런 뜻이 아니다.

첫째, 여기서 하나님이 미리 아신 것은 사실이 아니라 사람들, 즉 하나님이 미리 아신 자들이다. 둘째, 여기서 미리 아신 자들은 일부다. 만약 이 말이 사람들의 복음에 대한 반응을 하나님이 미리 아셨다는 뜻이라면, 바울은 모든 사람이 미리 아신 바 되었다고 말할 것이다. 하지만 바울은 모든 사람이 아니라 일부만이 미리 아신 바 되었다고 말한다. 이는 미리 아신 사람들이 미리 정하시고, 부르시고, 의롭다 하시고, 영화롭게 하신 사람들과 같은 사람들이기 때문이다. 분명히 모든 사람이 다 영화롭게 되지는 않을 것이다. 따라서 이 본문에서 하나님은 모든 사람이 아니라 일부만 미리 아신다. 곧 그들을 미리 사랑하셨다. 다른 본문에서 바울은 그분이 얼마나 미리부터 아시는지 말해 준다. 즉 "창세 전에"(엡 1:4)와 "영원 전부터"(딤후 1:9)다.

하나님은 미리 아신 자들을 또한 미리 정하셨다(롬 8:29). 미리 정하심은 하나님이 주권적인 자비로 구원하실 사람들을 선택하시는 것이다.[7] 바울은 간단명료하게 이렇게 쓴다. "하나님이 우리를 구원하사 거룩하신 소명으로 부르심은 우리의 행위대로 하심이 아니요 오직 자기의 뜻과 영원 전부터 그리스도 예수 안에서 우리에게 주신 은혜대로 하심이라"(딤후 1:9). 사도는 로마서 8장 29-30절에 나오는 다른 네 가지 동사보다 예정을 더 강조한다. 바울이 이 동사에만 말을 덧붙이는 점에 주목하라. 우리를 "그 아들의 형상을 본받게 하기 위하여 미리 정하셨으니 이는 그로 많은 형제 중에서 맏아들이 되게 하려 하심이니라"(롬 8:29). 그 아들을 믿음으로 하나님의 자녀가 된 모든 사람(요 1:12; 갈 3:24)은 그분의 성품을 본받을 것이다. 이는 유혹의 문제로 자주 씨름하는 우리에게 큰 격려가 된다.

바울은 "또 미리 정하신 그들을 또한 부르시고"(롬 8:30)라고 말한다. 이는 하나님이 구원하시려고 택하신 사람들을 복음 안에서 그리스도께 성공적으로 소환하시는 것을 뜻한다. 하나님은 그들이 그 아들을 믿게 하심으로써 그들을 부르신다. "부르신 그들을 또한 의롭다 하시고." 하나님은 그리스도께 부르신 이들을 그리스도의 구원의 죽음과 부활에 근거하여 의롭다고 선언하신다.

---

7) 다음 내 책을 보라. *Election and Free Will*, Explorations in Biblical Theology (Phillipsburg, NJ: P&R Publishing, 2007).

바울의 다음 말씀은 하나님이 그 백성을 보전하심을 뜻한다. 바울은 "의롭다 하신 그들을 또한 영화롭게 하셨느니라"(롬 8:30)라고 말한다. 놀랍게도, 구원의 미래적 측면인 영화를 나머지 네 동사와 마찬가지로 과거 시제로 표현한다. 영화는 부활한 하나님의 백성이 그리스도의 영광을 보고 변화되어 그 영광에 참여하게 되는, 하나님의 은혜의 행위다(골 3:4; 살후 2:14; 벧전 5:1). 바울은 왜 미래의 영화를 과거 시제로 표현했을까? "의롭다 하신 그들을 또한 영화롭게 하셨느니라." 이렇게 그는 다섯 가지 행동을 모두 똑같이 이루어진 실재로 나타낸다. 토머스 슈라이너(Thomas Schreiner)는 이렇게 설명한다. "바울은 하나님이 역사 이전에 신자들을 위해 시작하신 사역의 종말론적 완성을 마음속에 그리고 있다. 부정 과거 시제는 하나님이 시작하신 일을 끝마치실 것이라는 확실성을 의미한다."[8] 지금 그리스도를 알고 죄에 맞서 싸우는 우리는 언젠가는 더 이상 싸우지 않아도 될 것이다. 우리는 영화롭게 되어, 그런 큰 구원을 허락하신 하나님을 영화롭게 할 것이다.

전능하신 하나님은 그분이 미리 사랑하시고, 미리 정하시고, 부르시고, 의롭다 하신 각 사람을 최후의 구원(영화)까지 보호하신다. 이는 바울의 대명사 사용에서도 알 수 있다. "하나님이 미리 아신 자들을 또한 그 아들의 형상을 본받게 하기 위하여 미리 정하셨으니…또 미리 정하신 '그들'을 또한 부르시고 부르신 '그들'을 또한 의롭다 하시고 의롭다 하신 '그들'을 또

---

[8] Thomas R. Schreiner, *Romans*, Baker Exegetical Commentary on the New Testament (Grand Rapids: Baker, 1998), 454.

한 영화롭게 하셨느니라"(롬 8:29-30). 그리스도의 속죄를 믿는 사람은 단 한 사람도 빠짐없이 구원을 받을 것이다. 주권자이신 우리 하늘 아버지가 모든 신자를 그 아들 안에서 최후의 영화까지 안전하게 지키실 것이다.

우리는 하나님의 능력 때문에 안전하다(롬 8:31-32)

바울은 성도의 보전을 하나님의 주권에 근거해서 주장하고, 다음으로는 하나님의 능력에 근거해서 주장한다. 바울은 하나님의 크신 은혜에 감격한다. "그런즉 이 일에 대하여 우리가 무슨 말 하리요"(롬 8:31). 그런 다음 "만일 하나님이 우리를 위하시면 누가 우리를 대적하리요"(롬 8:31)라고 묻는다. 바울은 이 수사 의문문을 통해 전능하신 하나님이 그들 편에 서시면 아무것도 그리스도인들을 대적할 수 없다고 선언한다. 그 백성을 보호하시는 그분의 능력에는 의심의 여지가 없다. 하지만 하나님이 정말로 그렇게 하신다는 것을 우리는 어떻게 알 수 있을까? 그분이 우리를 위하신다는 것을 어떻게 확신할 수 있는가?

바울은 이런 질문들에 또 다른 수사 의문문으로 답한다. "자기 아들을 아끼지 아니하시고 우리 모든 사람을 위하여 내주신 이가 어찌 그 아들과 함께 모든 것을 우리에게 주시지 아니하겠느냐"(롬 8:32). 하나님은 사랑하는 아들을 보내셔서 우리 대신 죽게 하셨다. 이것이 우리를 향한 하나님의 헌신적인 사랑을 보여 주는 가장 큰 증거다. 하나님이 우리 편인지 의심이 든다면, 신자들은 그리스도의 십자가만 기억하면 된다. 십자가는 그 모든 질문에 확고하게 "예!"라고 외친다. 어떤 원수도 하늘과 땅의 창조주의 돌보심에서 우리를 앗아 갈 수 없다. 하늘 아버지가 친히 언약과 맹세, 그 아들의 피로 우리에게 약속하셨다. 그분은 우리를 절대 내쫓지 않으시고 예수님과 함께 모든 것을 우리에게 주실 것이다(롬 8:32). 바울은 전능하신 하나님의 자녀인 우리가 새 하늘과 새 땅과 함께 삼위일체를 기업으로 받을 것이라고 말한다(롬 8:17; 고전 3:21-23).

우리는 하나님의 정의 때문에 안전하다(롬 8:33-34)

바울은 하나님의 주권과 능력, 그리고 정의에 근거하여 그리스도 안에 있는 성도의 보전을 주장한다. 이번에도 그는 수사 의문문으로 포문을 연다. "누가 능히 하나님께서 택하신 자들을 고발하리요"(롬 8:33). 이 말은 "아무도 하나님의 법정에서 그리스도인들을 법적으로 고발하지 못한다."라는 뜻이다. 그는 "의롭다 하신 이는 하나님이시니"(롬 8:33)라고 터놓고 말한다. 우리의 호소가 하늘 대법원까지 닿았고, 대법원 판사는 우리에게 죄가 없다고 선언하셨다. 우리는 지은 죄 때문에 하나님 아버지의 유죄 판결을 받아야 마땅하지만, 그분은 그리스도 안에서 우리를 보시고 "의롭다."라고 판결하셨다. 최고 심판자이신 하나님의 이 판결은 절대 뒤집히지 않을 것이다. 그래서 또다시 바울은 하나님의 성품(정의)과 그분이 우리를 위해 하신 일(그리스도 안에서 우리를 의롭다 하심) 때문에 우리가 안전하다고 주장한다.

그다음 그는 표현만 살짝 바꾸어서 비슷한 주장을 한다. 다시 한 번 수사 의문문으로 시작한다. "누가 정죄하리요"(롬 8:34). 성경적으로 말하자면, 최후 심판을 주재하는 심판자는 때로는 아버지시고 때로는 아들이시다. 따라서 사도가 "누가 정죄하리요."라고 묻고 나서 그리스도 예수라는 이름을 언급할 때, 그가 그리스도를 심판자로 보도록 우리를 준비시킨다고 생각하는 것은 당연하다. 그러나 그렇지 않다. 오히려 바울은 "죽으실 뿐 아니라 다시 살아나신 이는 그리스도 예수시니 그는 하나님 우편에 계신 자요 우리를 위하여 간구하시는 자시니라"(롬 8:34)라고 말한다.

그리스도께서는 만물의 심판자이신 아버지 하나님과 함께 최후 심판에서 신자들을 정죄하지 않으실 것이다. 왜인가? 그리스도께서는 우리의 심판자가 아니라 구세주가 되시기 때문이다. 죽으시고 다시 사셔서 하나님 우편에 오르신 그리스도께서는 마귀가 하나님의 보좌 앞에서 우리를 고발할 때 우리를 위해 간구하신다. 신자들은 구세주이신 심판자를 만나게 될 것이다.

지금 예수님은 우리의 구원을 지켜 달라고 하나님 앞에서 간구하신다. 예수님의 중보는 우리를 위한 간구(롬 8:34)뿐 아니라 그분의 십자가 희생이 미치는 영원한 영향(히 7:23-25)도 포함한다. 바울은 여기서 기도를 염두에 두고 있다. 앞의 구절에서 바울은 우리를 위해 기도하시는 성령의 중보를 두 차례 언급한다. "이와 같이 성령도 우리의 연약함을 도우시나니 우리는 마땅히 기도할 바를 알지 못하나 오직 성령이 말할 수 없는 탄식으로 우리를 위하여 친히 간구하시느니라 마음을 살피시는 이가 성령의 생각을 아시나니 이는 성령이 하나님의 뜻대로 성도를 위하여 간구하심이니라"(롬 8:26-27).

죄인들을 정죄하실 심판자 그리스도께서는 그분이 구원하시고 간구로 보전하신 백성들은 정죄하지 않으실 것이다. 하나님의 정의는 아버지의 법적 판결과 아들의 기도 때문에 우리에게 최종 구원의 확신을 주신다. 슈라이너의 말이 옳다. "하나님은 신자들의 하나님이시기에 종말의 날에 그들에게 어떤 법적 책임도 묻지 않으실 것이다"(롬 8:33-34).[9]

우리는 하나님의 긍휼 때문에 안전하다(롬 8:35-39)

바울은 가장 좋은 것을 마지막에 남겨 둔다. 하나님의 긍휼에 근거하여 그리스도 안에 있는 성도의 안전을 주장하는 것이다. 이번에도 수사 의문문으로 시작한다. "누가 우리를 그리스도의 사랑에서 끊으리요 환난이나 곤고나 박해나 기근이나 적신이나 위험이나 칼이랴"(롬 8:35). 그는 구세주의 은혜에서 그리스도인을 앗아 갈 가능성이 있는 일곱 가지 적을 나열한다.[10] 앞의 여섯 가지 원수는 죽음(칼)으로 끝나는 심각한 문제들이다. 바울은 시편 44편 22절을 인용하여 로마인들이 겪는 괴로움이 드물지 않다고 설득한다. 구약 성도들도 그런 고통에 익숙했다. "기록된 바 우리가 종일 주를 위하여 죽임을 당하게 되며 도살당할 양같이 여김을 받았나이다 함과 같으니라"(롬 8:36).

먼저 바울은 그리스도인들에게서 예수님의 사랑을 앗아 갈 가능성이 있는 것들을 생각해 보면서 긴장감을 조성한다. 그런 다음 부정적으로 답

---

9) Schreiner, *Romans*, 463.
10) 성경에서 숫자 7은 때로 완전함을 뜻한다는 점에 유의하라.

한다. "그러나 이 모든 일에 우리를 사랑하시는 이로 말미암아 우리가 넉넉히 이기느니라"(롬 8:37). 신자들은 구원으로 연합한 그분에게서 떨어지지 않을 것이다. 오히려 그분과 계속해서 하나가 되어 그분의 사랑을 통해 승리할 것이다. 바울은 단호하다. 우리는 구세주의 긍휼하심으로 넉넉히 이긴다.

하나님의 보호하심을 주장하는 바울의 말은 그가 수사 의문문을 버리고 모든 것을 아우르는 주장을 펼치면서 절정에 달한다. "내가 확신하노니 사망이나 생명이나 천사들이나 권세자들이나 현재 일이나 장래 일이나 능력이나 높음이나 깊음이나 다른 어떤 피조물이라도 우리를 우리 주 그리스도 예수 안에 있는 하나님의 사랑에서 끊을 수 없으리라"(롬 8:38-39). 바울은 '능력'이라는 단어를 빼고는 모두 한 쌍의 단어로 자신의 주장을 강조한다. 어떤 것도 예수님의 자비에서 하나님의 백성을 끊을 수 없다는 것이다.

사망이나 생명이 끊을 수 없다. 생명과 사망은 인간의 존재를 압축하여 보여 준다. 천사들과 권세자들은 그리스도인들을 무너뜨리려 하는 악한 천사들을 가리킨다. 오늘날에는 악한 천사들을 진지하게 생각하는 사람이 별로 없지만, 바울의 편지를 받는 로마인들은 그들을 진정한 위협으로 간주했다. 바울은 악한 천사들이 하나님의 백성을 그들의 구세주에게서 떼어 놓을 수 없다고 주장한다. 또다시 바울은 포괄적 언어를 사용하는데, 이번에는 시간과 관련하여 언급한다. "현재 일이나 장래 일이나." 현재나 장래의 어떤 것도 우리를 그리스도의 긍휼에서 끊을 수 없을 것이다.

바울은 '능력'이라는 단어로 귀신들을 암시한다. 그들은 능력이라는 명칭에도 불구하고 구세주에게서 신자들을 끊을 수 없는 무기력한 존재다. 높음과 깊음은 공간을 가리킨다. 위나 아래에 있는 어떤 것도, 천국이나 지옥도, 우리를 그리스도에게서 끊을 수 없다.

다시 한 번 사도는 포괄적 표현을 사용한다. "다른 어떤 피조물이라도 우리를 우리 주 그리스도 예수 안에 있는 하나님의 사랑에서 끊을 수 없으리라"(롬 8:39). 창조주와 그분의 피조물은 세상의 모든 존재를 아우른다. 계속해서 하나님은 그분의 사도를 통해, 자기 백성을 최종 구원까지 보호하겠다는 목적을 선언하셨다. 이제 그분은 다른 어떤 피조물이라도 우리를 해칠 수 없다고 덧붙이신다. 바울의 표현은 강렬하다. 우리는 구세주의 긍휼 가운데 안전하고, 하나님은 그 어떤 것도 우리를 끊을 수 없게 지키실 것이다.

이 말씀은 구원을 의심하는 신자들에게 큰 도움이 된다. 루스 터커(Ruth Tucker)는 자신의 의심에도 불구하고 하나님이 그녀를 붙들고 계신다고 주장하면서 이런 본문으로 반복해서 되돌아온다. 루스는 어린 시절에 교회에서 머리와 가슴이 분리되는 경험을 한 탓에 가끔은 구원받았다고 느끼지 못할 때도 있지만, 하나님의 구원 약속이 확고하다는 것을 안다. 그래서 루스는 밤에 침대에 누워 편안하게 잠을 이룰 수 있다. 자신이 하나님을 얼마나 꼭 붙들고 있느냐가 아니라 그녀를 붙들고 계시는 하나님의 손에 구원이 달려 있다는 것을 알기 때문이다.

에베소서 1장 13-14절, 4장 30절

그 안에서 너희도 진리의 말씀 곧 너희의 구원의 복음을 듣고 그 안에서 또한 믿어 약속의 성령으로 인치심을 받았으니 이는 우리 기업의 보증이 되사 그 얻으신 것을 속량하시고 그의 영광을 찬송하게 하려 하심이라(엡 1:13-14).

하나님의 성령을 근심하게 하지 말라 그 안에서 너희가 구원의 날까지 인치심을 받았느니라(엡 4:30).

지금까지, 아버지가 우리의 궁극적인 구원을 인치시고 약속하신 것을 강조하는 본문들을 살펴보았다.[11] 이 본문에서 바울은 삼위일체의 용어를 사용한다. 그는 삼위일체의 세 위격이 구원에서 담당하는 역할에 주의를 집중한다. 사도는 아버지가 죄인들을 택하여 구원하심을 찬양한다(엡 1:4-5, 11). 아들이 "그의 피로 말미암아"(엡 1:7) 우리를 속량하심을 찬양한다. 그리고 성령을 찬미한다(엡 1:13).

구원 사역에서 성령이 담당하신 역할

바울은 성령이 구원 사역에서 하시는 역할에 대해 말한다. "그 안에서 너희도 진리의 말씀 곧 너희의 구원의 복음을 듣고 그 안에서 또한 믿어 약속의 성령으로 인치심을 받았으니"(엡 1:13). 에베소 교인들이 그리스도

---

11) 2부에서 신자들의 확신에 대한 성령의 내적 증거를 더 집중적으로 살펴볼 것이다.

를 주와 구원자로 믿을 때 하나님이 그들을 인치셨다. 바울은 인치시는 아버지께 주의를 집중시키기 위해 수동태를 사용한다. "너희도…인치심을 받았으니." 다른 본문에서 바울은 아버지가 성령으로 그리스도인들을 인치심을 보여 주는데, 하나님(고후 1:21)을 그리스도(고후 1:21)와 성령(고후 1:22)과 구별한다.

그 인치심은 구약성경이 예언한 성령이시다. 에베소서 1장 13절에 나오는 바울의 표현을 간단히 요약해 보면 요점을 이해하는 데 도움이 된다. "그 안에서 너희도…약속의 성령으로 인치심을 받았으니"(엡 1:13). 그리스도를 믿는 신자들은 '그 안에서', 곧 그리스도 안에서 인치심을 받았다. 그리고 성령으로 인치심을 받았다.

그러므로 삼위일체의 세 위격이 모두 우리의 인치심에 동역하신다. 아버지는 성령의 인치심으로 신자들을 인치셔서 그리스도와 연합하게 하신다. 하나님은 우리에게 성령을 주셔서 그리스도와 우리의 영적인 연합을 인치신다. 이것은 우리와 그리스도의 연합이 확고함을 가르치는 한 가지 방법이다. 아버지는 우리를 그 아들과 하나 되게 하셔서 그 구원의 모든 유익을 우리에게 허락하신다. 아버지는 그분의 인치심으로 성령을 우리 마음에 보내셔서 우리의 구원을 보전하실 것을 약속하신다.

신구약성경에서 우리는 사람들이 물건을 봉인하여 소유권이나 진품 여부, 보안을 표시하는 것을 보게 된다. 바로는 요셉에게 자신의 인장 반지를 주어서 그를 인정했다(창 41:42). 그래서 요셉이 바로의 반지로 어떤 문서를 봉인하면 그 메시지에 바로의 권위가 있음이 증명된다. 신약성경에서 바울은 고린도 회중에게 "나의 사도 됨을 주 안에서 인친 것이 너희라"(고전 9:2)라고 말한다. 기독교 교회로서의 그들의 존재가 그의 사도 됨을 입증한 것이다.

인치심은 보안이나 보호를 뜻하기도 한다. 다리오왕은 다니엘을 가둔 사자 굴 입구를 돌로 막은 후에 그의 도장으로 봉하여서 함부로 열지 못하게 했다(단 6:17). 십자가에 죽으신 예수님의 시신을 매장한 굴도 마찬가지였다. "그들이 경비병과 함께 가서 돌을 인봉하고 무덤을 굳게 지키니라"(마 27:66).

요한은 요한계시록 7장 2-8절과 9장 4절에서 하나님이 14만 4천 명을 인치신다고 말할 때 이 두 용례를 합친다. 인치심은 그들을 하나님의 백성으로 표시할 뿐 아니라 죽음의 천사에게서 그들을 보호한다.

하나님의 인치심이신 성령

하나님의 인치심이신 성령도 소유권과 보안을 나타낸다. 성령은 그리스도를 믿는 신자들을 하나님의 백성으로 표시하신다. "우리를 너희와 함께 그리스도 안에서 굳건하게 하시고 우리에게 기름을 부으신 이는 하나님이시니 그가 또한 우리에게 인치시고 보증으로 우리 마음에 성령을 주셨느니라"(고후 1:21-22).

바울은 여기서 세 번이나 성령을 언급한다. 성령은 하나님의 기름 부음이시요 인치심과 보증이시다. 인치심은 소유권을 표시하고, 보증은 보안을 나타낸다.

성령으로 인치심을 받은 것은 그리스도 안에 있는 안전을 표현한다. 바울은 에베소서에서 성령에 대해 설명하면서 이를 강조한다. 우리가 인치심을 받은 성령은 우리 기업의 보증이 되사 그 얻으신 것을 속량하시고 하나님의 영광을 찬송하게 하신다(엡 1:13-14). '보증이 되다.'라는 말은 보증금이나 계약금을 뜻하는 경제 용어다. 하나님은 우리 미래의 기업에 대한 계약금으로 지금 성령을 주신다. 이 말은 하나님이 성령을 주셔서 미래에 더 좋은 것을 보장해 주시기 때문에 우리 기업이 안전하다는 뜻이다.

그리스도인은 안전하다

바울은 성령이 우리의 최종 구원을 보장하신다는 말씀을 자세히 설명한다. "하나님의 성령을 근심하게 하지 말라 그 안에서 너희가 구원의 날까지 인치심을 받았느니라"(엡 4:30). 그러면 신자들의 어떤 죄가 특히 성령을 슬프시게 할까? 이 문맥에서는 악한 분노와 험담을 꼽는다(엡 4:26, 29, 31). 성경에서 '하나님의 성령'이라는 성령의 이름 전체가 등장하는 곳이 딱 한 군데 있는데, 바로 이 본문이다.

피터 T. 오브라이언(Peter T. O'Brien)은 이 이름이 "상처받았을 분의 정체성을 확실히 강조하고, 따라서 그분께 고통을 주는 것이 얼마나 심각한지를 강조한다."[12]라고 말한다.

---

12) Peter T. O'Brien, *The Letter to the Ephesians*, Pillar New Testament Commentary (Grand Rapids: Eerdmans, 1999), 348.

이번에도 바울은 아버지를 인치시는 분으로 강조하기 위해 수동태를 사용한다. "너희가…인치심을 받았느니라." 그는 성령을 언급하면서 하나님이 인치시는 목적을 밝힌다. "그 안에서 너희가 구원의 날까지 인치심을 받았느니라."

아버지가 우리를 인치시는 이유는 마지막 날에 우리를 속량하시기 위해서다. 하나님이 구원의 날까지 우리를 보호하려고 보내신 성령이 이 구원을 보장하시기에 우리의 구원은 안전하다.

요약

에베소서 1장 13-14절에서는 삼위일체의 세 위격이 하나님의 백성의 구원을 보호하려고 동역하신다. 아버지는 인치시는 분이시다. 하나님은 그리스도인과 그들을 구원하려고 죽으시고 부활하신 그리스도의 연합을 인치신다.

그 인치심은 성령이시다. 삼위일체의 세 위격은 합력하여 우리 구원의 영속성을 보장하신다. 바울은 성령을 보증하는 분으로 추가하여 자신의 메시지를 강조한다. 우리는 복음을 믿을 때 최종 구원에 대한 하나님의 약속으로 성령을 받는다. 바울은 하나님의 인치심의 목적을 추가하여 그 점을 분명히 한다.

신자들은 구원의 날까지 인치심을 받았다(엡 4:30). 그러므로 인치심은 하나님이 마지막까지 자기 백성의 구원을 보전하신다고 강조하는 것이다. 주디스 건드리 볼프(Judith Gundry Volf)도 이에 동의한다. "따라서 성령으로 인치심을 받은 사람들은 하나님이 그분의 소유를 온전히 속량하시는 끝 날까지 그분의 보호하심 아래 있다."[13]

빌립보서 1장 4-6절

간구할 때마다 너희 무리를 위하여 기쁨으로 항상 간구함은 너희가 첫 날부터 이제까지 복음을 위한 일에 참여하고 있기 때문이라 너희 안에서 착한 일을 시작하신 이가 그리스도 예수의 날까지 이루실 줄을 우리는 확신하노라.

바울은 빌립보 교인들과 지도자들에게 문안하고 나서, 그들이 처음부터 끝까지 복음을 위한 일에 참여하고 있기 때문에 그들을 생각할 때마다 하나님께 즐거이 감사한다고 말한다.

하나님은 계속하실 것이다

바울은 설득에 시간을 낭비하지 않는다. 그는 "너희 안에서 착한 일을 시작하신 이가 그리스도 예수의 날까지 이루실 줄을 우리는 확신하노라"(빌 1:6)라고 한다. 바울은 '확신한다.'라고 말할 때 하나님에 대한 신뢰를 표현한다. 그는 하나님이 빌립보 성도들 가운데 그분의 일을 계속해

---

13) Judith M. Gundry Volf, *Paul and Perseverance, Staying In and Falling Away* (Louisville: Westminster John Knox, 1990), 32.

나가실 것을 전적으로 확신한다. 바울은 '시작과 끝'으로 그의 확신을 표현한다. 첫째, 그는 하나님이 빌립보 교인들 안에서 착한 일을 시작하신 것을 언급한다. 바울은 (사도행전 16장 11-40절에 나오듯이) 그들이 복음을 받아들인 것을 암시한다. 그런 다음 그는 '그리스도 예수의 날'이라는 끝 지점을 언급한다. 이는 그리스도의 재림을 가리키는 표현이다.

착한 일

하나님이 빌립보인들 안에서 시작하시고 재림까지 이루실 착한 일은 무엇일까? 이 질문에 답하기 위해서는 창세기와 이사야서의 배경 지식이 필요하다. 창세기 1-2장은 하나님이 하신 최초의 착한 일인 창조 사역을 말해 준다. 이사야는 창세기에 나오는 창조 언어를 가져다가 하나님의 새 창조의 일에 대해 말한다.

바울은 그가 가장 좋아하는 주제 중 하나인 새 창조를 언급한다. 사도는 이사야의 본보기를 따라서 창세기 1-2장에 나오는 창조 언어를 차용하여 그리스도의 죽음과 부활이 가져온 구원의 새 시대를 이야기한다. 그리스도께서는 새 창조의 드라마에서 마지막 아담과 둘째 사람의 역할을 감당하신다(고전 15:45, 47). 새 시대는 새 하늘과 새 땅에서만 온전히 드러나겠지만, 예수님의 부활 가운데서 이미 시작되었다(고전 15:20; 골 1:18).

창세기 2장 2절은 하나님이 베푸신 최초의 착한 일을 기록한다. "하나님이 그가 하시던 일을 일곱째 날에 마치시니 그가 하시던 모든 일을 그치고 일곱째 날에 안식하시니라."

바울은 하나님이 완성하실 또 다른 착한 일을 이야기한다. 피터 T. 오브라이언이 지적한 대로, "편지의 수신인들이 복음을 받아들이면서 시작된, 그들의 삶 가운데 있는 은혜의 일"[14] 말이다. 이사야는 창조 언어를 사용하여, 하나님이 이스라엘을 그분의 소유로 부르시고 그들을 속량하시고 지키신다고 이야기한다.

하늘을 창조하여 펴시고 땅과 그 소산을 내시며 땅 위의 백성에게 호흡을 주시며 땅에 행하는 자에게 영을 주시는 하나님 여호와께서 이같이 말씀하시되 나 여호와가 의로 너를 불렀은즉 내가 네 손을 잡아 너를 보호하며 너를 세워 백성의 언약과 이방의 빛이 되게 하리니(사 42:5-6). 야곱아 너를 창조하신 여호와께서 지금 말씀하시느니라 이스라엘아 너를 지으신 이가 말씀하시느니라 너는 두려워하지 말라 내가 너를 구속하였고 내가 너를 지명하여 불렀나니 너는 내 것이라(사 43:1).

예수님이 다시 오실 때까지

바울이 하나님이 빌립보 교인들 안에서 시작하신 착한 일을 말할 때는 그들 가운데 있는 그분의 강력한 구속 사역을 가리킨다. 구약성경 창세기와 이사야서의 전례에 비추어 볼 때 빌립보서 1장 6절은 하늘과 땅의 창조주요 구약의 이스라엘을 구원하신 전능하신 하나님이 빌립보 교회 안

---

14) Peter T. O'Brien, *The Epistle to the Philippians*, New International Greek Testament Commentary (Grand Rapids: Eerdmans, 1991), 64.

에서 시작하신 구원 사역을 완성하시리라는 사실을 예고한다. 실제로, 마지막 날에 대한 바울의 관심은 "주님의 재림 혹은 **파루시아**(*parousia*)를 가리키는 그리스도의 날에 착한 일을 완성하실 하나님의 신실하심에 관심을 집중시킨다."[15]

바울은 빌립보 교인들 안에 시작하신 하나님의 일을 다시금 언급한다. "너희 안에서 행하시는 이는 하나님이시니 자기의 기쁘신 뜻을 위하여 너희에게 소원을 두고 행하게 하시나니"(빌 2:13). 이 말씀이 사실이기에 바울은 그들 안에서 착한 일을 시작하신 이가 그리스도 예수의 날까지 이루실 줄을 확신하면서 빌립보서를 시작한다(빌 1:6). 또한 바울은 그리스도를 믿는 이들 가운데서 새 창조의 사역을 시작하신 하나님이 그리스도께서 다시 오실 때까지 그 일을 멈추지 않으실 것을 선언하면서 서신을 시작한다.

데살로니가전서 5장 23-24절

평강의 하나님이 친히 너희를 온전히 거룩하게 하시고 또 너희의 온 영과 혼과 몸이 우리 주 예수 그리스도께서 강림하실 때에 흠 없게 보전되기를 원하노라 너희를 부르시는 이는 미쁘시니 그가 또한 이루시리라.

---

15) O'Brien, *The Epistle to the Philippians*, 65.

바울은 데살로니가전서 거의 끝부분에 소원 기도를 기록한다. 소원 기도는 호의(소원)를 표현하는 동시에 하나님이 그 소원을 들어주시기를 구하는 기도다.[16] 바울은 앞서 그가 기도했던 사람들에게(살전 3:11-13, 4:3-6) 하나님이 성화를 허락해 주시기를 간구한다. 그는 하나님이 데살로니가 교인들을 온전히 거룩하게 하시기를 구한다. 그는 신자들이 자신의 성화에서 해야 할 몫이 있지만 하나님만이 그것을 완성하실 수 있다고 믿는다. 그래서 그는 "평강의 하나님이 친히 …"라고 기도를 시작한다.

이 마지막 날의 성화는 바울에게 너무도 중요해서 다시 한 번 반복한다. 그는 데살로니가 교인들이 그리스도의 강림까지 흠 없게 보전되기를 바란다는 또 다른 소원 기도를 드린다. 그는 그들의 온 영과 혼과 몸이 주 예수 그리스도께서 강림하실 때에 흠 없게 보전되기를 기도하면서 그들이 온전히 거룩해진다는 개념을 확장한다. '너희의 온 영과 혼과 몸'은 '온전히'를 확장한 표현이다. 바울은 자신의 요점을 강조하고 있다.

이렇게 바울은 데살로니가전서 마지막 부분에서, 그리스도께서 다시 오실 때 데살로니가 교인들을 온전히 거룩하게 해 달라고 두 번이나 하나님께 간구한다. 데살로니가전서 5장 24절은 보전과 확신을 살펴보는 이 책에서 아주 핵심적인 구절이다. 고든 D. 피(Gordon D. Fee)의 말은 옳다. "바울이 그 기도가 실현되리라는 확신으로 그들을 위한 기도를 마무리하는 것이 매우 흥미롭다. (바울은 그들이 자기 역할을 충실히 할 것을 기대하지만) 그것은

---

16) 다음 책에서 이 점을 배웠다. F. F. Bruce, *1 & 2 Thessalonians*, Word Biblical Commentary (Waco, TX: Word, 1982), 70-71, 128.

그들의 노력이 아니라 하나님의 신실하심에 달려 있다."[17] 바울은 편지의 수신인들이 온전히 거룩해지기를 기도할 뿐 아니라, 하나님의 신실하심을 확신하면서 하나님이 그렇게 하실 것을 기대한다. "너희를 부르시는 이는 미쁘시니 그가 또한 이루시리라"(살전 5:24). 하나님의 신실하심이 확실한 만큼이나 그분은 데살로니가 신자들을 최종적으로, 온전히 거룩하게 하실 것이다.

요약

레온 모리스(Leon Morris)만큼 데살로니가전서 5장 24절을 잘 설명한 사람도 없을 것이다.

바울의 기도는 절망의 울부짖음이 아니라 믿음의 외침이다. 그는 자신의 간구가 이루어지리라는 강한 확신에 차 있으며, 이 본문은 그의 믿음이 하나님의 본성에 기초하고 있음을 드러낸다. …이제 우리는 그가 하나님이 이 문제에서 그들의 필요를 충족시키시리라고 확신하는 것을 알 수 있는데, 그 이유는 하나님이 미쁘시기 때문이다. …우리는 인간의 불안정한 성격이 아니라, 하나님의 영원한 신실하심을 신뢰해야 한다. …그러나 하나님은 부르실 뿐 아니라 행하신다. …바울이 기도하고 있는 하나님은 행동이 없거나 효력이 없는 분이 아니시다. 바울은 하나님

---

17) Gordon D. Fee, *The First and Second Letters to the Thessalonians*, New International Commentary on the New Testament (Grand Rapids: Eerdmans, 2009), 231.

을 그분이 시작하신 일을 확실히 완성하실 분으로 생각한다. "어찌 그 말씀하신 바를 행하지 않으시며"(민 23:19). 하나님은 신실하신 분이요 그들을 부르신 분이기 때문에, 그들은 하나님이 그들의 부르심과 관련된 모든 일을 온전히 행하실 것을 알 수 있다. 하나님을 붙든 우리의 연약한 손길이 아니라 우리를 붙드신 하나님의 강력한 손길이 궁극적으로 중요하다는 사실은 신자들에게 진정한 만족을 준다.[18]

그것이 어떤 차이를 가져오는가?

요한 서신을 다룬 앞 장과 마찬가지로 바울 서신을 다룬 이 장에서는 확신의 가장 중요한 근원인 자기 백성을 보호하신다는 하나님의 약속을 자세히 살펴보았다. 바울은 담대하게 선언한다. "그러므로 이제 그리스도 예수 안에 있는 자에게는 결코 정죄함이 없나니"(롬 8:1). 그런 다음 자신의 선언을 변호한다. 그리스도께서 우리를 심판이라는 율법의 위협에서 구하셨고, 하나님은 그리스도의 죽음을 통해 죄를 정죄하셨다.

영원한 보장에 관한 사도 바울의 가장 긴 본문(롬 8:28-39)은 네 가지 신의 성품, 곧 하나님의 주권, 능력, 정의, 궁휼에 근거하여 주장한다. 하나님의 주권은 우리의 영화를 포함하여 그분의 계획을 성취하실 것을 확언한다. 하나님의 능력은 막강한데, 아버지가 그 아들을 보내셔서 우리를

---

[18] Leon Morris, *The First and Second Epistles to the Thessalonians*, New International Commentary on the New Testament (Grand Rapids: Eerdmans, 1959), 182-183.

위해 죽게 하심으로 그분의 약속을 이루실 것이기에 우리는 넉넉히 이길 것이다. 최후의 심판자이신 하나님은 그리스도 안에서 우리를 의롭다고 선언하셨고, 그 판결을 절대 뒤집지 않으실 것이다. 더구나, 그 어떤 것도 하나님께 속한 사람들을 그분의 긍휼에서 끊을 수 없다.

더 나아가 바울은 아버지가 성령을 우리에게 주셔서 구원의 날까지 그리스도와 우리의 연합을 인치셨다고 가르치면서 우리에게 확신을 준다 (엡 1:13-14, 4:30). 빌립보 교인들 안에서 새 창조(구원)의 착한 일을 시작하신 하나님이 그리스도 예수의 날까지 이루실 것이다(빌 1:6). 바울은 데살로니가 교인들의 온전한 성화를 위해 두 번 기도하고 나서 이렇게 선언한다. "너희를 부르시는 이는 미쁘시니 그가 또한 이루시리라"(살전 5:24). 바울은 하나님이 우리를 끝까지 구원하시고 놓치지 않으신다는 사실에 대한 증거를 충분히 제시한다. 이 사실은 우리 삶에 강력한 영향을 미친다.

내가 가르친 학생 중에 톰이라는 총명한 학생이 있었다. 이 학생은 자신이 "그리스도인이라는 느낌이 들지 않는다."라고 주장하면서 동료 학생들 사이에서 열등감을 느꼈다. 그는 좀 더 감정적인 다른 친구들에 비해 자신이 강력한 감정을 느끼거나 표현하지 못한다고 생각할 뿐, 진실한 그리스도인이었다. 뛰어난 학자였으며, 그가 신학교에서 쓴 논문들은 매우 뛰어났다. 하지만 그는 아무리 노력해도 다른 사람들에게서 볼 수 있는 느낌을 갖지 못했기 때문에 자학했다.

복음을 믿느냐는 질문을 받았을 때 그는 그리스도에 대한 믿음을 고백했고 그분의 구원 사역을 훌륭하게 설명했다. 게다가, 그의 삶은 그런 고백을 뒷받침했다. 가장 중요한 것은, 그의 아내가 그의 구원을 의심하지 않고 오히려 견실한 그리스도인이라고 확인해 주었다는 점이다. 그는 그저 느낌이 없다는 이유만으로 잘못된 자책을 하고 있었다.

역설적으로, 톰의 해결책은 하나님을 느끼는 능력(자신의 감정)을 지나치게 믿는 사람들에 대한 해결책과 동일하다. 1장에서 본 스티브를 떠올려 보자. 스티브와 톰은 감정을 느끼거나 느끼지 못하거나 상관없이 하나님의 약속을 의지해야 한다.

하나님은 우리를 모두 다르게 창조하셨기 때문에 남들보다 더 깊이 생각하는 사람이 있듯이 남들보다 더 잘 느끼는 사람이 있다. 그래서 은혜로우신 주님은 세 가지 방식으로 우리에게 확신을 주신다. 복음을 통해, 성령을 통해, 우리 삶에 일하심을 통해.

주님은 머리와 가슴과 삶을 통해 우리에게 확신을 주신다. 정서적인 능력이 너무 많거나 너무 적은 사람들은 가슴이 머리를 압도하지 않도록 주의해야 한다. 복음을 꼭 붙들고, 구원을 느끼는 자신의 능력이나 무능을 지나치게 확신해서는 안 된다.

Part 2

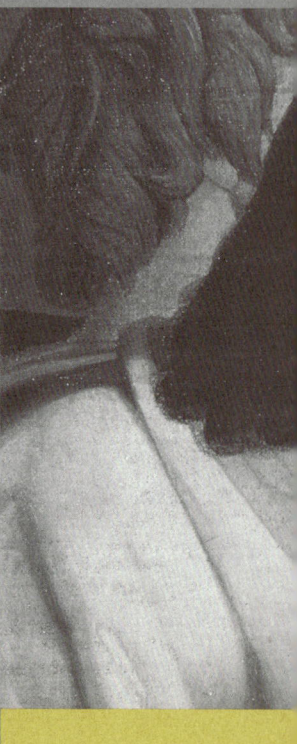

확신과 성령

05

THE ASSURANCE OF SALVATION

성령의 인격과 사역

하나님은 자녀들에게 아주 좋은 아버지시다. 우리를 죄에서 구원하시려고 그 아들을 보내셨을 뿐 아니라, 우리가 구원의 확신을 누리기 원하신다. 아버지는 우리에게 세 가지 주요한 방법으로 확신을 주셔서 그분의 선하심을 보여 주신다. 첫 번째이자 가장 중요하게는, 구원과 보전을 약속하시는 하나님의 말씀으로 우리에게 확신을 주신다. 이 책의 2장부터 4장까지는 그 약속들을 살펴보았다. 또한 하나님은 우리 삶에 역사하셔서 확신을 주신다. 이것이 7장의 주제다. 그 전에 5장과 6장에서는 하나님이 그 백성을 위로하시는 세 번째 방법인 성령의 내적 증거를 살펴보려 한다.

다음 장에서 성령의 내적 증거를 말해 주는 본문을 살펴보기 전에, 먼저 성령이 어떤 분이시고 무슨 일을 하시는지 조금 더 알아보자.

성령의 인격

성령은 인격이시다

성령은 비인격적 물리력이 아니라 인격이시다.[1] '그것'이 아니라 '그분'이시다. 인격적인 속성을 지니시고, 인격체만이 할 수 있는 일을 하신다.

우리는 성령을 알 수 있다

세상과 달리 제자들은 성령을 안다고 예수님은 말씀하신다. "내가 아버지께 구하겠으니 그가 또 다른 보혜사를 너희에게 주사 영원토록 너희와 함께 있게 하리니 그는 진리의 영이라 세상은 능히 그를 받지 못하나니 이는 그를 보지도 못하고 알지도 못함이라 그러나 너희는 그를 아나니 그

---

[1] 이 단락에서는 다음 내 책의 내용을 가져다가 다시 쓰거나 상세히 혹은 간단히 수정하여 사용했다. *Salvation Applied by the Spirit: Union with Christ* (Wheaton, IL: Crossway, 2014), 295-306.

는 너희와 함께 거하심이요 또 너희 속에 계시겠음이라"(요 14:16-17). 세상은 보이지 않는 것을 믿지 않으므로 성령을 받을 수 없다. 그리스도인들도 성령을 볼 수는 없지만, 성령은 그들과 함께 거하시고 그들 속에 계시며 그들은 성령을 알 수 있다. 비인격적인 대상은 이런 식으로 알 수 없으며, 오직 인격체만이 가능하다. 우리는 성령과 관계를 맺어 그분을 알 수 있으므로 그분은 인격이시다.

성령은 생각하시며 의사소통하신다

비인격적 존재는 생각할 수 없지만, 인격체는 생각할 수 있다. 성령은 생각하신다. 바울이 '성령의 생각'을 언급하기 때문이다(롬 8:27). 바울은 성령의 생각을 보여 준다. "성령은 모든 것 곧 하나님의 깊은 것까지도 통달하시느니라 사람의 일을 사람의 속에 있는 영 외에 누가 알리요 이와 같이 하나님의 일도 하나님의 영 외에는 아무도 알지 못하느니라"(고전 2:10-11). 성령은 하나님의 깊은 것까지 통달하시고 하나님의 생각을 아신다. 이는 인격체만이 할 수 있는 일이다.

사도는 성령이 의사소통하는 분이심을 보여 준다. 성령은 기도하신다. "성령이 하나님의 뜻대로 성도를 위하여 간구하심이니라"(롬 8:27). 그리고 경고하신다. "그러나 성령이 밝히 말씀하시기를 후일에 어떤 사람들이 믿음에서 떠나 미혹하는 영과 귀신의 가르침을 따르리라 하셨으니"(딤전 4:1). 비인격체는 기도하거나 경고하지 않지만, 성령은 둘 다 하신다.

성령은 바라고 느끼신다

바울은 성령의 은사에 대해 기록한다. "이 모든 일은 같은 한 성령이 행하사 그의 뜻대로 각 사람에게 나누어 주시는 것이니라"(고전 12:11). 성령은 그분 뜻대로 은사를 나누어 주시는데, 이 역시 인격체만 할 수 있는 일이다. 게다가 비인격체는 상처를 받지 않는다. 그러나 성경은 성령이 상처받으실 수 있다고 암시한다. "하나님의 성령을 근심하게 하지 말라 그 안에서 너희가 구원의 날까지 인치심을 받았느니라"(엡 4:30).

성령은 도우시고 구하신다

옥에 갇힌 바울은 성령의 도우심을 구한다. "이것이 너희의 간구와 예수 그리스도의 성령의 도우심으로 나를 구원에 이르게 할 줄 아는 고로"(빌 1:19). 비인격체와 달리 성령은 구출 작전에 동참하신다. 살리신다. "율법 조문은 죽이는 것이요 영은 살리는 것이니라"(고후 3:6). 성령은 거룩하게 하신다. "하나님이 처음부터 너희를 택하사 성령의 거룩하게 하심과 진리를 믿음으로 구원을 받게 하심이니"(살후 2:13). 오직 인격체만이 살리시고 거룩하게 하실 수 있다.

성령은 하나님이시다

성령께는 신의 속성이 있다

예수님은 성령을 '진리의 영'으로 부르신다(요 14:17, 15:26, 16:13). 성령이 진리이신 예수님을 드러내는 하나님의 일을 하시기 때문이다(요 15:26,

16:13-15). 진리의 성령이 계시하신 진리는 하나님의 진리, 삼위일체만 아시는 진리다. "그가 내 영광을 나타내리니 내 것을 가지고 너희에게 알리시겠음이라 무릇 아버지께 있는 것은 다 내 것이라 그러므로 내가 말하기를 그가 내 것을 가지고 너희에게 알리시리라 하였노라"(요 16:14-15).

우리는 '성령' 곧 '거룩한 영'이라는 이름에 지나치게 익숙해져서 그 이름의 능력을 약화시켰다. 이는 참으로 안타까운 일이다. 그 이름이 성령과 하나님의 거룩하심을 오직 하나님 자신께 적절한 방식으로 연결해 주기 때문이다. 그래서 진리와 거룩은 성령의 이름들과 밀접한 관계가 있고, 그분이 하나님이심을 보여 준다.

성령은 신자들의 내면에 거하신다

하나님만이 신자들 안에 사실 수 있다. 몇몇 성경 본문은 하나님의 아들이 그들 가운데 사신다고 말하기도 한다(갈 2:20; 엡 3:17; 골 1:27). 하지만 신자들 안에 내주하시는 분은 대개 성령이시다(요 14:16-17; 롬 8:9, 11; 고전 3:16; 고후 1:22). 하나님만이 그 백성 가운데 거하시기 때문에 성령의 내주하심은 그분의 신성을 나타낸다.

성령은 아버지와 아들과 연결되어 있다

바울의 가장 유명한 축복 기도는 다음과 같다. "주 예수 그리스도의 은혜와 하나님의 사랑과 성령의 교통하심이 너희 무리와 함께 있을지어다"(고후 13:13). 이것은 성령이 인격이심을 드러낼 뿐 아니라(인간은 비인격체와 교통할 수 없다) 성령의 신성을 보여 준다. 성령의 축복이 아들과 아버지의 축복과 나란히 등장하기 때문이다.

성령은 구원을 적용하신다

성령의 신성을 증명하는 가장 중요한 증거는 그분이 구원 사역에서 하시는 역할이다. 성령은 신자들이 진심으로 하나님을 아버지로 부를 수 있게 하셔서 입양을 적용하신다. "너희는 다시 무서워하는 종의 영을 받지 아니하고 양자의 영을 받았으므로 우리가 아빠 아버지라고 부르짖느니라"(롬 8:15). 또한 성령은 신자들에게 칭의를 적용하신다. "주 예수 그리스도의 이름과 우리 하나님의 성령 안에서 씻음과 거룩함과 의롭다 하심을 받았느니라"(고전 6:11). 성령은 아버지와 함께, 우리를 죽은 자들 가운데서 살리는 일도 하실 것이다. "예수를 죽은 자 가운데서 살리신 이의 영이 너희 안에 거하시면 그리스도 예수를 죽은 자 가운데서 살리신 이가 너희 안에 거하시는 그의 영으로 말미암아 너희 죽을 몸도 살리시리라"(롬 8:11). 입양, 칭의, 부활은 구원을 묘사하는 다양한 방식이다. 성령은 이 세 가지 모두에서 역할을 맡으셨기 때문에 그분은 하나님이시다.

성령은 구속에서 핵심 역할을 하신다. 그분은 하나님의 백성에게 구원을 적용하신다. 실제로 성경은 성령이 구원에 없어서는 안 될 분이시라고 가르친다. "누구든지 그리스도의 영이 없으면 그리스도의 사람이 아니라"(롬 8:9).

성령의 사역

성령은 아주 많은 놀라운 일을 행하신다.[2] 그분은 창조에 참여하셨고 성경에 영감도 주셨다. 세상과 사도들과 예수님 가운데서 일하신다. 성령이 신자들에게 베푸시는 가장 중요한 사역 중 하나는 구원 사역이다. 성령은 사람들을 그리스도께로 인도하신다.

창조 사역에서 성령이 하시는 일

성경은 창조와 관련하여 두어 차례 성령을 언급한다. 성경은 이렇게 시작한다. "태초에 하나님이 천지를 창조하시니라 땅이 혼돈하고 공허하며 흑암이 깊음 위에 있고 하나님의 영은 수면 위에 운행하시니라"(창 1:1-2). 나는 "하나님의 영은 수면 위에 운행하시니라."라는 말씀이 하나님의 창조 행위에 참여하는 성령을 가리킨다고 이해한다. 마찬가지로, 엘리후의 다음 말도 성령이 창조 사역에서 맡은 역할을 상정한다. "하나님의 영이 나를 지으셨고 전능자의 기운이 나를 살리시느니라"(욥 33:4).

성경에서 성령이 하시는 일

성령은 성경 기록에 관여하셨다. 베드로는 구약의 예언에 관해 이야기하면서 이렇게 확언한다. "먼저 알 것은 성경의 모든 예언은 사사로이 풀 것이 아니니 예언은 언제든지 사람의 뜻으로 낸 것이 아니요 오직 성령의

---

[2] 내 책 *Salvation Applied by the Spirit*, 307-347에서 도움을 받았다.

감동하심을 받은 사람들이 하나님께 받아 말한 것임이라"(벧후 1:20-21). 베드로는, 예언은 단순히 인간적인 충동의 산물이 아니라 성령의 감동하심에서 나왔기에 하나님이 직접 하신 말씀이라고 말한다.

세상에서 성령이 하시는 일

성령은 세상에서도 중요한 역할을 하신다. 예수님은 제자들에게 자신이 떠나는 것이 유익하다고 말씀하신다. 그러면 그분이 보혜사를 보내실 것이기 때문이다. 보혜사는 무엇을 하시는가?

그가 와서 죄에 대하여, 의에 대하여, 심판에 대하여 세상을 책망하시리라 죄에 대하여라 함은 그들이 나를 믿지 아니함이요 의에 대하여라 함은 내가 아버지께로 가니 너희가 다시 나를 보지 못함이요 심판에 대하여라 함은 이 세상 임금이 심판을 받았음이라(요 16:8-11).

예수님은 얼마나 자비로우신가! 사람들이 그분을 믿지 않기 때문에 그분은 성령을 보내셔서 죄인들에게 죄를 깨닫게 하실 것이다(요 19:6). 죄인들은 자력으로는 믿지 못하겠지만, 성령이 세상을 책망하시고 그들에게 그리스도를 보여 주실 것이다.

더 나아가, 성령이 친히 예수님을 증언하는 무리에 포함되신다. 예수님은 요한복음에서 이렇게 선언하신다. "내가 아버지께로부터 너희에게 보낼 보혜사 곧 아버지께로부터 나오시는 진리의 성령이 오실 때에 그가 나를 증언하실 것이요"(요 15:26). 그래서 성령은 세례 요한, 예수님의 기적, 구약성경, 아버지, 제자들, 예수님 자신과 함께 예수님을 증언하신다.

성령은 사람들이 그리스도께 나아오도록 초청하신다. 성경 마지막 부분에 이런 말씀이 나온다. "성령과 신부가 말씀하시기를 오라 하시는도다 듣는 자도 오라 할 것이요 목마른 자도 올 것이요 또 원하는 자는 값없이 생명수를 받으라 하시더라"(계 22:17). 자비로우신 하나님은 예수님께 나아와 영적 목마름을 채우라는 성령과 교회의 따뜻한 초대로 그분의 이야기를 마무리하신다.

사도들 가운데서 성령이 하시는 일

성령은 사도들과 그들의 사역 가운데 역사하신다. 사도들이 하나님을 섬길 수 있도록 훈련하신다. 무엇을 말해야 할지 가르치시고(눅 12:12, 21:15) 오순절에 예수님의 고난과 부활을 증거하도록 능력을 주신다(눅 24:48). 사도들을 위해 준비하신 일로 이끄시고(행 13:2, 4) 교회를 위한 판단을 인도하신다(행 15:28). 사역의 문을 닫기도 하고 열기도 하셔서 하나님이 그들을 부르신 곳에서 하나님의 말씀을 전하게 하신다(행 16:6-10).

성령은 사도들의 사역을 통해 교회를 주님의 거룩한 성전으로 세우신다. 놀랍게도 하나님은 하나님과 그분의 언약을 알지 못하는 외인들도 그 백성에 포함하신다(엡 2:19-22). 교회의 기초는 그 주춧돌인 그리스도와 사도들과 신약성경 선지자들이다. 성령은 하나님의 백성에 믿는 유대인들과 이방인들을 더하셔서 교회를 세우신다.

또한 성령은 사도들과 모든 그리스도인을 위해 간구하신다. 우리는 연약해서 주님의 능력이 필요하다. 때로는 어떻게 기도해야 할지 알지 못하지만, 다행히도 성령이 우리를 위하여 친히 간구하신다(롬 8:26-27).

예수님 안에서 성령이 하시는 일

놀랍게도, 예수님의 지상 사역에서 역사하신 성령이 하나님의 백성 가운데 일하신다. 성령은 구약성경의 예언과 예수님의 잉태, 지상 사역, 죽음, 부활과 교회의 세례 가운데서 활동하신다.

이사야는 오실 그분이 다윗왕의 후손이라고 예언한다. 하나님의 영이 이새의 줄기에서 자란 이 가지에 강림하셔서 큰 지혜와 힘을 주실 것이다(사 11:1-3). 여호와께서 그분을 종으로 택하시고 그분으로 즐거움을 삼으실 것이다. 여호와께서 그분에게 성령을 주시고, 오실 그분은 정의와 온유와 인내로 행하실 것이다(사 42:1-4). 여호와의 영으로 기름 부음을 받은 그분은 가난한 자와 마음이 상한 자, 포로 된 자와 갇힌 자에게 아름다운 소식을 전하실 것이다(사 61:1-2). 이런 예언의 말씀을 통해 성령은 이스라엘이 메시아를 준비하게 하신다.

성경에 따르면, 성령은 예수님의 생애에서 아주 초기부터 일하신다.[3] 예수님은 성령의 일하심으로 마리아의 태에 잉태되신다. 구약에서 성령

---

3) 예수님 안에서의 성령의 일하심에 대해서는 다음 책에서 도움을 받았다. Sinclair B. Ferguson, *The Holy Spirit*, Contours of Christian Theology (Downers Grove, IL: InterVarsity Press, 1996), 36-56.

이 사람들에게 임하셨던 것처럼, 마리아에게 임하신다(눅 1:35). 예수님의 잉태에서부터 성령의 영광이 마리아를 덮으셨고, 그래서 태어날 거룩한 이는 하나님의 아들이라 일컬어진다(눅 1:35). 성령은 마리아의 배 속에서 예수님을 위해 인간의 몸과 영혼을 준비시켜 그분이 자기 백성을 그들의 죄에서 구원하실 수 있도록 도우신다.

성령은 예수님이 이 땅에서 하신 사역의 모든 면에서 활동하신다. 예수님이 세례를 받으실 때 성령이 비둘기같이 그분께 내려오시고, 그분은 선지자, 제사장, 왕이라는 메시아의 삼중직을 성취하신다(막 1:10). 동일한 성령이 곧 예수님을 광야로 몰아내신다. 거기서 그분은 40일 동안 사탄에게 시험을 받으신다(막 1:12-13).

예수님은 첫 번째 설교에서 이사야 61장 1-2절을 인용하신다. "주의 성령이 내게 임하셨으니"(눅 4:18). 성령이 예수님께 임하셔서 선지자와 제사장과 왕으로 기름 부으신다. 그 결과, 예수님의 지상 사역은 성령의 능력을 힘입는다(눅 4:14-15). 예수님이 마귀를 힘입어 귀신을 쫓아낸다는 바리새인들의 신성 모독적인 주장과는 달리, 그분은 하나님의 성령을 힘입어 그렇게 하셨다(마 12:28). 실제로 아버지는 아들에게 성령을 한량없이 주신다(요 3:34).

성령은 예수님의 십자가 처형에서도 맡으신 역할이 있다. 히브리서 저자는 이렇게 선언한다. "하물며 영원하신 성령으로 말미암아 흠 없는 자기를 하나님께 드린 그리스도의 피가 어찌 너희 양심을 죽은 행실에서 깨끗하게 하고 살아 계신 하나님을 섬기게 하지 못하겠느냐"(히 9:14). 성령은 예수님의 속죄의 죽음을 통해 일하신다. 윌리엄 레인(William Lane)은 이렇게 설명한다. "히브리서 저자는 무엇이 그리스도의 희생 제사를 절대적이고 최종적인 것으로 만들었는지 보여 준다. … 영원하신 성령으로 말미암아 그리스도의 제사가…드려졌다는 사실은 그분이 하나님의 권능을 받고 그 직분을 수행하셨음을 암시한다."[4]

베드로와 바울은 둘 다 예수님의 부활에서 성령이 하신 일을 증언한다. 베드로는 "그리스도께서도 단번에 죄를 위하여 죽으사 의인으로서 불의한 자를 대신하셨으니 이는 우리를 하나님 앞으로 인도하려 하심이라 육체로는 죽임을 당하시고 영(성령)으로는 살리심을 받으셨으니"(벧전 3:18)[5] 라고 기록한다.

바울도 동의한다. 예수님은 "성결의 영으로는 죽은 자들 가운데서 부활하사 능력으로 하나님의 아들로 선포되셨으니 곧 우리 주 예수 그리스도시니라"(롬 1:4). 아버지는 성령을 통해 그 아들을 죽은 자들 가운데서 일으키셔서 능력으로 그를 새롭게 선포하신다.[6]

그리스도요 메시아이자 기름 부음 받으신 예수님은 세례 받으실 때 성령의 기름 부음을 받으시고 그에 응답하여 성령을 주신다. 사도행전 2장

---

4) William L. Lane, *Hebrews 9-13*, Word Biblical Commentary 47B (Dallas: Word, 1991), 240.
5) 프뉴마티(*pneumati*)를 소문자로 시작하는 '스피릿'(spirit)으로 번역할지 대문자로 시작하는 '스피릿'(Spirit)으로 번역할지는 논란이 있다. 전자의 경우는 육체의 영역과 영의 영역을 대조한다. 나는 후자, 곧 '성령'이라는 번역을 채택한 이유를 설명한 폴 J. 액트마이어(Paul J. Achtemeier)의 논거가 설득력 있다고 생각한다. Paul J. Achtemeier, *1 Peter*, Hermeneia (Minneapolis: Fortress, 1996), 250-251.
6) 바울은 예수님이 "영으로 의롭다 하심을 받으시고"라고 쓴 디모데전서 3장 16절에서도 똑같이 말한다.

에서 오순절에 교회에 성령 세례를 베푸셔서 예언을 성취하신 것이다 (욜 2:28; 눅 3:16, 24:49; 행 1:4-5). 우리는 예수님이 오순절에 교회에 성령을 부어 주신 것을 알아야 한다. 새 언약을 약속한 구약 말씀(렘 31:31)이 한 분이신 하나님과 사람 사이의 중보자(딤전 2:5), 그분 안에서 오순절에 성취된다. 예수님은 자신의 죽음과 부활로 재가된(눅 22:20) 새 언약의 중보자시며(히 9:15), 오순절에 그 사실이 선포된다.

새 창조는 마지막 날에야 비로소 온전히 드러나겠지만, 그리스도께서는 그분의 죽음과 부활과 오순절의 선포를 통해 새 창조를 시작하신다. 부활하신 후에 예수님은 아버지가 그분을 보내신 것처럼 그분도 제자들을 보내신다고 말씀하신다(요 20:21). 그런 다음, 제자들이 그들의 소명을 감당하도록 준비시키기 위해 선지자와 같은 행동을 하신다. "이 말씀을 하시고 그들을 향하사 숨을 내쉬며 이르시되 성령을 받으라 너희가 누구의 죄든지 사하면 사하여질 것이요 누구의 죄든지 그대로 두면 그대로 있으리라 하시니라"(요 20:22-23).

하나님이 아담에게 생기를 불어넣으셨듯이(창 2:7) 예수님은 제자들을 향해 숨을 내쉬신다. 창조주가 생기를 불어넣는 행동으로 피조물에 생명을 주셨듯이, 우리를 재창조하시는 부활하신 그리스도께서는 선지자와 같은 행동으로 그 제자들에게 영적인 생명을 주시겠다고 약속하신다. 그리스도께서 "성령을 받으라."라고 말씀하시면서 숨을 내쉬시는 행위는 오순절에 시작될 새 창조의 전조이며, 그 새 창조는 교회의 새로운 공동체에서부터 시작된다.

예수님은 오순절에 새롭고 강력한 방식으로 하나님의 백성에게 성령을 주신다. 성령은 구원을 온전히 이루신다. 그리고 그 구원은 전례가 없는 증언을 포함하여 여러 형태로 나타난다. 그리스도께서는 오순절에 성령을 주시면서 신약의 교회라는 새로운 공동체를 만드신다.

신자들 가운데서 성령이 주로 하시는 일

성령은 신자들을 위해 수많은 놀라운 일을 하시지만, 가장 주요한 사역은 그들을 그리스도와 연합하게 하시는 것이다. 성령은 우리를 하나님의 아들과 하나 되게 하셔서 그분과 그분의 구원이 주는 유익이 우리 것이 되게 하신다. 바울은 두 가지 방식으로 이를 가르친다. 첫째, 바울은 성령이 친히 우리와 그리스도를 하나 되게 하신다고 말한다. 성령이 바로 그 연합이시다. 둘째, 사도는 그리스도와의 연합에서 일어나는 구원의 여러 측면이 성령의 사역에서 기인한다고 말한다. 거기에는 거듭남, 칭의, 입양, 성화, 영화가 포함된다.

성령은 우리를 그리스도와 하나 되게 하신다

바울은 성령이 영적 연합에 꼭 필요하다고 가르친다. "몸은 하나인데 많은 지체가 있고 몸의 지체가 많으나 한 몸임과 같이 그리스도도 그러하니라 우리가…다 한 성령으로 세례를 받아 한 몸이 되었고 또 다 한 성령을 마시게 하셨느니라"(고전 12:12-13). 바울은 하나인데 많은 지체가 있는 인간의 몸과 그리스도의 몸인 교회를 비교한다(고전 12:12). 교회에는 여러 지체가 있지만 한 몸이다. 왜 그런가? 교회의 모든 지체가 그리스도의 몸으로 하나가 될 때 한 성령께 참여하기 때문이다. 성령께 참여하는 것과 그리스도의 몸의 지체가 되는 것은 그리스도와의 연합이라는 실재를 설명하는 두 가지 다른 방식이다.

그런 다음 바울은 '세례'와 '마신다.'라는 두 이미지를 사용하여 성령이 신자들을 그리스도와 연결하신다고 가르친다(고전 12:13). 먼저, 사도는 그리스도께서 신자들을 자신과 한 몸이 되게 하시려고 성령으로 세례를 주신다고 묘사한다. 두 번째 그림은 "또 다 한 성령을 마시게 하셨느니라"(고전 12:13)이다. 벤 위더링턴(Ben Witherington)은 두 그림을 모두 설명한다. "성령 없는 그리스도인은 아무도 없다. 그리스도인은 회심할 때 성령으로 그리스도의 몸과 하나가 되고 성령을 받아 마신다."[7] 성령은 우리를 그리스도와 하나 되게 하신다.

성령은 그리스도와의 연합으로 일어나는 구원의 양상을 일으키신다

성령은 신자들을 그리스도와 연합시키시는 하나님의 위격이다. 따라서 성령이 우리를 그리스도와 하나 되게 하신다는 사실을 알고 놀랄 필요가 없다. 연합은 더 큰 범주이며, 그리스도와의 연합에서 거듭남, 칭의, 입양, 성화, 영화 같은 요소가 흘러나온다. 우리가 그리스도와 하나 되었기 때문에 이 각각의 일이 벌어지는데, 성령이 이 모두를 일으키신다.

---

[7] Ben Witherington III, *Conflict and Community in Corinth: A Socio-Rhetorical Commentary on 1 and 2 Corinthians* (Grand Rapids: Eerdmans, 1995), 258.

바울은 영적 죽음을 배경으로 거듭남을 강조하는데, 이는 하나님이 죄인들을 살리시는 것을 뜻한다. "긍휼이 풍성하신 하나님이 우리를 사랑하신 그 큰 사랑을 인하여 허물로 죽은 우리를 그리스도와 함께 살리셨고(너희는 은혜로 구원을 받은 것이라)"(엡 2:4-5). 거듭남은 그리스도와의 연합 가운데 일어난다. "하나님이…우리를 그리스도와 함께 살리셨고"(엡 2:4-5).

그런데 이 거듭남이 성령이 하시는 일이다. 성령은 영적으로 죽은 자들에게 거듭남을 적용하셔서 그들이 하나님에 대해 살아나게 하신다. 예수님은 "내가 네게 거듭나야 하겠다 하는 말을 놀랍게 여기지 말라 바람이 임의로 불매 네가 그 소리는 들어도 어디서 와서 어디로 가는지 알지 못하나니 성령으로 난 사람도 다 그러하니라"(요 3:7-8)라고 말씀하신다. 그분은 언어유희를 하고 계신데, 프뉴마(*pneuma*)라는 단어가 '호흡, 바람, 영'을 다 뜻하기 때문이다. 예수님은 성령의 영향을 바람의 영향에 비유하신다. 자유로운 바람은 인간의 통제를 초월한다. 바람은 임의로 불기 때문에 어디서 와서 어디로 가는지 알 수 없다. 바람이 끼친 영향을 보고서 바람이 지나간 곳을 알 뿐이다. 성령으로 난 사람도 마찬가지다(요 3:8). 성령은 거듭남에 역사하셔서 우리를 그리스도와 하나 되게 하시고 우리에게 새 생명을 주신다.[8]

바울은 고린도후서 5장에서 칭의와 그리스도와의 연합을 분명하게 연결한다. 사도는 칭의에 대해 이야기하기 전에 화목(화해)을 다룬다. 바울은

---

8) 디도서 3장 4-5절도 보라. "하나님…이 우리를 구원하시되 우리가 행한 바 의로운 행위로 말미암지 아니하고 오직 그의 긍휼하심을 따라 중생의 씻음과 성령의 새롭게 하심으로 하셨나니."

어떻게 죄인들이 하나님과 화목하게 되었는지 설명한다. "하나님이 죄를 알지도 못하신 이를 우리를 대신하여 죄로 삼으신 것은 우리로 하여금 그 안에서 하나님의 의가 되게 하려 하심이라"(고후 5:21). 이것이 칭의의 언어다. 의로우신 그리스도께서 하나님 보시기에 죄가 되셔서 죄인들이 하나님의 의가 되게 하셨다. 우리 죄가 그리스도께 전가되고 그분의 의가 우리에게 전가되었다.

바울은 "하나님이 죄를 알지도 못하신 이를 우리를 대신하여 죄로 삼으신 것은 우리로 하여금 그 안에서 하나님의 의가 되게 하려 하심이라."라고 쓴다. 바울의 글에서 '그 안에서'라는 표현이 추가적인 설명 없이 그리스도와의 연합을 나타내는 경우는 드물지만, 여기서는 그렇다. 그리스도께서 죄인으로 (대신) 죽으시기까지 죄인들의 곤경을 지셨기 때문에 하나님은 신자들이 그리스도를 믿어 그분의 온전한 의를 받을 때 그들을 의롭다고 선언하신다.[9]

예를 들어 고린도전서 6장을 보면 칭의는 성령이 하시는 일이다. 바울은 죄악된 생활 방식을 정죄하고 나서(고전 6:9) 신자들을 권면한다. "너희 중에 이와 같은 자들이 있더니"(고전 6:11). 일부 고린도 그리스도인들은 믿기 전에 이런 생활 방식을 따랐다. 계속해서 바울은 "주 예수 그리스도의 이름과 우리 하나님의 성령 안에서 씻음과 거룩함과 의롭다 하심을 받았느니라"(고전 6:11)라고 말한다. 그는 그들의 구원을 묘사하기 위해 세 가

---

9) 따라서 Constantine R. Campbell, *Paul and Union with Christ: An Exegetical and Theological Study* (Grand Rapids: Zondervan, 2012), 186-187.

지 동사를 사용한다. 그들은 죄의 오염에서 '씻음'을 받았는데, 아마도 세례를 가리킬 것이다. 또한 그들은 최초의 혹은 최종적인 성화로 '거룩함'을 받았다. 죄인들을 그리스도 안에 있는 성도로 세우시는 성령의 강력한 사역을 뜻한다. 그리고 그들은 그리스도의 구원 사역을 근거로 아버지의 '의롭다 하심'을 받았다.

이 동사들 앞에 나오는 두 가지 전치사구가 핵심이다. "주 예수 그리스도의 이름과 우리 하나님의 성령 안에서"(고전 6:11). 이 두 어구는 아마도 세 동사에 모두 적용되겠지만, '의롭다 하심을 받았다.'라는 마지막 동사에는 확실히 적용된다. 그렇다면 의롭다 하심과 주 예수 그리스도의 이름은 무슨 상관이 있는가? 우리는 그리스도의 이름을 믿어서 의롭다 하심을 받는다. 그들은 어떻게 우리 하나님의 성령 안에서 의롭다 하심을 받았을까? 성령은 우리가 그리스도의 이름을 믿게 해주신다. 구원의 믿음이라는 선물을 주셔서, 죄인들이 의롭다 하시는 예수님의 이름을 믿게 하신다(고후 5:21). 이는 그리스도와의 연합과 떼려야 뗄 수 없는 것이다. 결론적으로, 성령은 우리를 그리스도와 하나 되게 하시고 우리를 용서하시며 하나님 앞에서 의로운 존재로 서게 하시려고 칭의에서 역할을 감당하신다.

그리스도와 하나 될 때 입양이 이루어진다. "너희가 다 믿음으로 말미암아 그리스도 예수 안에서 하나님의 아들이 되었으니 누구든지 그리스도와 합하기 위하여 세례를 받은 자는 그리스도로 옷 입었느니라"(갈 3:26-27). 옷을 입는다는 이미지가 보여 주듯, 그리스도와 합하기 위하여 세례를 받은 것은 그리스도와의 연합을 뜻한다. 세례/회심은 비유적으로 그리스도를 옷 입는 것이다. 여기서 '위하여'라는 단어가 중요한데, 이 단어는 하나님이 신자들을 입양하는 이유로 세례가 의미하는 그리스도와의 연합을 제시하기 때문이다.

더욱이, 입양은 성령이 하시는 일이다. 바울은 하나님의 자녀는 구별이 가능하다고 가르친다. 그들은 성령의 리더십을 인정하고 하늘 아버지를 위해 살아간다(롬 8:14). 다음으로 바울은 '종의 영'과 '양자의 영'을 대비한다. "너희는 다시 무서워하는 종의 영을 받지 아니하고 양자의 영을 받았으므로"(롬 8:15). 하나님은 우리에게 성령을 주셔서 아버지의 사랑을 확인해 주신다.

바울의 다음 표현은 성령을 입양의 행위자로 제시한다. "너희는…양자의 영을 받았으므로 우리가 아빠 아버지라고 부르짖느니라"(롬 8:15). 죄인들이 아버지이신 하나님께 구원해 주실 것을 부르짖을 수 있게 하는 분은 성령이시다. 그러므로 입양은 성령이 하시는 일이다. 성령은 죄의 종이 되었던 이들이 독생자를 믿어 그들도 아들들이 되게 하신다. 하나님을 아버지라고 부를 수 있게 하신다. '아빠 아버지'는 예수님이 아버지를 부르실 때 사용하신 것과 같은 단어다(막 14:36). 하나님의 은혜와 성령의 일하심으로 신자들은 예수님이 아버지와 맺으신 관계와 비슷하게 하나님과 관계를 맺는다. 성령은 우리를 그리스도와 하나 되게 하시고 그에 수반된 모든 권리와 특권과 책임을 우리에게 주시려고 입양에서 역할을 감당하신다.

그리스도와 하나가 될 때 성화도 이루어진다. 성화는 죄에는 죽고 하나님을 위해 새로운 삶을 살아가는 것이다. 우리는 세례를 받을 때 죄에 대해 죽는다. "무릇 그리스도 예수와 합하여 세례를 받은 우리는 그의 죽으심과 합하여 세례를 받은 줄을 알지 못하느냐"(롬 6:3). 세례는 그리스도의 죽으심 가운데 그분과 하나가 되는 것을 뜻한다. 우리는 그리스도와 합하여 세례를 받고 그분의 이야기에 참여한다. 그러므로 그리스도께서 죽으셨을 때 우리도 그리스도와 합하여 죄에 대해 죽는다. 그리스도의 속죄는 우리를 장악한 죄의 지배력을 깨뜨린다. 우리는 더 이상 그 가혹한 주인에게 복종하지 않아도 된다. 이제는 죽음과 부활로 우리를 사신 다른 주인의 소유가 되었다.

그뿐 아니라, 우리는 그리스도의 부활에 참여한다. "그러므로 우리가 그의 죽으심과 합하여 세례를 받음으로 그와 함께 장사되었나니 이는 아버지의 영광으로 말미암아 그리스도를 죽은 자 가운데서 살리심과 같이 우리로 또한 새 생명 가운데서 행하게 하려 함이라"(롬 6:4). 우리는 그리스도와 함께 죄에 대해 죽고 하나님에 대해 산 자로 살아야 한다. 그래서 바울은 이렇게 명령한다. "또한 너희 지체를 불의의 무기로 죄에게 내주지 말고 오직 너희 자신을 죽은 자 가운데서 다시 살아난 자 같이 하나님께 드리며 너희 지체를 의의 무기로 하나님께 드리라"(롬 6:13).

그리스도와의 연합에서 발생하는 다른 많은 행위와 마찬가지로 성화 역시 성령이 하시는 일이다. 바울은 자신과 실루아노와 디모데가 "항상 너희에 관하여 마땅히 하나님께 감사할 것은 하나님이 처음부터 너희를 택하사 성령의 거룩하게 하심과 진리를 믿음으로 구원을 받게 하심이니"(살후 2:13)라고 말한다. 바울의 사역 팀은 데살로니가 교인들을 사랑하시고 택하셔서 구원을 주신 하나님께 항상 감사한다. 구체적으로 바울은 하나님이 성령의 거룩하게 하심과 진리를 믿음으로 구원을 받게 하시려고 그들을 택하셨다고 말한다. 여기에 하나님이 그분의 계획을 실행에 옮기기 위해 사용하시는 수단이 있다. 그분은 성령의 거룩하게 하시는 사역과 그로 인한 데살로니가인들의 믿음을 사용하셔서 그들을 죄에서 건지신다. 성령은 우리를 그리스도와 하나 되게 하셔서 성도로 세우시고 우리를 거룩하게 하시는 평생의 과정을 시작하시기 위해 성화에서 역할을 감당하신다.

바울은 성령이 신자들의 마음속에서 하나님이 그들의 아버지이심을 증언하신다고 가르친 이후에(롬 8:16), 우리가 입양된 가족의 기업을 거론하면서 입양의 은유를 영화로 확장한다. "자녀이면 또한 상속자 곧 하나님의 상속자요 그리스도와 함께 한 상속자니"(롬 8:17). 입양으로 하나님의 자녀가 된 우리는 상속자이기도 하다! 성경의 큰 이야기를 고려한다면 신자들의 기업은 믿기 힘들 정도다. 우리는 삼위 하나님과 새 땅을 상속받는다(고전 3:21-23; 계 21:1-7). 우리는 그리스도의 죽음에 동참하기에 그분의 고난도 함께 받는다(롬 8:17). 또한 그분의 부활에 동참하기에 우리는 그분과 함께 영광을 받을 것이다(롬 8:17).

더 나아가서 영화도 성령이 하시는 일이다. 성경은 베드로전서 4장 13-14절에서 이 진리를 간접적으로 표현한다. 베드로는 박해받는 신자들에게 그들 자신을 하나님과 그분의 뜻에 맡김으로 믿음 안에 굳게 서서 인내하라고 권면한다(벧전 5:12). 그뿐 아니라 신자들은 박해를 받으면서도 기뻐할 수 있다. "오히려 너희가 그리스도의 고난에 참여하는 것으로 즐거워하라 이는 그의 영광을 나타내실 때에 너희로 즐거워하고 기뻐하게 하려 함이라"(벧전 4:13). 베드로는 독자들에게 지금 그리스도를 위해 고난받는 것을 기뻐하라고 교훈하는데, 그런 고난은 그리스도께서 다시 오실 때 그들이 그분과 영광을 함께 나눌 것을 암시하기 때문이다. 이 구절은 그리스도의 과거의 고난과 미래의 영광에 우리가 참여한다는 교리를 강조한다.

이 대목에서 성령이 등장한다. "너희가 그리스도의 이름으로 치욕을 당하면 복 있는 자로다 영광의 영 곧 하나님의 영이 너희 위에 계심이라"(벧전 4:14). 신자들이 그리스도인이라는 이유로 고난받을 때 기뻐할 수 있는 이유는 그들이 그리스도와 하나가 되어서 성령께 참여했기 때문이다. 여기서 베드로가 성령을 가리키는 방식은 영화가 성령의 사역임을 암시한다. 신약학자 피터 H. 데이비즈(Peter H. Davids)의 말은 인용할 만하다. "따라서 그리스도를 위해 고난받는 사람들은 미래에 약속받은 영광을 지금 성령을 통해 경험한다(벧전 1:7, 5:4; 참고. 고후 4:17; 골 3:4). 실제로 이들의 고난은 바로 하나님의 명성(영광)이 그들 가운데 나타나며 성령이 그들 위에 계신다는 표시다. 그들은 자신을 정말로 축복받은 자로 생각할 수 있다."[10]

---

10) Peter H. Davids, *The First Epistle of Peter*, New International Commentary on the New Testament (Grand Rapids: Eerdmans, 1990), 168.

베드로는 베드로전서 4장 13절에서 고난받는 신자들에게 그리스도의 영광을 나타내실 때에 받을 몫을 약속하고, 14절에서 그들 위에 계시는 영광의 영 곧 하나님의 영을 언급한다. 여기서는 영광의 영이 그들 각자가 나타날 영광에 참여하게(벧전 5:1) 하시는 분임을 암시한다. 따라서 영광의 영 곧 하나님의 영은 그리스도의 영광을 나타내실 때에 신자들을 그리스도와 하나 되게 하시기 위해 영화에서 역할을 감당하신다.

성령은 성부나 성자 하나님처럼 성경에 두드러지게 나타나지 않으시기 때문에 때로 삼위일체에서 잊힌 위격으로 언급된다. 성령은 지금보다 더 많은 관심을 받으셔야 한다. 그분은 능력과 영광에 있어서 아버지와 아들과 동등하신 신성한 위격이시다. 성령은 창조 사역에서, 성경에서, 세상에서, 사도들과 예수님 가운데서 하나님만이 하실 수 있는 일을 행하신다. 실제로 성령은 예수님의 잉태에서부터 교회를 세우심까지 예수님의 전 생애에서 역사하셨다.

이 책에서 가장 중요하게 다루는 점은 성령이 구원 사역에 없어서는 안 될 존재이며 구원을 적용하신다는 사실이다. 성령은 시작부터 끝까지 신자들을 그리스도와 구원으로 이끄신다. 이 부분에서 성령은 확신의 문제로 씨름하는 이들에게 실제적인 도움을 주신다. 1장에 나온 종교 기자 윌리엄 롭델(William Lobdell)은 가톨릭교회의 위선적인 성 추문과 복음주의권의 비윤리적 행위로 믿음을 잃어버렸다. 대부분의 경우가 그렇듯 롭델이 던진 질문에도 쉬운 해답은 없다. 하지만 그가 만약 가르친 대로 실천하는 따뜻한 그리스도인 공동체를 찾는다면 회복의 가능성이 있을지도 모른다. 우리를 사랑하시고 우리를 위해 자신을 주신 그리스도 안에서 먼저 하나님의 사랑을 받았기에 그를 사랑해 주는 사람들이 그에게는 필요하다. 성령 충만한 진정한 신자들이라면 자신들에게 하나님의 사랑을 확인해 주시는 성령을 롭델에게 보여 줄 수 있을 것이다.

다음 장에서는 성령이 하나님의 백성에게 그분의 사랑을 확인해 주신다는 사실을 살펴보자.

06

THE ASSURANCE OF SALVATION

확신에서의 성령의 역할

증언하시는 성령의 사역은 그리스도인의 확신 이야기에서 중요한 역할을 담당한다. …확신 이야기의 주요 부분은…십자가에서 죽으신 그리스도의 완성된 사역에 있다. 더 나아가, 십자가라는 객관적인 사역과의 주관적인 상관관계는 우리의 믿음이다. 믿음은 구원을 경험하는 필수 조건이다. 믿음이 없으면 확신도 없다. 성령의 증거와 선행의 표출은 부차적이고 확증적인 것이다. …그러면 우리가 하나님의 자녀로 입양된 것을 어떻게 확신할 수 있는가? 성령이 그 답이다. 성령은 우리가 하나님의 자녀임을…우리 영과 함께 증거하신다.[1]

이 인용문이 보여 주듯, 그레이엄 콜(Graham Cole)은 적절한 균형감으로

---

1) Graham A. Cole, *He Who Gives Life: The Doctrine of the Holy Spirit*, Foundations of Evangelical Theology (Wheaton, IL: Crossway, 2007), 268-269.

성경의 진리를 가르친다. 확신의 주요 근거는 예수님의 구원의 죽음과 부활의 복음이다. 그리고 그 복음은 믿음으로 받아야 한다. 선행과 성령의 증거는 하나님이 확신을 주시는 핵심 방법이지만, 복음에 있어서는 부차적이다. 우리는 하나님의 구원과 보전의 약속을 이미 살펴보았으니, 이제 그리스도인의 확신에서 성령의 역할을 더 자세히 살펴볼 준비가 되었다.

신약성경은 적어도 다섯 개의 본문에서 성령이 신자들의 마음에 확신을 주신다고 가르친다. 나는 요한일서의 세 본문을 한 제목으로 묶어서 살펴볼 것이다.

- 하나님의 사랑에 대한 성령의 내적 증거(롬 5:1-5)
- 우리의 입양에 대한 성령의 내적 증거(롬 8:14-17)
- 거하심에 대한 성령의 내적 증거(요일 3:19-24, 4:13-16, 5:6-12)

하나님의 사랑에 대한 성령의 내적 증거 (롬 5:1-5)

하나님은 우리 마음에 성령이 일하게 하셔서 구원의 확신을 주신다. "우리에게 주신 성령으로 말미암아 하나님의 사랑이 우리 마음에 부은 바 됨이니"(롬 5:5). 하나님의 사랑을 증언하시는 성령의 내적 증거를 살펴보기 전에, 하나님의 사랑에 대한 흔한 오해를 해결하고 삼위일체의 사랑에 대해 생각해 보기로 하자.

하나님은 사랑이시다

놀랍게도, 성경은 하나님은 사랑이시라고 확언한다(요일 4:8, 16). 하지만 안타깝게도 사람들은 이 개념을 다양한 방식으로 오해했다. 어떤 사람들은 사랑이 하나님의 다른 모든 특징보다 뛰어난 주요 특징이라는 뜻이라고 주장했다. 그러나 이런 해석은 터무니없다. 하나님의 거룩하심보다 그분의 사랑이 더 큰가? 아니면 그분의 지혜보다 그분의 사랑이 더 큰가? 능력보다 사랑이 더 큰가? 신실하심보다 사랑이 더 큰가? 이런 질문들은 이미 답이 나온 것이나 마찬가지다. 하나님은 모든 특징을 똑같이 소유하신다. 그분은 사랑과 거룩하심과 지혜와 능력과 신실하심이 모두 충만하시다.

하나님이 사랑이시라는 성경의 진리는 그분의 다른 특징들과 비교해 볼 때 남용되어 왔다. 사람들은 하나님은 사랑이시고 그분의 사랑이 거룩하심이나 정의를 능가하기에 모든 사람은 결국 구원받는다고 말한다. 이것도 오해다. 요한일서는 하나님이 사랑이시라고 말하기 전에 "하나님은 빛이시라 그에게는 어둠이 조금도 없으시다는 것이니라"(요일 1:5)라고 선언하기 때문이다. 이 말씀은 하나님이 사랑보다는 빛이라는 뜻이 아니다. 이런 생각이 부조리하다는 것은 이미 살펴보았다. 반대로 하나님이 빛보다는 사랑이라는 뜻도 아니다. 하나님은 거룩하시고 사랑이 많으시다. 거룩하신 사랑 혹은 사랑 많은 거룩하심이다. 그분의 특징과 정체성은 분리되지 않는다.

이런 이유로 성경은 그리스도께서 오셔서 죄를 속량하신다고 가르친다. 이것이 하나님이 죄를 다루시는 방식이었고, 그래서 우리가 그분을 알 수 있게 되었다. 우리의 죄가 침해한 하나님의 거룩하심은 충족을 요구했다. 그리스도의 십자가 사역으로 하나님은 거룩한 사랑이시면서도 여전히 우리 죄를 용서하실 수 있었다(롬 3:25-26). 그리스도의 십자가 사역으로 하나님은 도덕적 온전함을 잃지 않으면서도 그리스도를 주와 구세주로 믿는 모든 사람을 구원하실 수 있었다.

성경은 하나님은 사랑이시라고 짧은 문장으로 두 번이나 선언하면서 (요일 4:8, 16) 무엇을 가르치려 하는가? 이 말씀은 사랑이 (다른 특징들과 함께) 하나님의 내재적 특징이라는 뜻이다. 하나님이 하나님 되심에는 그분이 세상을 사랑하신다는 의미도 들어 있다. 이와 같은 적극적인 사랑의 의지는 자기 아들을 세상의 구세주로 보내신 하나님 아버지에게서 가장 잘 드러난다(요일 4:9-10, 14).

성부, 성자, 성령 하나님이 우리를 사랑하신다

성부, 성자, 성령 하나님의 사랑을 선포하는 성경 구절은 아주 많다. 30여 개에 달하는 본문이 아버지의 사랑을 표현하는데, 그중에서 대표적인 몇 구절만 예를 들어 보자.

하나님이 세상을 이처럼 사랑하사 독생자를 주셨으니 이는 그를 믿는 자마다 멸망하지 않고 영생을 얻게 하려 하심이라(요 3:16).
우리가 아직 죄인 되었을 때에 그리스도께서 우리를 위하여 죽으심으로 하나님께서 우리에 대한 자기의 사랑을 확증하셨느니라(롬 5:8).
긍휼이 풍성하신 하나님이 우리를 사랑하신 그 큰 사랑을 인하여 허물로 죽은 우리를 그리스도와 함께 살리셨고 (너희는 은혜로 구원을 받은 것이라) (엡 2:4-5).
보라 아버지께서 어떠한 사랑을 우리에게 베푸사 하나님의 자녀라 일컬음을 받게 하셨는가(요일 3:1).
사랑은 여기 있으니 우리가 하나님을 사랑한 것이 아니요 하나님이 우리를 사랑하사 우리 죄를 속하기 위하여 화목 제물로 그 아들을 보내셨음이라(요일 4:10).

성경에는 성자 하나님의 사랑을 선포하는 구절도 풍부하다. 약 20개의 본문 중에서 몇 구절만 소개한다.

아버지께서 나를 사랑하신 것같이 나도 너희를 사랑하였으니(요 15:9).
이제 내가 육체 가운데 사는 것은 나를 사랑하사 나를 위하여 자기 자신을 버리신 하나님의 아들을 믿는 믿음 안에서 사는 것이라(갈 2:20).
너희가 사랑 가운데서 뿌리가 박히고 터가 굳어져서 능히 모든 성도와 함께 지식에 넘치는 그리스도의 사랑을 알고 그 너비와 길이와 높이와 깊이가 어떠함을 깨달아(엡 3:17-19).
그가 우리를 위하여 목숨을 버리셨으니 우리가 이로써 사랑을 알고 우리도 형제들을 위하여 목숨을 버리는 것이 마땅하니라(요일 3:16).
우리를 사랑하사 그의 피로 우리 죄에서 우리를 해방하시고…그에게 영광과 능력이 세세토록 있기를 원하노라 아멘(계 1:5-6).

또한 성경은 성령 하나님의 사랑을 선포하는데, 성부와 성자의 사랑만큼 많지는 않다. 여기에는 일부 신학자들의 설명이 도움이 될 것이다. 신약에서 삼위일체를 다룰 때, 아들에 대한 아버지의 사랑과 아버지에 대한 아들의 사랑은 강조하지만, 아버지와 아들에 대한 성령의 사랑은 강조하지 않는다. 아우구스티누스(Augustinus)까지 거슬러 올라가 교부들에 따르면,[2] 성령의 역할은 아버지와 아들을 사랑 가운데 하나 되게 하는 것이다. 마찬가지로 신약성경에서는 신자들을 향한 아버지의 사랑과 아들의

---

2) "그리고 성경에 따르면, 성령은 성부만의 성령도 성자만의 성령도 아니고 둘 다의 성령이시다. 따라서 아버지와 아들이 서로 사랑하시는 상호적인 사랑을 우리에게 친밀하게 보여 주신다." Augustine, *On the Trinity* 15.17.24, in *A Select Library of the Nicene and Post-Nicene Fathers of the Christian Church*, ed. Philip Schaff (New York: Scribner's, 1917), 3:215.

사랑이 강조된다. 반면, 거룩하신 하나님의 방식에 따른 성령의 역할은 하나님의 백성을 사랑 안에서 서로 연합시키며 하나님과 하나 되게 하는 것이다. 이는 다음과 같은 본문에서 성령의 역할과 관련하여 강조되는 경향이 있다.

> 주 예수 그리스도의 은혜와 하나님의 사랑과 성령의 교통하심이 너희 무리와 함께 있을지어다(고후 13:13).[3]
> 이와 같이 우리와 함께 종 된 사랑하는 에바브라에게 너희가 배웠나니 그는 너희를 위한 그리스도의 신실한 일꾼이요 성령 안에서 너희 사랑을 우리에게 알린 자니라(골 1:7-8).[4]
> 소망이 우리를 부끄럽게 하지 아니함은 우리에게 주신 성령으로 말미암아 하나님의 사랑이 우리 마음에 부은 바 됨이니(롬 5:5).

마지막 구절은 매우 중요한 본문이라서 나중에 조금 더 자세히 살펴볼 것이다. 여기서는 우리를 향한 성령의 사랑에 대해 또 다른 중요한 신학적 주장을 해야 할 것이다. 삼위일체의 각 위격은 하나님의 경륜에서 고유한 역할을 하시지만, 하나님의 모든 행위에 삼위일체의 세 위격이 모두

---

[3] 그리스도의 은혜와 아버지의 사랑에 이어 성령의 교통하심을 언급한 것은 성령이 주시는 우리 상호 간의 교제를 암시한다. Linda L. Belleville, *2 Corinthians*, IVP New Testament Commentary Series (Downers Grove, IL: InterVarsity Press, 1996), 338.

[4] "이 사랑을 자극하는 분이 성령이시다." Douglas J. Moo, *The Letters to the Colossians and to Philemon*, Pillar New Testament Commentary (Grand Rapids: Eerdmans, 2008), 92.

관여하신다는 것도 사실이다. 따라서 성경에서 아버지나 아들이 우리를 사랑하신다고 말할 때는 성령도 우리를 사랑하신다고 이해해야 한다.

신자들을 향한 성령의 사랑은, 신실하지 못한 사람들이 성령께 입히는 해악에 관한 구절의 배후에 숨겨져 있는 듯하다.

하나님의 성령을 근심하게 하지 말라 그 안에서 너희가 구원의 날까지 인치심을 받았느니라(엡 4:30).[5]
하물며 하나님의 아들을 짓밟고 자기를 거룩하게 한 언약의 피를 부정한 것으로 여기고 은혜의 성령을 욕되게 하는 자가 당연히 받을 형벌은 얼마나 더 무겁겠느냐 너희는 생각하라(히 10:29).[6]

하나님은 사랑이시며, 성부, 성자, 성령 하나님은 하나님의 백성을 사랑하신다. 그러므로 하나님이 성령을 통해 우리 마음에 이 사랑을 은혜롭게 부어 주시는 것은 놀랄 일이 아니다.

로마서 5장 1-5절

그러므로 우리가 믿음으로 의롭다 하심을 받았으니 우리 주 예수 그리스도로 말미암아 하나님과 화평을 누리자 또한 그로 말미암아 우리가

---

5) 성령이 우리를 사랑하시기 때문에 우리가 그분을 근심하게(아프게) 할 수 있다.
6) '은혜의 성령'은 '듣는 자들이 그분을 통해 하나님의 은혜를 받는 영'이시다. Peter T. O'Brien, *The Letter to the Hebrews*, Pillar New Testament Commentary (Grand Rapids: Eerdmans, 2010), 379.

믿음으로 서 있는 이 은혜에 들어감을 얻었으며 하나님의 영광을 바라고 즐거워하느니라 다만 이뿐 아니라 우리가 환난 중에도 즐거워하나니 이는 환난은 인내를, 인내는 연단을, 연단은 소망을 이루는 줄 앎이로다 소망이 우리를 부끄럽게 하지 아니함은 우리에게 주신 성령으로 말미암아 하나님의 사랑이 우리 마음에 부은 바 됨이니.

로마서 5장 1-11절은 하나님이 그 백성에게 구원을 확인해 주시는 세 가지 방식을 아름답게 결합한다. 이 책 8장에서 이 본문을 다룰 예정이므로 여기서는 나머지 두 방식은 소개만 하고 성령의 내적 증거에 초점을 맞추려고 한다. 하나님은 우리를 구원하시고(롬 5:1-2, 6-8, 11) 지키신다는(롬 5:6-10) 복음의 약속을 통해 확신을 주신다. 또한 그분은 우리 삶 가운데 일하심으로써 확신을 주신다(롬 5:3-4).

하나님은 그 백성의 마음 가운데 성령이 일하게 하셔서 그들에게 최종 구원을 확신시켜 주신다. 바울은 하나님이 지금 그 백성 안에서 그들이 볼 수 없는 것을 역사하심으로써 그들이 볼 수 없는 미래의 구원에 대한 확신을 주신다고 말한다(롬 5:3-4). 그런 다음, 궁극적인 구원에 대한 그러한 소망이 우리를 부끄럽게 하지 않는다고 확언한다(롬 5:5). 이 말씀의 근거는 무엇인가? "우리에게 주신 성령으로 말미암아 하나님의 사랑이 우리 마음에 부은 바 됨이니"(롬 5:5).

앞서 우리를 향한 삼위일체의 사랑을 진술한 여러 본문이 증언하듯, 하나님은 복음을 통해 외적으로 우리를 향한 사랑을 선언하셨다. 나는 이

외적 확신의 근거가 가장 중요하다고 믿는다. 그러나 이것만으로는 부족하다. 하나님은 우리 안에서도 증거하신다. 그분은 성령 안에서 우리의 구원의 내적 증거를 허락하신다.

실제로 하나님 아버지는 우리 안에 그분의 사랑을 확인해 주신다. 성부 하나님은 성령을 통해 그분의 사랑을 우리 마음에 부어 주신다. 이것이 로마서에서 하나님의 사랑을 처음 언급한 부분이며, 이어지는 구절들에서는 이 개념을 발전시킨다. 바울은 로마서 5장 6-8절에서 하나님의 사랑이 우리에게 과분하며 그분 편에서 주도적이고 적극적이라고 주장한다. 우리는 하나님의 사랑을 받을 만하지 않다. 오히려 그분의 진노를 받아야 할 존재다. 우리가 먼저 하나님을 사랑한 것이 아니라, 그분이 먼저 우리를 사랑하셨다. 더군다나 하나님의 사랑은 소극적이지 않다. 우리를 구원하시려고 그리스도를 보내셨다.

우리의 영생에 대한 소망은 환상이 아니다. 하나님이 자비롭고도 풍성하게, 내적으로 우리에게 그에 대한 확신을 주셨기 때문이다. 하나님은 자비로우시며, 우리는 그분의 사랑을 받을 만하지 않다. 그분은 자발적으로 우리를 사랑하신다. '부은 바 됨이니'라는 표현이 암시하듯, 하나님은 아낌없이 우리를 사랑하신다. 제임스 던(James Dunn)은 이를 메마른 땅에 쏟아지는 폭우에 비유한다.[7] 하나님은 우리 내면에 위로를 주신다. 그 사랑을 우리 마음에 부어 주신다. 자기 백성이 그분의 사랑을 경험하게 하

---

[7] James D. G. Dunn, *Romans 1-8*, Word Biblical Commentary (Dallas: Word, 1988), 253.

신다. 하나님은 그들의 동기와 감정의 핵심 차원, 곧 우리 마음 가장 깊은 곳에서 이 말씀을 수행하신다.[8] 놀랍게도, 성령이 이 사역을 담당하신다. "우리에게 주신 성령으로 말미암아 하나님의 사랑이 우리 마음에 부은 바 됨이니." 오순절에 성령이 부은 바 되셔서 새 언약에 대한 구약성경의 예언을 성취하셨다. 토머스 슈라이너(Thomas Schreiner)는 사도의 생각을 이렇게 요약한다.

성령이라는 선물은 신자들이 심판의 날에 하나님의 진노에서 건짐 받을 것을 보여 준다. 특히, 신자들은 성령을 통해 마음속에서 하나님의 사랑을 경험했다. …우리는 하나님의 사랑과 성령의 사랑을 명확히 구분해서는 안 된다. …성령은 하나님의 사랑으로 신자들을 채우는 독특한 사역을 하신다. 바울이 여기서 가리키는 것은 삶에서 일어나는 성령의 역동적인 경험이다. …신자들은 이제 하나님의 진노를 모면하게 될 것을 마음으로 안다. 성령의 사역을 통해 자신들을 향한 하나님의 사랑을 지금 경험하기 때문이다.[9]

하나님은 반항하는 우리에게 큰 자비를 베푸신다. 복음을 통해 사랑 가운데 우리에게 다가오신다. 복음의 말씀을 우리 귀에 들려주시고 우리 마

---

8) Dunn, *Romans 1-8*, 253.
9) Thomas R. Schreiner, *Romans*, Baker Exegetical Commentary on the New Testament (Grand Rapids: Baker, 1998), 257.

음 가운데 역사하셔서 믿게 하신다. 복음은 확신을 동반한다. 용서와 확신을 약속하는 복음은 심판 날에 우리 마음을 강하게 해준다. 우리는 우리가 구원받고 지옥에 떨어지지 않는다는 것을 지금 알 수 있다. 그뿐만이 아니다.

우리 외부에 있는 복음의 확신에 더하여, 하나님은 우리 내면에서도 그분의 사랑을 증거하신다. 구체적으로는 성령을 통해 우리 내면에 그분의 사랑을 아낌없이 부어 주신다. 외적으로는 복음을 선포하심으로, 내적으로는 성령을 통해 우리가 그 사랑을 경험하게 하신다. 따라서 하나님은 우리 안팎에서 최종 구원에 대한 확신을 주신다.

우리의 입양에 대한 성령의 내적 증거(롬 8:14-17)

무릇 하나님의 영으로 인도함을 받는 사람은 곧 하나님의 아들이라 너희는 다시 무서워하는 종의 영을 받지 아니하고 양자의 영을 받았으므로 우리가 아빠 아버지라고 부르짖느니라 성령이 친히 우리의 영과 더불어 우리가 하나님의 자녀인 것을 증언하시나니 자녀이면 또한 상속자 곧 하나님의 상속자요 그리스도와 함께 한 상속자니 우리가 그와 함께 영광을 받기 위하여 고난도 함께 받아야 할 것이니라.

이 본문은 신자들에게 확신을 주시는 성령의 사역을 입양의 언어로 표현한다. 이 본문을 설명하기 전에, 입양 교리에 대한 성경의 가르침을 먼저 요약해 보려 한다. 바울은 입양을 단독으로 다루지는 않았다. 그는 하나님부터 시작해서 마지막에 있을 일까지 모든 것에 대해 이야기하면서 입양을 확장된 비유로 사용했다. 우리는 이 주제들을 차례로 살펴볼 것이다.

입양 신학

거룩하신 삼위일체는 하나님의 백성을 사랑하신다. 삼위일체의 처음 두 위격의 이름은 입양의 관점에서 자기 백성을 향한 하나님의 사랑을 표현하는 데 매우 적절하다. 하나님 아버지와 아들이라는 이름은 가족적이다. '성령'이라는 이름은 이 부분에서 잘 어울리지 않는 것 같다. 그래서 하나님은 어떻게 하시는가? 삼위일체 세 번째 위격의 이름을 바꾸어 주신다. 성령은 아버지의 '아들의 영'(갈 4:6)과 '양자의 영'(롬 8:15)으로 불리신다. 삼위일체의 각 위격은 우리를 사랑하시며 우리 입양에서 각자 맡은 역할이 있으시다.

하나님 아버지는 중요한 역할을 하신다. "우리로 사랑 안에서…그 기쁘신 뜻대로 우리를 예정하사 예수 그리스도로 말미암아 자기의 아들들이 되게 하셨으니…그의 은혜의 영광을 찬송하게 하려는 것이라"(엡 1:4-6). 우리의 입양은 아버지의 사랑과 뜻에 뿌리를 두고 있다. 하나님은 우리를 사랑하시고 택하셨기에 우리를 입양하셨다. 창세 전에 우리를 입양하려고 계획하셨다(엡 1:4). 아들이신 예수 그리스도로 말미암아 그렇게 하시려는 것이 그분의 계획이었다. 아버지는 예수님을 중보자로 보내려 하셨다.

그분의 죽음과 부활은 수많은 사람을 하나님의 자녀로 만들 것이다. 아버지는 독생자로 말미암아 신자들을 그분의 가족으로 삼으시고, 성령은 그들이 하나님을 진심으로 아버지라고 부를 수 있게 해주신다. 더 나아가서 이 모든 삼위일체의 행위는 하나님의 은혜의 영광을 찬송하게 하려는 것이다(엡 1:6).

인간은 하나님의 형상대로 창조되었고, 창조 때부터 그분의 자녀다. 그러나 첫 번째 조상 아담의 타락으로 하나님과 우리의 관계는 망가졌다. 그 결과, 타락한 사람들은 이 세상의 초등학문 아래에 있어서 종노릇하고 있다(갈 4:3). 잃어버린 사람들은 자신도 모르는 사이에 마귀의 영역에 속한다. 그들은 마귀의 자녀들(요일 3:10)이요 부지불식간에 마귀에게 복종한다. 그리스도 안에서만 그들은 하나님의 자녀들(요일 3:10)이 된다. 오직 그리스도 안에서만 "그러므로 네가 이후로는 종이 아니요 아들이니"(갈 4:7)라고 말할 수 있다. 따라서 입양의 관점에서 보면 잃어버린 사람들은 구세주가 절대적으로 필요한 죄의 종이다.

그리스도는 태생적으로 하나님의 독생자시다. 영원하신 하나님의 아들이시다. 아버지께 아들이 없거나 아들에게 아버지가 없었던 때는 없었다. 두 분의 관계는 영원하다. 예수님은 "아버지께서 창세 전부터 나를 사랑하시므로"(요 17:24)라고 말씀하신다.

성경은 영원하신 하나님의 아들이 반역자들을 구하려고 성육신하셨다고 가르친다. 하나님의 아들은 그렇게 하심으로 새로운 의미에서 입양되셨다. 인류의 대표자요 두 번째 아담이신 그분은 무덤에서 일어나셔서 우리를 대신하여 입양되셨다(행 13:32-33; 롬 1:3-4).[10] 아버지는 그분을 우리를 사랑하시고 우리를 위해 자신을 내어 주시며 부활로 죽음을 극복하신 아들로 선포하셨다. 우리가 믿음으로 그리스도와 하나 될 때 그분의 아들 됨이 우리 것이 되며 우리는 그분 안에서 하나님의 자녀가 된다.

반면 인류는 창조 때부터 하나님의 자녀였지만 타락 이후에는 본질적으로 죄의 노예다. 신자들은 독생자 아들을 믿는 믿음을 통해 은혜로 하나님의 자녀가 된다(갈 3:26; 요 1:12). 아버지는 그들을 그분의 가족, 성인 자녀로 입양하신다.[11]

입양의 관점에서 본 그리스도의 구원 사역은 구속을 완성하신다. 그리스도께서 십자가 죽음으로 종들을 속량하셔서 아들들이 되게 하신다. "하나님이 그 아들을 보내사 여자에게서 나게 하시고 율법 아래에 나게 하신 것은 율법 아래에 있는 자들을 속량하시고 우리로 아들의 명분을 얻게 하려 하심이라"(갈 4:4-5).

바울은 이 속량이 어떤 형태를 취하는지 설명한다. "그리스도께서 우리를 위하여 저주를 받은 바 되사 율법의 저주에서 우리를 속량하셨으니 기록된 바 나무에 달린 자마다 저주 아래에 있는 자라 하였음이라"(갈 3:13). 거룩하신 하나님의 아들이 우리를 위하여 율법의 형벌, 곧 저주를 받으셨다. 그래서 우리는 속량을 받고 하나님의 저주가 아닌 축복을 받게 된다(갈 3:14).

---

10) Robert A. Peterson, *Adopted by God* (Phillipsburg, NJ: P&R Publishing, 2001), 59-63.
11) Sinclair B. Ferguson, *Children of the Living God* (Edinburgh: Banner of Truth Trust, 1989).

칭의와 마찬가지로 입양도 그리스도를 믿는 믿음을 통해 은혜로 가능하다. "너희가 다 믿음으로 말미암아 그리스도 예수 안에서 하나님의 아들이 되었으니"(갈 3:26). 요한도 같은 내용을 가르친다. "(그리스도를) 영접하는 자 곧 그 이름을 믿는 자들에게는 하나님의 자녀가 되는 권세를 주셨으니"(요 1:12).

여기서 성령이 하시는 핵심 역할은 입양에 관한 내용을 다 마친 뒤에 살펴볼 것이다.

그리스도인의 삶은 하나님을 아버지로, 그리스도를 형제로 아는 삶이다. 이 삶은 쉽지 않은데, 하나님이 "그와 함께 영광을 받기 위하여 고난도 함께 받아야 할 것이니라"(롬 8:17)라고 요구하시기 때문이다. 그러나 이 삶은 하나님의 사랑을 우리 마음에 증언하시는 양자의 영 성령과 교제하는 삶이기도 하다(롬 8:16).

입양의 관점에서 보면 교회는 하나님의 가족이다. 세례와 성만찬은 가족 행사다. 세례는 가족이 되는 의식이고, 성만찬은 가족 식사라고 할 수 있다. 교회의 징계는 가족의 훈육이다.[12]

입양은 마지막 날에 대해서도 많은 것을 가르친다. 신자들은 아들이자 상속자다. "자녀이면 또한 상속자 곧 하나님의 상속자요 그리스도와 함께 한 상속자니"(롬 8:17). 사실 이들의 지위는 완전히 뒤바뀐 것이다. 그리스도를 구세주로 믿는 사람은 이후로는 종이 아니요 아들이니 아들이면

---

12) Peterson, *Adopted by God*, 145-157.

하나님으로 말미암아 유업을 받을 자다(갈 4:7). 신자들은 죄악된 세상에서 하나님을 위해 살면서 자신과 다른 사람들의 죄에 맞서 싸우기 때문에 속으로 탄식하여 양자 될 것, 곧 우리 몸의 속량을 기다린다(롬 8:23). 우리는 부활 때에 영광 가운데 그 아들의 형상을 본받게 될 것이다(롬 8:29).

성령의 역할
믿음의 선물

바울은 입양이라는 확장된 비유로, 그리스도 안에 있는 우리의 정체성과 하나님이 우리가 어떻게 살기 원하시는지에 대해 가르친다. 그는 성령을 빠뜨리지 않는다. 성령은 입양에서 두 가지 역할을 하신다. 그분은 "신자에게 아들의 신분을 부여하고 확증하시는 행위자시다."[13] 첫째, 성령은 구원하는 믿음으로 우리가 하나님께 부르짖게 하신다. "너희는 다시 무서워하는 종의 영을 받지 아니하고 양자의 영을 받았으므로 우리가 아빠 아버지라고 부르짖느니라"(롬 8:15). 성령은 하나님의 백성에게 구원하는 믿음이라는 선물을 주신다. 성령은 "우리가 예수 그리스도를 믿게 하실 수 있다. 우리는 그분을 통해서만 하나님을 아버지라고 제대로 부를 수 있다."[14] 성령이 우리 마음속에 일하시면 하나님은 우리의 두려움을 신뢰와 평안과 안정감으로 바꾸어 주신다.

---

[13] Douglas J. Moo, *The Epistle to the Romans*, New International Commentary on the New Testament (Grand Rapids: Eerdmans, 1996), 502.

[14] C. E. B. Cranfield, *A Critical and Exegetical Commentary on the Epistle to the Romans*, 2 vols., International Critical Commentary (Edinburgh: T&T Clark, 1975), 1:403.

여기서 '아빠'라는 단어의 의미에 주목할 필요가 있는데, 이것이 입양을 아주 사랑스럽게 만드는 한 가지 특징이기 때문이다. 제임스 던의 말은 여기 인용해서 강조할 필요가 있다.

일반적으로 '아빠'라는 말은 예수님의 기도 생활의 특징으로 인정되곤 한다. …가까운 가족 관계에서 사용하는 대화체에서 볼 수 있듯이, 예수님이 사용하신 '아빠'라는 단어가 대개 예수님 편에서의 친밀감을 암시한다고 주장할 근거가 있다. …이는 사람들이 이 언어를 예수님의 언어로 기억했음을 증명한다. 신자들은 예수님이 사용하신 단어로 하나님께 부르짖었기에 그들이 예수님의 아들 됨과 기업을 공유한다는 것을 확신할 수 있었다(롬 8:16-17).[15]

내적 증거

둘째, 성령은 모든 신자에게 하나님의 사랑과 그들의 아들 됨을 확인해 주신다. "성령이 친히 우리의 영과 더불어 우리가 하나님의 자녀인 것을 증언하시나니"(롬 8:16). 이것이 성령의 내적 증거다. 하나님은 세 가지 주요한 방법으로 구원의 확신을 주신다. 첫째, 말씀으로 확신을 주신다. 우리를 구원하시고(복음) 지키시겠다는(보전) 약속 때문에 우리는 최종 구원을 확신할 수 있다. 둘째, 우리에게 확신을 주시려고 우리 삶에서 역사하신

---

15) Dunn, *Romans 1-8*, 453-454.

다. 우리에게 그분을 사랑하고 섬길 동기를 부여하시고 죄를 점점 더 깨닫게 하신다. 세 번째이자 여기서 가장 중요한 방법은, 하나님이 그분이 우리 아버지시며 우리가 그분의 자녀인 것을 우리 마음속에서 신비롭게 증언하신다는 것이다.

바울은 입양을 다룬 더 긴 본문(갈 3:26-4:7)에서 비슷하게 말한다. "너희가 아들이므로 하나님이 그 아들의 영을 우리 마음 가운데 보내사 아빠 아버지라 부르게 하셨느니라"(갈 4:6). 이 본문은 입양에서 삼위일체가 맡으신 역할을 강조한다. 아버지는 아들을 보내셔서 동정녀 마리아에게서와 율법 아래서 나게 하시고 다른 누구도 대신할 수 없는 속량을 감당하게 하셨다. 하나님이신 아들은 자기 백성을 그들의 죄에서 구원하실 수 있었고, 신인이신 그는 율법에 온전히 순종하여 그 백성을 대신해 죽으셨다. 그분의 저주받은 죽음은 율법의 저주와 죄의 속박에서 그들을 속량하신다(갈 3:13, 4:4, 6). 그 결과 하나님의 은혜로 구세주 그리스도를 믿게 된 자들은 아들의 명분을 얻게 되었다(갈 4:5). 그리고 하나님이 그 아들의 영을 우리 마음 가운데 보내사 아빠 아버지라 부르게 하셨다(갈 4:6).

아버지는 그 아들의 영을 신자들 마음에 보내셨다. 그분은 그리스도의 영이시다. 기름 부음을 받은 그리스도께서 세례 받으실 때 성령을 받으셔서 그분의 죽음과 부활과 승천 이후 성령을 부어 주실 수 있었기 때문에 그분은 아버지의 계획에 따라 오순절에 이 일을 실행하셨다. 아버지는 이 아들의 영을 우리 마음에 보내 주셨다. 무슨 목적이었는가? 슈라이너는 이렇게 답한다. "바울은 그들이 진정으로 하나님의 아들들임을 확증하려고 성령의 보내심을 소개한다. …여기서 핵심은 성령이 그들이 아들이라는 사실을 확증하고 증명하고 재가하신다는 것이다."[16]

우리는 아버지가 그 영을 어디에 보내셨는지에 주목한다. 바로 그리스도인들의 마음이다. 리처드 N. 롱게네커(Richard N. Longenecker)는 이렇게 설명한다. "마음을 일반적으로 한 사람의 지적·정서적 삶의 자리로…특히 도덕적·영적 삶의 중심으로 사용하는 것은 성경적 사고에서 흔히 볼 수 있는 일이다."[17] 신자들의 삶에서 성령의 주요한 목적이 무엇인지 분명히 하는 것은 더더욱 중요하다. 다시 한 번 롱게네커가 도움이 될 것 같다.

그러나 흔히들 생각하는 것과 달리, 한 사람의 삶에서 성령의 주요한 역할은 예수님을 믿는 신자가 영적이거나 은사적인 사람이 되게 하는 것이 아니다. 오히려 그리스도의 사역으로 맺어진 하나님과 신자의 부자 관계를 증언하는 것이다. 신자에게도(갈 3:2, 5), 하나님 아버지께도(갈 4:6) 증언하신다.[18]

다시 말해, 성령은 아들 됨의 확신을 주신다. 슈라이너도 동의한다. "갈라디아인들이 진정으로 하나님의 입양된 아들이라는 근본적인 증거는 하

---

16) Thomas R. Schreiner, *Galatians*, Zondervan Exegetical Commentary on the New Testament (Grand Rapids: Zondervan, 2010), 272.
17) Richard N. Longenecker, *Galatians*, Word Biblical Commentary (Nashville: Nelson, 1990), 174.
18) Longenecker, *Galatians*, 174.

나님이 그들에게 성령을 주셨다는 것이다. 하나님이 그들의 아버지라고 환호하는 데서 그들의 아들 됨이 표현된다. …그리고 성령이 그들 마음에 확인해 주시기 때문에 갈라디아인들은 그들이 진정한 신자임을 안다."[19]

요약하자면, 갈라디아서 4장 6절과 로마서 8장 15-16절은 표현은 다르지만 메시지는 중첩된다. 롱게네커의 언급대로 "신자 편에서 하나님 아버지께 간구하시는 분은 성령이시다. 물론, 같은 뜻으로 바울은 신자가 성령의 영을 받아 하나님 아버지께 부르짖는다고 말할 수도 있다(롬 8:15)."[20] "성령이 친히 우리의 영과 더불어 우리가 하나님의 자녀인 것을 증언하시나니"(롬 8:16)라는 바울의 글도 비슷하다.

하나님은 우리를 사랑하시고, 그분이 우리 하나님이시며 우리가 그분 것임을 우리가 알기 원하신다. 하나님은 말씀에서 그렇게 이야기하시고, 우리 삶에 그 증거를 주시며, 성령을 통해 우리 안에서 그렇게 증언하신다. 그분의 거룩하신 이름을 찬양하자!

요한일서 3-5장에 나타난 거하심에 대한 성령의 내적 증거

사람들이 항상 인식하지는 못하지만, 사도 요한도 바울처럼 성령이 그리스도인들에게 하나님과의 관계를 확인해 준다고 가르친다. 요한일서에 그 내용이 잘 나와 있다.

---

[19] Schreiner, *Galatians*, 271, 272.
[20] Longenecker, *Galatians*, 174.

우리 안에 거하시는 하나님을 증언하시는 성령(요일 3:19-24)

이로써 우리가 진리에 속한 줄을 알고 또 우리 마음을 주 앞에서 굳세게 하리니 이는 우리 마음이 혹 우리를 책망할 일이 있어도 하나님은 우리 마음보다 크시고 모든 것을 아시기 때문이라 사랑하는 자들아 만일 우리 마음이 우리를 책망할 것이 없으면 하나님 앞에서 담대함을 얻고 무엇이든지 구하는 바를 그에게서 받나니 이는 우리가 그의 계명을 지키고 그 앞에서 기뻐하시는 것을 행함이라 그의 계명은 이것이니 곧 그 아들 예수 그리스도의 이름을 믿고 그가 우리에게 주신 계명대로 서로 사랑할 것이니라 그의 계명을 지키는 자는 주 안에 거하고 주는 그의 안에 거하시나니 우리에게 주신 성령으로 말미암아 그가 우리 안에 거하시는 줄을 우리가 아느니라.

요한은 이렇게 시작한다. "이로써 우리가 진리에 속한 줄을 알고 또 우리 마음을 주 앞에서 굳세게 하리니"(요일 3:19). 문맥을 보면 '이로써'는 앞의 내용과 관련이 있다. 요한은 동시대 헬라인이나 유대인들과는 다르게 사랑을 정의한다. 그리스도께서 우리를 위하여 목숨을 버리신 것을 사랑으로 정의한 것이다.

요한은 서신을 읽는 이들에게 그리스도의 본보기를 따라서 서로 그렇게 하라고 권면한다(요일 3:16). 그는 궁핍한 사람을 보고 도와줄 방법이 있으면서도 아무것도 하지 않는 이기적인 사람의 믿음의 고백을 거부한다(요일 3:17). 요한은 독자들에게 말로만이 아니라 행함으로 사랑하라고 촉구한다(요일 3:18). 이는 우리 믿음의 실체를 드러내고 우리 마음을 굳세게 해 준다(요일 3:19). 로버트 W. 야브로(Robert W. Yarbrough)의 지적에는 통찰력이 있다. "그렇다면 말과 행동으로 사랑한다는 것은 신자의 정체성과 삶의 근본이 진리라는 것, 곧 요한의 준거틀로는 그리스도임을 더 확실히 아는 것이다(요 14:6; 참조. 요 1:14, 17, 8:32). 요한이 말하는 확신의 첫 단어는 독자들에게 예수님을 가리킨다."[21]

계속해서 요한은 말한다. "이로써…우리 마음을 주 앞에서 굳세게 하리니"(요일 3:19). 요한일서 3장 16-18절에서 요청하는 자기 평가에도 불구하고, 독자들은 하나님 앞에서 마음을 굳세게 할 수 있다. 온전하게 사랑하라는 명령을 이루어 드릴 수 없는 무능력에도 불구하고 말이다. 그들은 올바른 마음의 태도를 지니고 있고, 다른 사람들에게 진정성 있지만 불완전한 사랑을 보이기 때문이다.

그들은 자신의 부족함을 인식할 때조차 확신할 수 있다. "이는 우리 마음이 혹 우리를 책망할 일이 있어도 하나님은 우리 마음보다 크시고 모든 것을 아시기 때문이라"(요일 3:20). 우리는 다른 사람을 향한 사랑이 부족할 때조차 크고 자비로우신 하나님 안에서 위안을 찾을 수 있다. 야브로가 설명하는 것처럼, 죄로 마음이 무거울 때 우리는 감히 하나님에게서 도망치지 말고 회개하면서 그분께 나아가야 한다.

---

21) Robert W. Yarbrough, *1-3 John*, Baker Exegetical Commentary on the New Testament (Grand Rapids: Baker Academic, 2018), 209.

하나님의 크심은 인간의 마음 상태와 관련이 있다. 요한이 보기에 '하나님이 우리 마음보다 크시다.'라는 것은, 하나님이 (예를 들어 이슬람교의 알라처럼) 우리 마음을 초월하셔서 인격적인 접촉점이 없다는 의미에서가 아니라, 고귀하신 주님이 개인에게 위안을 주신다는 의미에서 그렇다는 것이다. …우리 양심이 정죄할 때 하나님은 그 판결을 무효화하신다.[22]

요한은 "사랑하는 자들아 만일 우리 마음이 우리를 책망할 것이 없으면 하나님 앞에서 담대함을 얻고 무엇이든지 구하는 바를 그에게서 받나니 이는 우리가 그의 계명을 지키고 그 앞에서 기뻐하시는 것을 행함이라"(요일 3:21-22)라고 말한다. 만약 우리 마음이 우리를 책망하면, 우리는 회개하면서 아버지께 달려가고 아버지는 자비로 우리를 위로하신다. 또 우리 마음이 우리를 책망할 것이 없으면, 우리는 아버지와의 관계를 계속해서 확신할 수 있다. 이 확신에는 두 가지 측면이 있다. 우리는 구원과 기도 응답의 확신을 받는다. 우리가 하나님과 동행할 때 그분이 우리 기도를 들으신다는 확신을 얻는다. 하나님을 사랑하고 그분께 순종할 때 이 확신이 더 커진다. "우리가 그의 계명을 지키고 그 앞에서 기뻐하시는 것을 행함이라"(요일 3:22).

---

22) Yarbrough, *1-3 John*, 211. 야브로(Robert W. Yarbrough)는 다음 책에서 인용했다. Gary M. Burge, *The Letters of John*, NIV Application Commentary (Grand Rapids: Zondervan, 1996), 164.

요한은 하나님의 계명이 무엇인지 말해 준다. "그의 계명은 이것이니 곧 그 아들 예수 그리스도의 이름을 믿고 그가 우리에게 주신 계명대로 서로 사랑할 것이니라"(요일 3:23). 요한은 믿는 독자들에게 영생을 확신시켜 주기 위해 이 편지를 쓴다(요일 5:13). 그는 그들 가운데 생명이 있음을 알려 주는 세 가지 증거를 가리킨다. 이는 예수님에 대한 진리를 믿는 것, 하나님께 순종하는 것, 서로 사랑하는 것이다. 여기서 그는 이 셋을 하나로 합친다. 우리는 예수님을 믿고 서로 사랑하라는 하나님의 계명에 순종해야 한다. 요한일서에서 저자가 주제들을 엮고 이 주제에서 저 주제로 자유롭게 이동할 때의 특징이 바로 이것이다. 여기서는 믿음과 순종과 사랑의 관련성을 강조하는 효과가 있다. 이것들은 모두 영생에 대한 증거다.

요한은 신자들과 하나님의 상호 거함과 성령의 확신을 이야기하면서 이 단락을 마무리한다. 그는 "그의 계명을 지키는 자는 주 안에 거하고 주는 그의 안에 거하시나니"(요일 3:24)라고 쓴다. 요한은 신자들과 하나님의 다정한 관계에 대해 많이 말한다. 그는 서로 안에 산다는 상호 거함의 친밀한 언어로 그 관계를 표현한다. 순종하는 신자들은 하나님 안에 거하고 하나님도 그들 안에 거하신다. 이 표현을 이해하려면 삼위일체에 대해 알아야 한다. 성부, 성자, 성령 세 위격으로 한 하나님이 영원히 존재하신다. 세 위격은 서로 다르지만 분리할 수 없다. 또한 서로 안에 거하신다(요 14:10-11). 곧 삼위의 각 위격은 온전한 하나님이시다. 놀랍게도 요한은 신자들이 어떤 의미에서 이 상호 거함에 참여한다고 가르친다. 이 말씀은 창조주와 피조물의 구별을 무너뜨리는 것이 아니다. 삼위일체의 상호 내주는 영원하고 본질적이지만, 우리와 하나님 사이의 상호 내주는 그리스도를 믿는 믿음을 통해 은혜로 가능하기 때문이다. 그럼에도 요한은 복음서와 서신서 모두에서 신자들이 하나님 안에 거하고 하나님이 그들 안에 거하신다고 말한다(요 17:21; 요일 4:13-16).

성령은 요한이 이 본문에서 말하는 확신과 무슨 상관이 있는가? 크게 상관이 있다. "(이로써) 우리에게 주신 성령으로 말미암아 그가 우리 안에 거하시는 줄을 우리가 아느니라"(요일 3:24. 괄호 안에 있는 '이로써'는 이 번역서가 우리말 성경의 표준으로 따르고 있는 개역개정에 번역되어 있지 않다–편집자 주). 여기서 '이로써'는 요한일서 3장 19절의 '이로써'와 마찬가지로 앞쪽의 내용, 즉 하나님의 계명을 지키는 것을 가리킨다.

성령은 신자들이 하나님께 순종하고 다른 신자들을 사랑할 때 그들의 내면에 확신을 주신다. 야브로도 동의한다. "신자들은 하나님(혹은 그리스도)이 주신 성령을 통해 그들이 믿고 사랑하라는 계명을 지킬 때, 그들이 그리스도 안에 거하고 그리스도께서 그들 안에 거하시는 것을 안다."[23] 성령은 신자들의 내면에 그들이 아버지와 아들 안에 거하고 아버지와 아들이 신자들 가운데 거하신다는 확신을 주신다.

신자들의 책망하는 양심이 하나님과의 관계에 의문을 제기하는 일은 드물지 않다. 하나님의 계명을 완벽하게 순종하는 것이 확신의 근거라고

---

23) Yarbrough, *1-3 John*, 216.

여겨 자신을 지나치게 다그칠 수도 있다. 그래서 요한은 우리에게 더 믿을 만한 확신의 근거를 가리킨다. 하나님이 주신 성령은 하나님이 우리 안에 거하시는 것을 확신시켜 주신다는 것이다. 요한도 바울처럼 성령의 증언을 그리스도인의 삶에서 큰 위로로 간주한다.

상호 거주를 증언하시는 성령(요일 4:13-16)

그의 성령을 우리에게 주시므로 우리가 그 안에 거하고 그가 우리 안에 거하시는 줄을 아느니라 아버지가 아들을 세상의 구주로 보내신 것을 우리가 보았고 또 증언하노니 누구든지 예수를 하나님의 아들이라 시인하면 하나님이 그의 안에 거하시고 그도 하나님 안에 거하느니라 하나님이 우리를 사랑하시는 사랑을 우리가 알고 믿었노니 하나님은 사랑이시라 사랑 안에 거하는 자는 하나님 안에 거하고 하나님도 그의 안에 거하시느니라.

이번에도 요한은 성령과 확신을 연관 짓는다. 앞에서 그는 성령이 그리스도인들에게 하나님이 그들 안에 거하신다는 확신을 주신다고 이야기했다(요일 3:24). 이제 그는 성령이 신자들에게 하나님과 그들이 상호 거한다는 확신을 주신다고 말한다. "그의 성령을 우리에게 주시므로 우리가 그 안에 거하고 그가 우리 안에 거하시는 줄을 아느니라"(요일 4:13). 하나님이 성령을 주셨기에 신자들은 하나님이 그들 안에 거하시고 그들이 하나님 안에 거하는 것을 안다.

다시 한 번 성령은 우리의 최종 구원을 확인해 주시는 역할을 한다. 다음 구절들이 암시하듯이, 성령의 내적 증거가 하나님의 말씀과 동떨어져 있지 않다는 점에 주목해야 한다. 성령은 예수님의 성육신과 구원 사역에 대한 사도들의 증거에 동의하신다. 예수님의 부활을 직접 목격한 사도들은 신약 신앙의 토대다. 성령은 아버지가 아들을 세상의 구주로 보내신 것을 믿는 이들의 내면에서 증언하신다(요일 4:14).

삼위일체는 우리를 구원하시려고 함께 일하신다. 아버지는 아들을 세상에 보내신다. 아들은 죄 없이 사시고 죄인들을 위해 죽으시며 부활하셔서 그분을 믿는 모든 사람에게 영생을 약속하신다. 성령은 자신이 하나님과 하나 되고 하나님이 자신과 하나라고 믿는 사람들에게 확신을 주신다. 오직 그리스도 안에 있는 신자들만이 성령의 내적 증거를 찾을 수 있다. 성령은 그리스도를 아는 이들에게 하나님의 임재를 확인해 주신다.

그리고 하나님은 예수님이 하나님의 독생자라고 인정하는 사람들 안에만 거하신다(요일 4:15). 또한 그들도 하나님 안에 거한다. 요한은 하나님이 사랑이시라고 증언한다. 이는 하나님이 아들을 보내셔서 우리를 구원하신 이유를 설명해 준다. 우리는 그리스도를 믿을 때 하나님이 우리를 사랑하시는 사랑을 알고 믿는다(요일 4:16). 그 결과 우리는 하나님의 사랑으로 서로 사랑한다. 우리 삶 가운데 일하시는 하나님의 역사가 그분이 우리 소유요 우리가 그분의 소유라는 확신을 준다. 또한 이 확신은 우리를 사랑하시고 우리에게 내주하시는 성령과 상응한다.

이번에도 야브로가 정곡을 찌른다.

요한일서 4장 13절에서 요한은 신자들이 그들에게 다가온 하나님의 사랑으로 다른 사람들에게 다가갈 때 하나님이 그들 가운데 계심을 확신하는 것에 있어서 성령이 하시는 역할을 이야기한다. …성령은 신자들이 이 상호성을 있는 그대로 보게 하시는 연결 고리요 행위자시다. 그들이 받은 메시지의 진실성과 그들에게 요청되는 윤리의 중요성을 확신시켜 주시면서 그들 가운데 계신 하나님의 임재의 표시다.[24]

아들 안에 있는 영생을 증언하시는 성령(요일 5:6-12)

이는 물과 피로 임하신 이시니 곧 예수 그리스도시라 물로만 아니요 물과 피로 임하셨고 증언하는 이는 성령이시니 성령은 진리니라 증언하는 이가 셋이니 성령과 물과 피라 또한 이 셋은 합하여 하나이니라 만일 우리가 사람들의 증언을 받을진대 하나님의 증거는 더욱 크도다 하나님의 증거는 이것이니 그의 아들에 대하여 증언하신 것이니라 하나님의 아들을 믿는 자는 자기 안에 증거가 있고 하나님을 믿지 아니하는 자는 하나님을 거짓말하는 자로 만드나니 이는 하나님께서 그 아들에 대하여 증언하신 증거를 믿지 아니하였음이라 또 증거는 이것이니 하나님이 우리에게 영생을 주신 것과 이 생명이 그의 아들 안에 있는 그것이니라 아들이 있는 자에게는 생명이 있고 하나님의 아들이 없는 자에게는 생명이 없느니라.

---

24) Yarbrough, *1-3 John*, 246.

요한은 요한일서 5장 1-5절에서 구원을 주시는 예수님에 대한 믿음의 중요성을 강조한다. 이제 그는 믿음의 내용, 곧 구원받기 위해서는 무엇을 믿어야 하는지에 초점을 맞춘다. 거듭남이 믿음의 원인이다(요일 5:1). 거듭난 모든 이는 그리스도에 대한 믿음으로 하나님을 반대하는 세상을 정복한다. 요한일서 5장 5절은 다리 역할이다. "예수께서 하나님의 아들이심을 믿는 자가 아니면 세상을 이기는 자가 누구냐."

요한은 예수님이 '물과 피로 임하신 이'라고 확언한다(요일 5:6). 그는 예수님의 지상 사역의 처음과 끝에 이정표를 세운다. '물'은 예수님의 사역이 시작된 그분의 세례를 가리킨다. '피'는 십자가에서 돌아가신 예수님의 속죄의 죽음을 가리킨다(참고. 요일 4:10). 요한은 예수님이 역사 속에 살고 죽으셨다고 반복해서 강조한다(요일 5:6). 사도 요한은 이 진리를 확인해 주려고 기록을 남긴다. 그분은 혼자가 아니시다. "증언하는 이는 성령이시니 성령은 진리니라"(요일 5:6)라고 했기 때문이다.

요한은 진리와 삼위일체를 연관 짓는다. 그는 아버지(요 4:23-24, 17:17)와 아들(요 1:14, 17, 14:6, 18:37)을 진리와 연결하지만, 대부분은 성령과 진리를 연결한다.

> 내가 아버지께 구하겠으니 그가 또 다른 보혜사를 너희에게 주사 영원토록 너희와 함께 있게 하리니 그는 진리의 영이라(요 14:16-17).
>
> 내가 아버지께로부터 너희에게 보낼 보혜사 곧 아버지께로부터 나오시는 진리의 성령이 오실 때에 그가 나를 증언하실 것이요(요 15:26).

그러나 진리의 성령이 오시면 그가 너희를 모든 진리 가운데로 인도하시리니 그가 스스로 말하지 않고 오직 들은 것을 말하며 장래 일을 너희에게 알리시리라(요 16:13).

우리는 하나님께 속하였으니 하나님을 아는 자는 우리의 말을 듣고 하나님께 속하지 아니한 자는 우리의 말을 듣지 아니하나니 진리의 영과 미혹의 영을 이로써 아느니라(요일 4:6).

증언하는 이는 성령이시니 성령은 진리니라(5:6).

마지막 인용구는 우리가 살펴보고 있는 본문에 들어 있다. 요한이 성령과 진리를 자주 연관 짓기 때문에 그가 성령을 예수님의 세례와 십자가 처형의 증인으로 언급하는 것은 적절하다. 요한은 역사와 진리에 믿음의 근거를 둔다(요일 5:1-12). 아버지와 아들과 마찬가지로 성령도 진리이시요 진리를 말씀하신다. 모세와 예수님과 바울은 두세 명의 증언에 확정하는 힘이 있음을 언급한다(신 19:15; 마 18:16; 고후 13:1). 요한도 같은 말을 한다. "증언하는 이가 셋이니 성령과 물과 피라 또한 이 셋은 합하여 하나이니라"(요일 5:7-8).

요한은 우리가 인간의 말을 자주 수용한다고 지적한다. 그렇다면 아들에 대한 하나님의 증언은 얼마나 더 크게 받아들여야 하겠는가(요일 5:9). 사람들은 영생을 얻기 위해 아들에 대한 하나님의 증언을 믿어야 한다. 믿지 않는 사람들은 그 증언을 거부하고 그 때문에 하나님을 거짓말하는 자로 만든다.

사람이 구원을 받으려면 성령이 증언하시는 물과 피에 담긴 하나님의 외적 증거를 내면화해야 한다. 더구나 하나님은 성령을 통해 친히 복음의 진리를 내적으로 증거하신다. "하나님의 아들을 믿는 자는 자기 안에 증거가 있고"(요일 5:10).

여기서 요한은 바울이 말하는 성령의 내적 증거와 비슷한 것을 제시한다. 성령은 예수님의 생애와 사역, 속량의 죽음이라는 진리를 외적으로 확인해 주실 뿐 아니라, 예수님이 하나님의 아들이시요 인류의 구세주이심을 내적으로 확인해 주신다. 기본적인 내용으로 요약하면, 이것이 바로 복음이다. "하나님이 우리에게 영생을 주신 것과 이 생명이 그의 아들 안에 있는 그것이니라"(요일 5:11).

그다음에는 "아들이 있는 자에게는 생명이 있고 하나님의 아들이 없는 자에게는 생명이 없느니라"(요일 5:12)라는 말씀이 이어진다. '있는 자들'은 그들을 죄에서 깨끗하게 하시고 영생을 주시는 예수님에 대한 순전한 믿음을 보여 준다. 반대로, '없는 자들'은 주님이시요 구세주이신 그리스도를 거부한다.

요한은 요한일서의 세 본문에서, 하나님이 우리 안에 거하시고 우리가 하나님 안에 거하며 우리가 우리를 위해 구원을 완성하신 하나님의 아들 안에서 영생을 소유하고 있음을 성령이 증거하신다고 가르친다. 성령은 우리의 확신에서 부차적이지만 중요한 역할을 하신다.

결론

바울은 하나님이 죄를 범한 인류에게 자비로우시다고 가르친다. 하나님은 그리스도 안에서 그분의 용서를 맛본 사람들을 통해 우리에게 사랑과 구원의 메시지를 전해 주신다. 그분은 성령을 통해 믿음의 선물을 주셔서 우리가 그분을 알 수 있게 하신다.

용서의 약속이 담긴 복음은 확신을 가져다준다. 또한 하나님은 성령을 통해 그분의 사랑을 내적으로 증거하신다. 하나님은 우리가 외적으로는 복음으로 선포되고 내적으로는 성령이 증거하시는 그분의 사랑을 경험하게 하신다. "우리에게 주신 성령으로 말미암아 하나님의 사랑이 우리 마음에 부은 바 됨이니"(롬 5:5).

성령의 인격과 사역을 지나치게 강조하는 사람들이 있는가 하면, 아예 무시하는 사람들도 있다. 성경이 그리는 확신은 더 나은 균형을 요구한다. 확신의 문제에 있어서는 말씀에 우선순위를 두면서 내면에서 성령을 찾는 것이 적절하다. 성경이 우리에게 그 방향을 가리키기 때문이다. 우리 중 더 많은 사람이 내주하시는 성령과 더 많이 대화하고 우리를 향한 아버지의 사랑을 증언하시는 성령의 내적 증거를 누릴 필요가 있다.

입양은 우리에게 적용된 구원을 묘사하는 성경의 아름다운 그림이다. 자녀를 선택하시는 아버지의 역할 및 그들을 속량하시는 아들의 역할과 함께 성령도 역할을 담당하신다. 성령은 우리에게 입양을 허락하시고 확인해 주시는 하나님의 행위자시다. 첫째, 성령은 우리가 구원의 믿음 가운데 하나님께 부르짖게 하신다. "너희는…양자의 영을 받았으므로 우리가 아빠 아버지라고 부르짖느니라"(롬 8:15). 둘째, 양자의 영은 우리가 아들 된 것을 확신하게 해주신다. "성령이 친히 우리의 영과 더불어 우리가 하나님의 자녀인 것을 증언하시나니"(롬 8:16). 성령의 신비로운 내적 증거는 하나님이 우리 아버지시고 우리가 그분의 자녀인 것을 우리 마음에 증언해 주신다.

1장에 나왔던 스티브를 기억하는가? 그는 민감한 마음과 강렬한 감정 때문에 때로 영적인 괴로움에 빠져 자신이 구원받았다는 사실을 의심하곤 했다. 영적 의사(목사)라면 그에게 강력한 입양 교리를 부분적인 치료제로 처방해 줄 수 있을 것이다.

스티브는 로마서 8장 14-17절과 갈라디아서 3장 26절-4장 7절을 묵상하면서 그 말씀이 마음 깊은 곳에 자리 잡게 해야 할 필요가 있다. 복음을 이미 믿는 스티브는 성령의 내적 증거가 그의 마음에 어떻게 드러나는지 찾아야 한다(롬 8:16). 하나님이 자신의 정서적 기질을 바꿔 주시기를 기대하지 말고, 하나님의 진리를 알고 그 지식을 마음에 적용하면서 만족을 찾아야 한다.

요한도 성령과 확신을 연관 짓는다. 성령은 우리가 그리스도를 믿고 순종할 때 그리스도께서 우리 안에 거하심을 알게 하신다(요일 3:24). 책망하는 양심과 확신의 근거를 행위에 두려는 압박은 의심을 불러일으킨다. 우리는 더 믿을 만한 확신의 근거가 있기에 감사할 수 있다. 하나님이 주신 성령은 하나님이 우리 안에 거하심을 확신시켜 주신다.

하나님이 신자들에게 성령을 주셨기 때문에 신자들은 하나님이 그들 가운데 거하시고 그들이 하나님 안에 거하는 것을 안다(요일 4:13). 성령의 내적 증거는 하나님의 말씀과 동떨어져 있지 않다. 성령은 예수님의 성육신과 구원 사역에 대한 사도들의 증거에 동의하신다(요일 4:14). 우리가 하나님과 함께 거한다는 성령의 확신은 우리를 감동시켜 다른 사람들과 그 사랑을 나누게 하신다.

요한은 성령이 예수님의 세례(물)와 십자가 처형(피)을 증거하신다고 말한다. 아버지와 아들과 마찬가지로 성령도 진리이시요 진리만을 말씀하신다. 우리가 사람들의 증언을 받아들인다면 아들에 대한 하나님의 증언은 얼마나 더 크게 받아들여야 하겠는가(요일 5:9).

성령과 물과 피가 그리스도의 위격과 사역을 증언한다. 사람이 영생을 받기 위해서는 아들에 대한 하나님의 증거를 믿어야 한다. 더구나 성령도 복음의 진리를 내적으로 증언하신다. "하나님의 아들을 믿는 자는 자기 안에 증거가 있고"(요일 5:10). 예수님에 대한 순전한 믿음을 보여 주는 자들에게는 영생이 있지만, 그리스도를 거부하는 자들에게는 영생이 없다(요일 5:12).

바울과 요한은 확신의 가장 중요한 근거가 복음을 믿는 것이라는 데 동의한다. 복음에는 우리를 구원하시고 지키신다는 하나님의 약속이 들어 있다. 바울과 요한은 성령이 심판 날에 그리스도인들에게 확신을 주시는 일에서 중요한 확증을 위한 내적 역할을 하신다는 데도 의견을 같이한다.

그뿐 아니라 하나님은 세 번째 방식으로 자녀들에게 확신을 주신다. 바로 그들의 삶에 역사하시는 것이다.

이제부터 그 주제를 살펴보려 한다.

Part 3

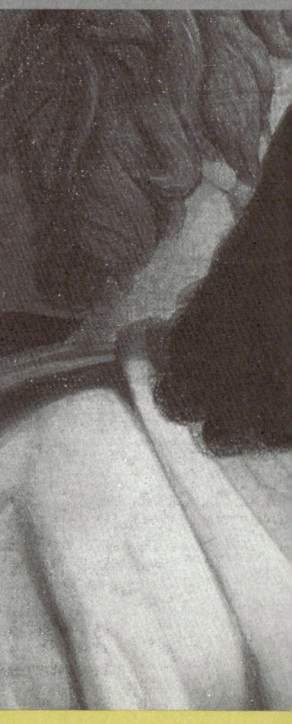

확신과 변화된 삶

07

THE ASSURANCE OF SALVATION

선행의 역할

로버트 N. 윌킨(Robert N. Wilkin)과 은혜복음주의협회(Grace Evangelical Society)는 선행이 확신에서 아무 역할도 하지 않는다고 확신했다.

우리가 영생의 약속(예를 들어 요한복음 3장 16절)을 믿는다면 확신을 얻는다. 그것은 아주 단순하다. 확신을 얻으려고 자신의 행위를 살필 필요는 없다. 최후 심판 자리에서 자신이 구원받지 못한 것을 알게 될까 봐 남몰래 두려워하지 않아도 된다. 오히려 우리는 예수님의 약속, 그분을 믿는 자는 "영생을 얻었고(현재 시제) 심판에 이르지 아니하나니(미래 시제) 사망에서 생명으로 옮겼느니라(과거 시제)"(요 5:24)라는 약속을 믿는다. 우리는 이 안정감을 누린다.[1]

---

1) Robert N. Wilkin, "Christians Will Be Judged According to Their Works at the Rewards Judgment, but Not at the Final Judgment," in *Four Views on the Role of Works at the Final*

윌킨의 관점을 청교도들의 관점과 대조해 보자. 청교도들은 『웨스트민스터 신앙 고백』(Westminster Confession of Faith)의 한 장에 '선행에 대하여'라는 제목을 붙였다.

이러한 선행들은 하나님의 계명에 순종함으로써 이루어지며, 참되고 살아 있는 믿음의 열매이자 증거다. 신자들은 이러한 선행들로 그들의 감사를 나타내고, 그들의 확신을 견고케 하며, 형제들에게 덕을 세우며, 복음의 고백을 장식해 주며, 대적자들의 입을 막고, 하나님께 영광을 돌린다.[2)]

Judgment, Counterpoints Bible and Theology, ed. Alan P. Stanley and Stanley N. Gundry (Grand Rapids: Zondervan, 2013), 50.
2) 『웨스트민스터 신앙 고백』(*Westminster Confession of Faith*), 제16장.

두 관점은 충돌한다. 윌킨은 "확신을 얻으려고 자신의 행위를 살필 필요는 없다."라고 말한다. 『웨스트민스터 신앙 고백』은 선행이 "확신을 견고케 한다."라고 말한다. 후자는 개신교의 역사적 관점인데, 성경이 그렇게 가르치기 때문에 정당한 이유가 있다. 나는 하나님의 말씀이 하나님이 우리에게 구원을 확신시켜 주시는 주요한 방법이라고 진술했다. 또한 성경이 성령이 우리 내면에 확신을 주신다고 가르친다고도 말했다. 여기서는 선행의 역할을 살펴보면서 확신에 대한 성경의 가르침을 상세히 설명하려 한다. 하나님은 행위와 상관없이 죄인들을 구원하시고, 복음을 믿는 이들의 삶에서 일하신다. 이를 보여 주는 많은 본문 중 네 가지 본문을 다루려고 한다.

- 아버지의 뜻대로 행하는 자가 하나님 나라에 들어간다(마 7:21-23).
- 그리스도인들은 성령의 열매를 맺는다(갈 5:13-6:2).
- 그리스도인들은 자신의 부르심과 택하심을 확인해야 한다(벧후 1:5-11).
- 그리스도인들은 빛 가운데 행하고 자기 죄를 고백한다(요일 1:5-10).

아버지의 뜻대로 행하는 자가 하나님 나라에 들어간다(마 7:21-23)

거짓 선지자

예수님은 찾는 자가 적지만 생명에 이르는 좁은 문과 좁은 길, 그리고 찾는 자는 많지만 멸망에 이르는 넓은 문과 넓은 길을 대조하신다. 그런 다음 제자들에게 거짓 선지자들에 대해 경고하신다. 그들은 겉으로 보기에는 신자들에게 아무런 해가 되지 않는 듯하지만, 속으로는 하나님의 무리를 집어삼키려고 노략질하는 이리다(마 7:15).

예수님은 거짓 선지자들을 알아볼 수 있는 중요한 원리를 두 번이나 말씀하신다. "그들의 열매로 그들을 알지니"(마 7:16). "그들의 열매로 그들을 알리라"(마 7:20).

그들의 죄악된 삶은 믿음의 고백과 어긋난다. 나무는 종류에 따라 열매를 맺는 법이다. 건강한 나무는 좋은 열매를 맺고 병든 나무는 나쁜 열매를 맺는다. 거짓 선지자들은 자신들의 주장이나 겉모습과는 달리 나쁜 나무여서 나무마다 찍혀 불에 던져진다(마 7:19). 이들의 악한 생활 방식은 그들에게 영원한 형벌이 예정되어 있음을 드러낸다.

거짓 제자

예수님은 진짜 선지자와 거짓 선지자에 대한 말씀에서 진짜 제자와 거짓 제자에 대한 말씀으로 옮겨 가신다. 이번에도 그분은 좋지 못한 행실이 엉터리 주장을 폭로한다고 가르치신다.

나더러 주여 주여 하는 자마다 다 천국에 들어갈 것이 아니요 다만 하늘에 계신 내 아버지의 뜻대로 행하는 자라야 들어가리라 그날에 많은 사람이 나더러 이르되 주여 주여 우리가 주의 이름으로 선지자 노릇하며 주의 이름으로 귀신을 쫓아내며 주의 이름으로 많은 권능을 행하

지 아니하였나이까 하리니 그때에 내가 그들에게 밝히 말하되 내가 너
희를 도무지 알지 못하니 불법을 행하는 자들아 내게서 떠나가라 하리
라(마 7:21-23).

마지막 날에 심판자 역할을 하시는 예수님은 그분의 주 되심을 고백하
면서 제자라고 주장하는 사람들을 그리신다. 이렇듯 그리스도인이 처음
에 그리스도를 고백하는 것(마 7:21; 참고. 롬 10:9; 빌 2:11; 고전 12:3)은 꼭 필요
하고 좋은 출발점이다. 그러나 말로 하는 고백만으로는 부족하다는 것이
이 본문의 요점이다. 실제로 그들이 이렇게 주장한다고 해서 다 마지막에
천국에 들어가는 것은 아니다. 예수님의 하늘 아버지의 뜻을 행하는 자라
야 들어갈 수 있다. 단순히 믿음을 고백하기만 해서는 구원받지 못한다.
진정한 믿음의 고백이 구원을 가져오며, 진정으로 구원받은 사람들의 삶
은 그 구원의 증거를 제시한다. 그들은 하늘 아버지를 알고 그래서 그분
의 뜻을 행한다.

많은 권능이 구원하지 못한다

놀랍게도 예수님은 어떻게 이 거짓 제자들이 자신들의 예언과 축귀와
기적과 예수님의 이름으로 행한 모든 일을 하나님 나라에 들어갈 자격
이 있다는 증거로 내세울지 설명하신다(마 7:22). 예수님은 그들의 주장을
부정하지 않으신다. 예수님과 진짜 제자들도 이런 것들을 자주 행했다
는 점에 주목할 필요가 있다. 그럼에도 예수님은 가차 없이 말씀하신다.

"내가 너희를 도무지 알지 못하니 불법을 행하는 자들아 내게서 떠나가라"(마 7:23). 예수님은 그들을 개인적인 구원의 관계에서 알지 못하셨다. 그들은 예수님의 이름으로 많은 권능을 베풀었지만, 예수님은 그들을 알지 못하셨다. 그들은 예수님이 그들의 죄를 사하시고 삶을 변화시켜 주실 것을 믿지 못한 채 죄 가운데 머물렀다. 예수님은 시편 6편 8절을 인용하여 아버지의 뜻을 어긴 그들을 악을 행하는 자라 하시며 물리치신다.

예수님이 구원하셔서 아는 자들은 아버지의 뜻을 행하기 때문에 예수님께 속해 있다는 확신을 얻는다. 아버지의 뜻을 행하지 않는 악을 행하는 자들은 확신이 없으며, 자신이 주님을 아는지 의심한다. 초자연적인 경험이 있든 없든, 진정한 신자들의 삶은 완전히 새롭지는 않더라도 진심으로 새롭다. 그들은 좋은 열매를 맺는 좋은 나무이며, 따라서 자신들이 진짜 신자임을 보여 준다. 이들의 열매와 생활 방식은 그들의 신앙 고백을 확인해 주고 구원을 소유하고 있다는 확신을 더해 준다.

어떤 이들은 내가 행위로 구원을 얻는다고 가르친다고 항의할지도 모르겠다. 레온 모리스(Leon Morris)는 예수님의 가르침이 그런 개념에 어떻게 도전하는지 설명하면서 효과적으로 이 주장을 반박한다.

이것은 행위로 얻는 구원이 아니다. 공로와 은혜를 대조하는 것이 아니라, 고백과 삶의 방식을 대조하는 것이다. 사람들이 정말로 구원하시는 그리스도를 믿는다면, 그들의 삶은 더는 자기중심적이지 않을 것이다. 그들이 좋은 나무에 속한 것은 그들이 맺는 열매로 나타나게 될 것이다. 교회사에는 '주여, 주여.'라는 표현을 거침없이 쓰면서도 교만하고 자기중심적인 삶으로 자신의 고백을 엉터리로 만든 성직자들의 예가 즐비하다. 예수님은 구원받은 사람들이 노력해서 구원을 얻었다고 말씀하시는 것이 아니라, 그들의 열매 맺는 삶이 믿음의 실체를 분명히 드러낸다고 말씀하시는 것이다.[3]

그리스도인들은 성령의 열매를 맺는다(갈 5:13-6:2)

육체의 일은 분명하니 곧 음행과 더러운 것과 호색과 우상 숭배와 주술과 원수 맺는 것과 분쟁과 시기와 분냄과 당 짓는 것과 분열함과 이단과 투기와 술 취함과 방탕함과 또 그와 같은 것들이라 전에 너희에게 경계한 것같이 경계하노니 이런 일을 하는 자들은 하나님의 나라를 유업으로 받지 못할 것이요 오직 성령의 열매는 사랑과 희락과 화평과 오래 참음과 자비와 양선과 충성과 온유와 절제니 이 같은 것을 금지할 법이 없느니라(갈 5:19-23).

바울은 '성령의 열매'와 '육체의 일'을 대비한다. 성령의 열매가 특징인 이들은 그리스도 예수의 사람들이다(갈 5:24). 육체의 일이 특징인 이들은 하나님의 나라를 유업으로 받지 못할 사람들이다(갈 5:21).

---

3) Leon Morris, *The Gospel According to Matthew*, Pillar New Testament Commentary (Grand Rapids: Eerdmans, 1992), 179.

사도는 갈라디아서 5장 13절부터 6장 2절까지의 말씀에서 역순으로 자신의 생각을 반복하는 교차 대구법을 사용한다. 교차 대구법의 구성 요소를 강조하여 배열하면 본문을 더 잘 이해할 수 있다.

   A. 사랑하라는 명령(갈 5:13-14)
        B. 폭력적인 관계(갈 5:15)
            C. 성령을 따라 행하라(갈 5:16-18)
                D. 잡초(갈 5:19-21)
                D. 열매(갈 5:22-24)
            C. 성령을 따라 행하라(갈 5:25)
        B. 폭력적인 관계(갈 5:26)
   A. 사랑하라는 명령(갈 6:1-2)

대구법의 가장 바깥쪽 A는 서로 사랑하라는 명령으로 되어 있다. 이 명령은 갈라디아서 5장 13절에는 명시적으로, 갈라디아서 6장 1-2절에는 암시적으로 나와 있다.

갈라디아서 6장 1-2절에서 바울은 범죄한 형제를 도와서 그리스도의 법을 성취하라고 그리스도인들에게 촉구하는데, 이는 사랑의 율법과 같다(갈 5:13-14).[4]

---

4) Thomas R. Schreiner, *Galatians*, Zondervan Exegetical Commentary on the New Testament (Grand Rapids: Zondervan, 2010), 360.

바울은 갈라디아 교회 성도들이 두 가지 면에서 율법주의적이라는 데 화를 낸다. 첫째, 그들은 믿음의 핵심을 공격하는 거짓 복음을 따르고 있다(갈 1:6-9). 둘째, 이것은 첫 번째와 연관이 있는데, 그들은 그리스도인의 삶에 대해 율법주의적 관점을 유지하는 것처럼 보인다.

바울은 갈라디아서 5장 후반부에서 이 점을 다룬다. 여기서 그는 가볍게 빈정대는 어투로, 율법의 윤리를 서로 사랑하라는 명령으로 요약할 수 있다고 말한다(갈 5:14). 교차 대구법의 B 항목에서 볼 수 있듯이, 갈라디아인들의 율법주의는 서로를 향한 넘치는 사랑을 낳은 것이 아니었다. 오히려 내분(갈 5:15), 교만, 노여움, 투기(갈 5:26) 등 폭력적인 관계를 낳고 있었다.

성령을 따라 행하라

갈라디아 교회를 망가뜨리고 있는 이런 대인 관계의 죄를 어떻게 해결할 수 있을까? 교차 대구법의 다음 항목 C를 보면, 갈라디아서 5장 16절과 25절에서 성령을 따라 행하라고 말한다. 갈라디아서 5장 16절은 독자들에게 성령을 따라 행하라고 명하고, 25절도 똑같이 명령한다.

성령을 따라 행한다는 것은 무슨 뜻일까? 그리스도인으로 살아갈 힘을 얻기 위해 한 걸음 한 걸음 성령을 의지한다는 의미다. 비록 믿음으로 사는 삶을 강조하기는 하지만, 성령을 따라 행한다는 것은 성령에 대한 순종과 떼려야 뗄 수 없다. 의도적으로 꾸준히 성령을 무시하는 사람이 스스로 성령을 따라 행한다고 주장하지 못하게 해야 한다.

대구법의 가장 안쪽 D 항목은 육체의 일과 성령의 열매를 이야기한다. 둘 사이에 일대일 대응이 이루어지지는 않지만, 사도는 우리가 그 내용을 서로 반대되는 것으로 이해하기를 원한다. 그는 "육체의 소욕은 성령을 거스르고 성령은 육체를 거스르나니 이 둘이 서로 대적함으로 너희가 원하는 것을 하지 못하게 하려 함이니라"(갈 5:17)라고 설명한다. 따라서 각 육체의 일을 각 열매의 관점에서 (그리고 그 반대로도) 고려하는 것이 유익하다.

육체의 일

육체의 일은 크게 네 가지 죄로 분류할 수 있다.

- 성적인 죄: 음행, 더러운 것, 호색(갈 5:19)
- 종교적인 죄: 우상 숭배, 주술(갈 5:20)
- 관계적인 죄: 원수 맺는 것, 분쟁, 시기, 분냄, 당 짓는 것, 분열함, 이단, 투기(갈 5:20-21)
- 지나침의 죄: 술 취함, 방탕함, 그와 같은 것들(갈 5:21)

각 육체의 일을 하나하나 설명하지는 않겠지만, 몇 가지는 언급해야 할 듯하다. 성적인 죄와 종교적인 죄는 인간으로서의 우리의 정체성을 공격한다. 우리는 하나님을 예배하기 위해 창조된 성별을 가진 존재다. 타락한 우리가 이 다섯 가지 죄에 맞서려면 순결한 마음을 추구하고 전 존재로 하나님을 사랑해야 한다. 여기서 관계적인 죄의 목록이 가장 긴 것은 우연이 아닌데, 그것들이 갈라디아 교회를 망가뜨리고 있었기 때문이다. 이 죄들은 그들이 윤리 문제에 율법주의적으로 접근한 열매였다. 지나침의 죄는 자제력을 완전히 잃은 것이 특징이다. 바울은 확고하다. "전에 너희에게 경계한 것같이 경계하노니 이런 일을 하는 자들은 하나님의 나라를 유업으로 받지 못할 것이요"(갈 5:21). 다른 곳에서처럼 여기서도 바울은 육체의 일에 지배를 받는 이들은 미래의 하나님 나라에 들어갈 수 없다고 경고한다(참고. 고전 6:9-11; 엡 5:5).

성령의 열매

바울은 성령의 열매와 육체의 일을 대비한다. 교회를 망가뜨리는 관계적인 죄 때문에 그는 조화를 추구하는 성품들을 강조한다. 앞서 바울이 서로 사랑하라고 강조한 데 이어, 사랑이 가장 먼저 등장한다(갈 5:22). 갈라디아 교회의 내분은 성령이 교인들 가운데 사랑을 더하여 주셔야만 바로잡을 수 있을 것이다. 그러면 나머지 성령의 열매가 그들 가운데 더 많이 드러나게 될 것이다. 이들의 율법주의는 희락과 (성도들 사이의) 화평과 오래 참음과 자비와 양선과 충성과 온유와 (육체의 여러 일과 반대되는) 절제를 낳지 못했다.

바울은 약간의 조소를 섞어서 이렇게 덧붙인다. "이 같은 것을 금지할 법이 없느니라"(갈 5:23). 법으로는 이런 열매를 낳을 수 없다. 하나님의 백성이 하나님의 법을 사랑하고 순종하도록 이끄시는 성령의 일하심으로만 가능하다. 그다음에 사도는 이렇게 쓴다. "그리스도 예수의 사람들은 육체와 함께 그 정욕과 탐심을 십자가에 못 박았느니라"(갈 5:24). 이 말씀은 우리를 격려하는 동시에 경고한다. 그리스도인들은 예수님과 함께 영적으로 십자가에 못 박혔다는 깨달음으로 힘을 얻고(갈 2:20), 그 때문에 죄악된 욕구의 지배에서 해방된다. 동시에, 이 말씀은 그리스도의 이름을 고백하면서도 삶으로는 육체의 일을 드러내는 모든 사람에게 자신이 고백하는 그분을 확실히 알아야 한다고 경고한다.

확신

존 샌더슨(John Sanderson)의 선례를 따라, 정원 비유가 갈라디아서 6장 7-9절로 확장되어 육체의 일을 잡초로 표현하고 있는 점에 주목하자.[5] 성령의 열매에 대한 바울의 가르침은 우리가 구원을 확신하는 데 어떤 점에서 기여하는가? 여러 가지다. 첫째, 바울이 성령의 열매를 말할 때 그는 그 열매를 생산하는 분이 성령이라고 전제한다(갈 5:22-23). 토머스 슈라이너(Thomas Schreiner)가 말한 대로, "경건한 성품은 성령의 열매이지… 인간의 힘의 소산이 아니다. …신자들은 자기 내부에서 힘을 끌어모으라는 요청을 받는 것이 아니다. 그들의 새로운 삶의 방식은 성령의 강력한 역사에서 비롯되는 초월적인 것이기 때문이다."[6] 따라서 갈라디아인들을 교정하는 본문에서 바울은 그리스도인의 삶에 역사하시는 하나님의 주권을 강조한다. 그리스도를 위한 우리의 삶은 자기 개발 프로그램이 아

---

5) John W. Sanderson, *The Fruit of the Spirit* (Phillipsburg, NJ: P&R Publishing), 1999.
6) Schreiner, *Galatians*, 348-349.

니다. 동시에, 바울은 독자들에게 성령을 따라 행하라고 명령하고 촉구한다(갈 5:16, 25). 우리는 그리스도인의 삶에서 분명히 맡은 역할이 있다. 신자들은 그리스도를 위해 수동적으로만 살지 않는다. 그리스도의 주 되심과 능력을 주시는 성령 아래서 우리도 수고하고 애쓴다(골 1:29; 빌 2:12-13).

둘째, 바울은 모든 신자의 정원에 잡초가 있기에, 승리하는 그리스도인의 삶을 살기 위해서는 성령의 능력이 필요하다고 일깨운다. 우리 스스로는 육체의 일을 정복할 수 없다. 잡초를 뽑고 계속해서 개간하기 위해서는 성령의 능력이 필요하다. 죄와 싸우느라 신음하는 일은 나쁜 것이 아니다. 오히려 우리에게 성령이 계시다는 표시다(롬 8:23). 잡초 뽑기를 포기하지 말라. 그것이 영적인 삶의 표시다.

셋째, 잡초가 난 정원과 잡초가 웃자라서 아예 열매가 맺히지 않는 정원(갈 5:21)을 구별해야 한다. 전자는 모든 그리스도인의 상태지만, 후자는 나쁜 징조로서 구원받지 못한 상태를 암시할 수 있다.

넷째, 잡초와 대조하여 열매를 이해해야 한다. 열매는 회중의 건강에 좋은 영향을 미치는 성품들이다. 이 열매들은 대체로 공동체적이고 관계적이며, 그 수원은 사랑이다. 사랑의 중요성은 아무리 강조해도 지나치지 않다. 남에게 해를 끼치는 우리의 악한 성향을 극복하기 위해서는 우리가 그리스도와 함께 못 박힌 것과 승리하기 위해 성령을 의지해야 한다는 것을 기억해야 한다. 그 열매가 성령의 것이기 때문이다. 하나님은 우리가 성령과 함께 한 걸음 한 걸음 걸어가면서 성령을 의지하고 순종하기를 요구하신다. 그리스도 안에 있는 형제자매가 우리 안에서 사랑을 비롯한 성령의 다른 열매들을 볼 때, 자비로우신 하나님은 우리의 확신을 강하게 하신다. 성령이 우리에게 열매가 부족하다고 꾸짖으실 때조차도 우리가 성령께 나아가 고백하고 그분을 더 신뢰한다면, 하나님이 우리 삶에 역사하고 계심을 깨달으면서 확신이 조금씩 더 커질 것이다.

그리스도인들은 자신의 부르심과 택하심을 확인해야 한다(벧후 1:5-11)

베드로도 하나님이 신자들의 삶에 역사하셔서 더 큰 확신을 주신다는 사실에 동의한다. 그는 구원의 부르심과 하나님의 택하심을 굳게 확인하라고 말한다. 우리는 경건한 성품들을 실천함으로써 그렇게 할 수 있다.

그러므로 너희가 더욱 힘써 너희 믿음에 덕을, 덕에 지식을, 지식에 절제를, 절제에 인내를, 인내에 경건을, 경건에 형제 우애를, 형제 우애에 사랑을 더하라 이런 것이 너희에게 있어 흡족한즉 너희로 우리 주 예수 그리스도를 알기에 게으르지 않고 열매 없는 자가 되지 않게 하려니와 이런 것이 없는 자는 맹인이라 멀리 보지 못하고 그의 옛 죄가 깨끗하게 된 것을 잊었느니라 그러므로 형제들아 더욱 힘써 너희 부르심과 택하심을 굳게 하라 너희가 이것을 행한즉 언제든지 실족하지 아니하리라 이같이 하면 우리 주 곧 구주 예수 그리스도의 영원한 나라에 들어감을 넉넉히 너희에게 주시리라(벧후 1:5-11).

바로 앞 절에서 베드로는 하나님이 신자들에게 경건한 삶에 필요한 모든 것, 곧 그분의 능력과 약속의 말씀을 주셨다고 가르쳤다. 하나님의 목적은 그래서 우리가 신성한 성품에 참여하는 자가 되게 하시려는 것이다(벧후 1:4). 이것은 우리가 신성해진다는 의미가 아니다. 오히려 우리가 자신의 악한 욕구에 빠지지 않고 하나님의 은혜로 그분을 닮아 가면서 그분의 성품에 참여한다는 뜻이다. 구체적으로, 이는 그리스도에 대한 우리 믿음에 일곱 가지 경건한 성품을 더한다는 것을 의미한다.

베드로의 목록은 마치 한 덕목이 다음 덕목을 낳는 것처럼 순서가 정해져 있지는 않다. 그러나 이 목록에도 어느 정도 순서는 있다. 구원하는 믿음이 나머지 미덕의 전제 조건이기에 믿음이 처음에 나오고 최고의 미덕인 사랑이 마지막에 나오기 때문이다(참고. 갈 5:22; 골 3:14; 벧전 1:22). 우리는 말씀을 읽고 순종하는 데서 비롯되는 윤리적 미덕과 하나님에 대한 지식을 더해야 한다. 우리의 경주를 기쁘게 마무리하기 위해 절제와 인내를 더해야 한다. 그뿐 아니라 경건과 형제 우애, 무엇보다도 그리스도인의 사랑을 더해야 한다(벧후 1:5-7).

성품의 성장

베드로는 독자들이 이런 성품을 개발하고 흡족하게 갖춤으로써(벧후 1:8) 그리스도인의 삶에서 성장하기를 바란다. 그는 계속해서 "너희로 우리 주 예수 그리스도를 알기에 게으르지 않고 열매 없는 자가 되지 않게 하려니와"(벧후 1:8)라고 말한다.

그는 보통 절제된 부정문을 사용하는 곡언법이라는 수사법을 통해 강한 긍정을 유도한다. 그가 "이런 성품들이 너희를 게으르지 않고 열매 없는 자가 되지 않게 한다."라고 말할 때는, 이런 성품들이 있으면 부지런하고 열매 맺는 사람이 된다는 의미다. 베드로의 요점은 그리스도인의 성품이 성숙하면 그리스도인의 삶이 번영하게 된다는 것이다. 베드로는 앞에서 하나님을 아는 것에 대해 말했다(벧후 1:2-3, 5). 여기서는 그의 말을 듣는 이들이 그리스도인의 미덕을 키우면 우리 주 예수 그리스도를 알기에 열매 맺는 자가 된다고 가르친다. 베드로의 말은 그들이 구원에 관해서 성장한다는 것이다. 그들은 성숙한 그리스도인이 된다.

성장하지 못할 때

앞 절에서처럼 여기서도 베드로는 계속해서 베드로후서 1장 5-7절의 그리스도인의 미덕에 관해 이야기한다. 베드로후서 1장 8절에서 긍정적인 면을 강조하고 나서 이제는 부정적인 면으로서 '이런 것이 없는 자'를 언급한다(벧후 1:9).

나는 이 말씀을 액면 그대로 받아들이는 것은 불가능하다고 생각한다. 그리스도인의 성품이 하나도 없는 그리스도인은 이해하기 힘들다. 베드로후서 1장 9절 후반부는 그의 죄가 용서받았다고 말하므로, 이 구절은 진정한 신자를 가리킨다고 이해할 수 있을 것 같다. 따라서 나는 베드로후서 1장 9절이 베드로후서 1장 5-7절의 미덕이 없는 사람들을 말하는 것이 아니라, 그리스도인이 마땅히 되어야 할 모습으로 성장하지 않는 사람들을 묘사한다고 생각한다. 이 그리스도인들의 삶은 번성하지 못하고 있다. 구원도 받고 죄 사함도 받았지만 제대로 성장하지 못한 것이다. 이들은 베드로가 방금 언급한 '이런 것이 부족한 자'다.

베드로는 이들의 심각한 문제를 두 가지로 묘사한다. 그것은 시력 문제와 건망증이다. 그들은 죄를 용서받은 것을 잊어버렸다. 그리스도 안에 있는 자신의 정체성을 제대로 기억하지 못했다. 같은 문제를 묘사하는 또 다른 표현이 영적 근시안이다. 그래서 이들은 보지 못하는 '맹인'이다. 이들은 하나님과 꾸준히 동행하는 데서 비롯되는 영적 시력이 부족하다. 지혜롭게 행하지 못하고 어리석게 행동한다. 앞 절에서 암시하듯, 이 사람들은 영적인 삶에서 게으르거나 열매가 없다.

요약하면, 성품 면에서 성장하는 그리스도인들은 영적으로 열매를 맺는다(벧후 1:8). 그러나 성품 면에서 성장하지 못하는 그리스도인들은 어리석고 열매 없는 자가 된다(벧후 1:9).

부르심과 택하심을 굳게 하기

베드로는 독자들에게 영적인 열심을 내라고 강력히 권면한다. 구체적으로는, 그들의 부르심과 택하심을 굳게 해야 한다(벧후 1:10). 베드로는 우리의 부르심과 택하심을 하나님께 확인하라고 말하는 것이 아니다. 주님은 자기 백성을 아시기 때문이다(딤후 2:19). 그보다는 우리의 유익을 위해 부르심과 택하심을 굳게 하기를 원한다. 그들은 하나님이 그들을 구원으로 부르신 것을 확신해야 한다(참고. 벧전 1:3).

이는 복음의 부르심을 말하는 것이 아니라, 복음의 부르심을 통해 일어나는 자기 백성을 향한 하나님의 효과적인 부르심을 말하는 것이다. 그들은 하나님이 그들을 구원으로 택하셨음을 확신해야 한다. 하나님이 믿음으로 그들을 부르심으로써 그들은 하나님이 창조 이전에 그들을 택하신 것을 알게 된다(롬 9:23-24; 살전 1:4-5). 따라서 그들은 부르심을 확인함으로써 택하심을 확인한다.

이 절에서 베드로는 어떻게 그의 말을 듣는 사람들이 구원을 확신할 수 있는지 구체적으로 언급하지 않는다. '그러므로'라는 단어는 앞에 나온 내용을 가리킨다. 베드로는 독자들에게 베드로후서 1장 5-7절에 나오는 성품들을 개발함으로써 구원의 확신을 얻으라고 권면한다. 독자들은 그리스도인의 성품을 기르기 위해 애써야 한다. 그렇게 해서 구원을 더 크게 확신할 수 있다. 그뿐 아니라 실족하지 않을 것이라고 한다(벧후 1:10). 베드로는 그들이 절대 그리스도에게서 돌아서지 않는다는 의미로 그렇게 썼다. 그들은 절대 믿음에서 넘어지지 않고, 절대 그리스도를 부인하지 않을 것이다.

베드로는 이전 본문에 더하여 계속해서 독자들을 권면한다. "이같이 하면"(벧후 1:11)이라는 구절은 앞서 언급한 대로 그리스도인의 성품이 성장하는 것을 가리킨다. 베드로의 청중은 성품이 자라면서 넉넉히 영생을 상속할 것이다. 그들은 구원의 확신이 가득한 채 살고 죽을 것이다. 베드로는 이 본문에서 두 가지 방식으로 구원을 이야기한다. 첫째, 그는 우리 주 예수 그리스도를 아는 것에 대해 말한다(벧후 1:8). 둘째, 우리 주 곧 구주 예수 그리스도의 영원한 나라에 들어가는 것에 대해 말한다(벧후 1:11). 마이클 그린(Michael Green)은 베드로의 의도를 잘 포착해 낸다. "그 목적지의 찬란함으로 지친 순례자의 마음을 설레도록 자극하기 위해 단어를 차곡차곡 쌓는다."[7]

이 본문은 하나님의 능력을 의지하고 그 말씀을 신뢰함으로써 믿음이 성장해야 할 그리스도인의 책임을 강조한다(벧후 1:3-4). 그들은 더욱 힘써 그리스도인의 성품을 개발하고(벧후 1:5-7) 그들의 부르심과 택하심을 굳게 해야 한다(벧후 1:10). 이렇게 함으로써 그들은 배교하지 않고 그리스도의 나라에 넉넉히 들어감을 얻을 것이다. 그리스도를 위해 인내하는 삶이 우리의 확신의 근거는 아니지만, 이 둘은 연결되어 있다. 주님을 아는 사람들은 하나님의 은혜를 맛보고 영원한 구원을 주시는 그 아들을 믿기 때문에 하나님을 위해 살아간다. 동일한 은혜가 그들을 그리스도인의 미덕 안에서 자라게 하고, 그로 인해 하나님의 성품을 공유하며 확신을 굳게 한다. 그들은 거룩한 성품으로 성숙함으로써 구원의 확신을 굳건히 한다.

그리스도인들은 빛 가운데 행하고 자기 죄를 고백한다(요일 1:5-10)

요한일서에 나오는 요한의 사명 선언문은 직설적이다. "내가 하나님의 아들의 이름을 믿는 너희에게 이것을 쓰는 것은 너희로 하여금 너희에게

---

7) Michael Green, *2 Peter and Jude*, Tyndale New Testament Commentaries (Downers Grove, IL: InterVarsity Press, 2009), 84.

영생이 있음을 알게 하려 함이라"(요일 5:13). 요한이 편지를 쓴 이유는 신자들에게 구원의 확신을 주기 위해서다. 그는 그들의 믿음과 거룩함과 사랑이 신자의 영생의 증거라고 반복해서 주장한다.

거짓 교사

요한이 서신을 보낸 교회들에는 거짓 교사들이 숨어들어 있었다. 그들은 그리스도와 그리스도인의 삶에 대해 잘못된 사실을 퍼뜨리고 있었다(요일 1:8-10, 2:26, 4:1-5). 교회를 설득하는 데 실패한 거짓 교사들은 요한의 독자들을 거부하고 떠났다(요일 2:18-19).

요한의 독자들은 거짓 교리의 폭풍을 견뎌 냈지만 여기저기 상처를 입었고 구원의 확신도 흔들렸다. 이런 상황에서 요한은 그들을 격려하고 확신을 주기 위해 편지를 썼다. 그는 편지를 읽는 이들에게 구원의 확신을 북돋아 주고자 했다.

요한은 그들의 꾸준한 믿음(요일 3:21-24, 4:1-3)과 사랑(요일 3:14, 4:16-18)과 거룩함(요일 2:5-6, 3:10)이 그들에게 영생이 있음을 확인해 준다고 말한다. 그러나 이런 내용을 적기 전에, 먼저 요한 서신 전체의 토대를 이루는 말씀을 기록한다. 요한일서 1장 5-10절에 나오는 그의 말은 이후 내용의 기초가 된다. 이 본문을 이해하면 서신 나머지 부분을 이해하는 데 도움이 될 뿐 아니라, 변화된 삶이 그리스도인의 확신에서 하는 역할을 이해하는 데도 도움이 된다.

우리가 그에게서 듣고 너희에게 전하는 소식은 이것이니 곧 하나님은 빛이시라 그에게는 어둠이 조금도 없으시다는 것이니라 만일 우리가 하나님과 사귐이 있다 하고 어둠에 행하면 거짓말을 하고 진리를 행하지 아니함이거니와 그가 빛 가운데 계신 것같이 우리도 빛 가운데 행하면 우리가 서로 사귐이 있고 그 아들 예수의 피가 우리를 모든 죄에서 깨끗하게 하실 것이요 만일 우리가 죄가 없다고 말하면 스스로 속이고 또 진리가 우리 속에 있지 아니할 것이요 만일 우리가 우리 죄를 자백하면 그는 미쁘시고 의로우사 우리 죄를 사하시며 우리를 모든 불의에서 깨끗하게 하실 것이요 만일 우리가 범죄하지 아니하였다 하면 하나님을 거짓말하는 이로 만드는 것이니 또한 그의 말씀이 우리 속에 있지 아니하니라(요일 1:5-10).

하나님은 빛이시다

"우리가 그에게서 듣고 너희에게 전하는 소식은 이것이니 곧 하나님은 빛이시라 그에게는 어둠이 조금도 없으시다는 것이니라"(요일 1:5). 요한과 동료 사도들은 예수님에게서 아주 중요한 가르침을 전해 받았다. 요한은 구약성경에 기초하여 하나님은 완전한 빛이시요 온전히 거룩하신 분이시라고 확인해 준다. 거기에다 나중에 하나님은 사랑이시라는 똑같이 중요한 진리를 덧붙인다(요일 4:8, 16).

그는 아주 타당한 이유로 우선 빛에서부터 시작한다. 하나님의 성품은 요한이 이 편지에 쓴 모든 내용의 기초다. 하나님의 거룩하신 본성은 요한의 모든 윤리적 권면과 훈계와 경고의 근거다. 여기서도 하나님의 본성은 거짓 교사들의 신학적·윤리적·관계적 어둠을 폭로하는 근거를 제공한다. 이후로 요한일서 1장 6-10절에서는 하나님의 찬란한 빛이 "그늘진 그리스도인의 믿음, 행위, 헌신이…가짜임"[8]을 드러낸다.

이 다섯 절에서 요한은 '만일'이라는 단어로 시작하는 어구를 사용하여 하나님의 성품을 따르는 삶과 따르지 않는 삶을 구별한다. 요한에 따르면, 거짓 교사들과 그들과 비슷한 무리는 하나님을 위해 살지 않고 자신의 죄도 인정하지 않는다. "만일 우리가 하나님과 사귐이 있다 하고 어둠에 행하면 거짓말을 하고 진리를 행하지 아니함이거니와"(요일 1:6).

하나님과 친근한 관계를 맺고 있다고 주장하면서 죄로 얼룩진 삶을 사는 사람들은 하나님이 아니라 자신을 속이는 것이다. 하나님은 빛이신데 그들은 어둠에 행하기 때문에 그 행동은 그들의 신앙 고백의 진실성에 의문을 제기한다.

빛 가운데 행하기

요한은 이 값싼 믿음을 폭로하고 나서 독자들을 권면한다. "그가 빛 가운데 계신 것같이 우리도 빛 가운데 행하면 우리가 서로 사귐이 있고 그 아들 예수의 피가 우리를 모든 죄에서 깨끗하게 하실 것이요"(요일 1:7). 그리스도를 아는 사람들은 진실한 삶을 살고, 다른 진실한 신자들과의 사

---

[8] Robert W. Yarbrough, *1-3 John*, Baker Exegetical Commentary on the New Testament (Grand Rapids: Baker Academic, 2008), 50.

권이 있다. 하나님의 빛 가운데 행하는 그리스도인들은 하나님과 서로를 즐거워한다. 이 말은 그들에게 죄가 없다는 뜻일까? 그들의 신실한 행위가 스스로를 속량하는가? 두 질문에 대한 답은 모두 부정적이다. 그리스도인의 삶에 죄가 두드러지게 나타나지는 않지만, 그들도 여전히 죄를 짓는다.

그리스도의 구원하시는 죽음과 부활이 그들을 처음부터 끝까지 구원하신다. "그 아들 예수의 피가 우리를 모든 죄에서 깨끗하게 하실 것이요"(요일 1:7). 그리스도의 십자가 희생은 계속해서 그 백성을 깨끗하게 하신다. 그들의 행위가 확신과 하나님과의 교제에 영향을 미치기는 하지만, 행위 자체가 하나님과의 관계의 근거가 되지는 못한다. 그리스도의 구원 사역만이 그 자리를 차지할 수 있다.

진정한 신자들은 마치 그리스도를 알지 못하는 사람처럼 죄 가운데 살지 않는다. 그러나 이생에서는 죄 없는 온전한 상태에 이르지 못한다. 오히려 그리스도와 동행하면 할수록 죄를 더 많이 깨닫는다. 요한은 "만일 우리가 죄가 없다고 말하면 스스로 속이고 또 진리가 우리 속에 있지 아니할 것이요"(요일 1:8)라고 쓴다. 그의 말은 거짓 교사들과 그들의 말을 듣는 이들을 겨냥한다.

요한은 죄와 그리스도에 대한 잘못된 관점을 교정하기 위해 메시지를 전한다. 죄를 부인하는 것은 그리스도의 구원 사역이 필요 없다고 암시하는 것이기 때문이다. 바울은 "만일 의롭게 되는 것이 율법으로 말미암으면 그리스도께서 헛되이 죽으셨느니라"(갈 2:21)라고 결론을 내린다. 자신의 죄를 부인하는 자는 스스로 속이고 하나님의 진리를 가로막는다. 빛이신 하나님은 우리 죄를 드러내셔서 우리가 자신의 부족함을 확인하고 용서와 깨끗게 하심을 얻으려고 그분께 나아오게 하신다.

고백과 용서와 정결

요한은 성경에서 그리스도인의 삶에 대해 언급하는 가장 중요한 구절 중 하나를 제시한다. 진정한 신자들은 자기 죄를 부인하지 않고 인정하며 하나님 앞에 고백한다. "만일 우리가 우리 죄를 자백하면 그는 미쁘시고 의로우사 우리 죄를 사하시며 우리를 모든 불의에서 깨끗하게 하실 것이요"(요일 1:9).

하나님이 우리를 용서해 주실 것을 어떻게 확신할 수 있는가? 그분이 미쁘시고 의로우시기 때문이다. 하나님은 신실하시기에 그분의 성품과 행위와 말씀은 믿을 만하다. "네 하나님 여호와는 하나님이시요 신실하신 하나님이시라 그를 사랑하고 그의 계명을 지키는 자에게는 천 대까지 그의 언약을 이행하시며 인애를 베푸시되"(신 7:9).

성경은 하나님의 의로우심을 죄와 죄인들에 대한 형벌과 연관 짓지만(시 96:13; 행 17:31; 롬 2:5), 놀랍게도 그분의 의로우심이 구원을 주시기도 한다. "그는 우리 죄를 위한 화목 제물이니"(요일 2:2). 그리스도 안에서 드러난 하나님의 미쁘시고 의로우신 행동이 진심으로 죄를 고백하는 모든 사람을 용서하고 깨끗하게 해주신다.

보편적 죄성

요한은 거짓 교사들의 잘못된 윤리에 반대한다는 것을 다음과 같이 요약한다. "만일 우리가 범죄하지 아니하였다 하면 하나님을 거짓말하는 이로 만드는 것이니 또한 그의 말씀이 우리 속에 있지 아니하니라"(요일 1:10). 여기서 요한은 타락한 인간의 보편적 죄성을 강조하는 다른 성경 구절들에 기반을 두고 있다.

> 범죄하지 아니하는 사람이 없사오니(왕상 8:46).
> 다 치우쳐 함께 더러운 자가 되고 선을 행하는 자가 없으니 하나도 없도다(시 14:3).
> 내 마음을 정하게…내 죄를 깨끗하게 하였다 할 자가 누구냐(잠 20:9).
> 전혀 죄를 범하지 아니하는 의인은 세상에 없기 때문이로다(전 7:20).
> 모든 사람이 죄를 범하였으매 하나님의 영광에 이르지 못하더니(롬 3:23).
> 우리가 다 실수가 많으니(약 3:2).

요한은 죄가 없다고 주장하는 사람들의 충격적인 결말을 지적하는데, 그들은 하나님을 거짓말하는 이로 만든다! 로버트 W. 야브로(Robert W. Yarbrough)의 말이 옳다. "1세기 유대인의 관점에서는 하나님이 거짓말을 하신다고 단정하는 것보다 더 큰 신성 모독은 없을 것이다."[9] 바울도 강

---

9) Yarbrough, *1-3 John*, 66.

조한다. "그럴 수 없느니라 사람은 다 거짓되되 오직 하나님은 참되시다 할지어다"(롬 3:4). 실제로, 죄가 없다고 주장하는 사람들은 그런 주장을 통해 하나님의 말씀이 그들 안에 거하지 않는다고 드러내는 셈이다.

이단자들의 거짓 신학과 윤리에 맞서 하나님을 공경하는 대안은 무엇인가? 요한은 요한일서 2장 서두에 두 가지 답을 제시한다. 죄를 범하지 않으려 애쓰는 것과, 아버지 앞에서 우리를 변호해 주시는 대언자 곧 의로우신 예수 그리스도를 의지하는 것이다(요일 2:1).

결론

변화된 삶과 확신의 관계를 이해하기 위해서는 구원과 행위에 대해 논의해야 한다. 성경은 아무도 행위로 구원받지 않지만 선행은 구원이라는 하나님의 선물에서 비롯된다는 점을 분명히 한다. 구원은 우리의 행위에 근거하지 않고 그리스도에 대한 믿음과 은혜에서 흘러나온다. 하지만 진정한 구원의 믿음은 행동한다. 신자들의 변화된 삶에 드러난다. 행위로 구원 얻음을 부인하는 성경 본문이 그것이 진정한 그리스도인의 삶에서 중요한 이유도 확인해 준다.

너희는 그 은혜에 의하여 믿음으로 말미암아 구원을 받았으니 이것은 너희에게서 난 것이 아니요 하나님의 선물이라 행위에서 난 것이 아니니 이는 누구든지 자랑하지 못하게 함이라 우리는 그가 만드신 바라 그리스도 예수 안에서 선한 일을 위하여 지으심을 받은 자니 이 일은 하나님이 전에 예비하사 우리로 그 가운데서 행하게 하려 하심이니라 (엡 2:8-10).

우리 구주 하나님의 자비와 사람 사랑하심이 나타날 때에 우리를 구원하시되 우리가 행한 바 의로운 행위로 말미암지 아니하고 오직 그의 긍휼하심을 따라 중생의 씻음과 성령의 새롭게 하심으로 하셨나니 … 원하건대 너는 이 여러 것에 대하여 굳세게 말하라 이는 하나님을 믿는 자들로 하여금 조심하여 선한 일을 힘쓰게 하려 함이라(딛 3:4-5, 8; 참고. 갈 2:16, 6:9-10).

변화된 삶이 확신에서 하는 역할이 있지만, 오해가 없도록 이 역할의 미묘한 의미를 잘 파악해야 한다. 우리는 마태, 바울, 베드로, 요한 이렇게 네 명의 성경 저자의 책에서 변화된 삶의 중요성을 다룬 여러 본문을 살펴보았다. 이제부터는 이들의 가르침에서 몇 가지 공통된 맥락을 찾아보자.

구원은 삶을 변화시킨다

예수님은 우리가 살폈던 마태복음 7장 21-23절의 앞에 나오는 본문에서 이를 분명히 하신다. 두 번이나 "그들의 열매로 그들을 안다."라고 말씀하신다(마 7:16, 20). 예수님은 이 원리를 먼저 거짓 선지자들에게 적용하시지만, 범위를 확장하여 신자와 불신자를 구분하기 위해서도 사용하신다. "이와 같이 좋은 나무마다 아름다운 열매를 맺고 못된 나무가 나쁜 열매를 맺나니 좋은 나무가 나쁜 열매를 맺을 수 없고 못된 나무가 아름다운 열매를 맺을 수 없느니라 아름다운 열매를 맺지 아니하는 나무마다 찍혀 불에 던져지느니라"(마 7:17-19). 사람들이 믿는 바와 살아가는 모습은 일치하게 되어 있다.

그리스도를 믿는 사람들은 영생으로 인도하는 좁은 문으로 들어간다(마 7:13-14). 그들은 경건한 삶을 산다. 멸망으로 인도하는 문으로 들어가는 사람들은 경건하지 않은 삶을 산다(마 7:13). 경건한 사람은 절대 죄를 짓지 않고 경건하지 못한 사람은 절대 선행을 하지 않는다는 말이 아니다. 그러나 그들의 삶의 대의, 그들의 삶을 담은 활동사진은 그들이 구원받았는지 아닌지를 드러내 준다. 영생은 지금부터 시작되어 사람들의 삶에 나타난다. 그래서 요한일서는 꾸준한 믿음과 사랑과 경건의 삶으로 영생을 증명하는 사람들에게 위로가 된다. 또한 믿지 않는 이들이 예수님의 이름으로 기적을 베풀더라도, 그분이 "내가 너희를 도무지 알지 못하니 불법을 행하는 자들아 내게서 떠나가라"(마 7:23)라고 말씀하시는 이유도 그 때문이다.

구원은 사람들의 삶을 변화시키기 때문에 우리의 확신에서 하는 역할이 있다. 그 역할은 구원과 보전에 대한 하나님의 약속에 포함되므로 가장 중요한 자리는 아니다. 확신에서 가장 중요한 것은 하나님의 말씀이다. 그러나 성령의 내적 증거와 변화된 삶은 부수적이지만 꼭 필요한 역할을 담당한다. 우리 삶을 변화시키는 하나님의 역사에 구원과 확신이 달려 있지는 않다. 그러나 하나님은 그 백성의 삶 가운데 일하시고, 그 일하심이 하나님의 약속이 허락하시는 구원의 확신을 강화해 준다.

잃어버린 자들은 알아볼 수 있다

앞서 살펴본 본문들에서는 구원받지 못한 사람들의 삶이 그들의 정체성을 드러낸다고 가르친다. 예수님이 "불법을 행하는 자들"(마 7:23)이라고 부르시는 이들, 곧 아버지의 뜻대로 행하지 못한 이들은 천국에 들어가지 못한다(마 7:21).

바울은 "육체의 일은 분명하니"(갈 5:19)라고 말하고는, 더 나아가 "전에 너희에게 경계한 것같이 경계하노니 이런 일을 하는 자들은 하나님의 나라를 유업으로 받지 못할 것이요"(갈 5:21)라고 덧붙인다.

하나님은 완전하고 거룩한 빛이시기 때문에 악한 어둠에 행하는 자들은 자신의 신앙 고백이 거짓임을 드러내는 것이다(요일 1:6). 죄를 부인하는 사람은 자기를 속이고, 하나님의 말씀이 진리임을 부정하며, 따라서 사실상 그분을 거짓말하는 이로 만든다(요일 1:10). 그들은 확실히 하나님의 자녀가 아니다.

구원받지 못한 사람들은 구원의 확신을 받을 권리가 없다. 그들은 잘못 확신하고 있을지 몰라도, 신자들은 하나님이 그들의 거짓 확신을 거두어 주시고 구세주의 필요성을 깨닫게 해달라고 기도해야 한다.

구원받은 자들은 알아볼 수 있다

아버지의 뜻을 행하는 자만이 천국에 들어갈 수 있다(마 7:21). 하나님은 우리가 그 아들을 믿고 전심으로 하나님을 사랑하며 이웃을 내 몸처럼 사랑하기를 원하신다. 그리스도와 하나가 되는 것은 그분의 죽음에까지 확장되어 우리의 악한 정욕을 제한한다(갈 5:24). 신자들은 성령을 따라 행하기에(갈 5:16, 25) 성령의 열매를 맺는다(갈 5:22-23).

그리스도인들은 어둠에 행하지 않고 빛 가운데 행한다. 빛 가운데서 예수님의 속죄의 죽음이 그들을 죄에서 깨끗하게 하신다(요일 1:7). 그들은 믿음에 그리스도인의 미덕을 더함으로써 부르심과 택하심을 확인한다. 그리하여 게으르거나 열매 없는 자가 되지 않고, 실족하지 않으며, 하나님 나라에 들어간다(벧후 1:5-11). 이런 선순환은 반복된다. 변화된 삶은 하나님의 말씀에 대한 확신에서 부차적인 역할을 한다.

구원받은 사람들도 여전히 죄를 다루어야 한다

그리스도인들은 진정으로 새로워지지만 완벽하게 새로워지지는 못한다. 죄가 그들의 삶을 지배하지는 못하지만 여전히 죄의 행동을 저지른다. 이들의 삶을 담은 활동사진은 전반적으로 하나님을 향한 의도를 드러내지만, 부끄러운 장면이 없지 않다.

오히려 그리스도인들은 이전보다 더 자신의 죄를 많이 깨닫는다. 이들은 자기 죄를 부인하지 않고 그 백성을 용서하시고 깨끗하게 하시는 하나님께 고백한다(요일 1:9).

성령과 동행하고 빛 가운데 거하는 이들은 다른 사람들을 겸손하게 대한다. 그런 태도는 이 책 1장에서 만났던 크리스틴 로젠(Christine Rosen) 같은 사람들에게 도움이 될 수 있다. 만약 크리스틴의 선생님이 어려운 질문에 쉬운 답을 주고 다른 사람들의 관점을 무시하기보다 겸손을 보여 주었다면 그녀가 기독교에 대해 그렇게 불쾌한 감정을 갖지는 않았을 것이다.

성령과 동행하고 빛 가운데 거하려면 우리 죄와 그 고백에 더 민감해져야 한다. 바울은 신자들에게 성령이 계시기 때문에 그들이 최후의 속량을 기다리면서 탄식한다고 가르친다(롬 8:23). 역설적이게도, 하나님은 죄의 고백까지도 그분이 우리 삶에 일하시는 증거로 사용하셔서 우리의 확신을 굳게 하실 수 있다.

그뿐 아니라, 신자들은 죄를 지었을 때 서로 돕는다. 바울은 "형제들아 사람이 만일 무슨 범죄한 일이 드러나거든 신령한 너희는 온유한 심령으로 그러한 자를 바로잡고 너 자신을 살펴보아 너도 시험을 받을까 두려워하라 너희가 짐을 서로 지라 그리하여 그리스도의 법을 성취하라"(갈 6:1-2)라고 말한다. 스스로 경계하고 서로 돕는 것은 하나님이 우리를 격려하시려고 우리 안에서 일하시는 방법이다. 하나님께 영광을 돌린다!

08

THE ASSURANCE OF SALVATION

교회와 확신의 수호자들

1장에서 우리는 구원의 확신에 방해가 되는 '괴롭게 하는 자들'을 만나 보았다. 이제는 확신의 '수호자들', 곧 하나님이 우리의 확신을 보호하시고 북돋우시는 방법들을 만날 볼 차례다. 하나님이 그 백성에게 확신을 심어 주시는 주요한 장소인 교회에서 이런 수호자들을 찾아볼 수 있다. 교회와 확신의 수호자들에 관해 이야기하기 전에, 로마서 5장 1-11절을 살펴보면서 확신의 수단을 다시 한 번 정리하고 요약해 보자.

한 본문에 담긴 세 가지 확신의 수단

세 겹 줄은 쉽게 끊어지지 아니하느니라(전 4:12).

하나님은 말씀, 성령, 그리고 우리 삶에 일하심으로 신자들에게 최종 구원을 확신시켜 주신다. 로마서 5장 1-11절에는 이 세 방법이 모두 나와 있다. 하나님은 우리 삶을 변화시키셔서(롬 5:3-4), 성령의 내적 증거로(롬 5:5), 복음의 약속으로(롬 5:6-11) 우리에게 확신을 주신다.

하나님의 역사

하나님은 우리 삶에 일하심으로 확신을 주신다. "우리가…하나님의 영광을 바라고 즐거워하느니라"(롬 5:2)라는 바울의 말을 우리는 이해할 수 있다. 믿음으로 우리는 천국과 부활의 영광을 고대한다.

그러나 바울의 다음 말은 쉽지 않다. "다만 이뿐 아니라 우리가 환난 중에도 즐거워하나니"(롬 5:3). 어떻게 그럴 수 있을까? 바울은 "이는 환난은 인내를, 인내는 연단을, 연단은 소망을 이루는 줄 앎이로다"(롬 5:3-4)라고 설명한다. 하나님은 인내를 낳기 위해 고난을 사용하신다.

우리가 하나님의 은혜로 계속해서 인내한다면, 그분은 우리 안에 견고한 성품을 빚으신다. 그런데 연단이 어떻게 해서 영생에 대한 소망을 키울 수 있는가? 바울이 그 이유를 말하고 있지는 않기 때문에 우리는 행간을 읽어 내야 한다.

우리가 볼 수 있는 것 가운데 일하시는 하나님은 우리가 보지 못하는 것을 소망하게 하신다. 우리를 연단하시는 하나님을 목격한 우리는 보이지 않는 천국의 영광을 소망할 수 있다.

하나님의 영

바울은 신자들이 최종 구원의 소망을 의지할 수 있다고 말한다. 그 소망이 우리를 부끄럽게 하지 않을 것이다. 왜 그런가? 우리에게 주신 성령으로 말미암아 하나님의 사랑이 우리 마음에 부은 바 되었기 때문이다(롬 5:5). 하나님은 성령을 통해 구원의 확신을 굳게 하신다. 성령은 하나님이 우리를 사랑하신다는 사실을 인격적으로, 정서적으로, 넘치도록 부어 확인해 주신다(롬 5:5).

성령은 하나님이 우리의 아버지시고 우리가 사랑받는 자녀임을 우리 마음 깊은 곳에서 증언하신다(롬 8:16). 우리는 하나님이 성령을 우리에게 주셔서 우리가 영적으로 그분과 연결되었고 그분도 우리에게 연결되었음을 안다(요일 3:24, 4:13).

하나님의 약속

무엇보다도, 하나님은 말씀으로 우리에게 확신을 주신다. 바울은 하나님의 극진한 사랑을 찬양하고(롬 5:6-8) 하나님의 행동과 인간의 행동을 대비한다. 사람이 다른 사람을 위해 목숨을 내놓는 경우는 거의 없다(롬 5:7). 그것은 굉장히 용감한 행동이며, 존경받는 사람을 위해서나 할 수 있는 일이다. 군인이 친구들을 위해서라면 수류탄 위로 몸을 던질 수 있겠지만, 적을 위해서는 절대 그렇게 하지 않는다.

그러나 하나님의 사랑은 인간의 사랑을 넉넉히 넘어선다. "우리가 아직 죄인 되었을 때에 그리스도께서 우리를 위하여 죽으심으로 하나님께서 우리에 대한 자기의 사랑을 확증하셨느니라"(롬 5:8). 우리는 하나님의 사랑을 받을 자격이 전혀 없다. 우리가 사랑받을 만해서 하니님이 그 아들을 보내어 우리 대신 죽게 하신 것이 아니다. 오히려 우리가 연약할 때에, 경건하지 않은 자이며 죄인 되었을 때에 그리스도께서 우리 대신 죽으셨다(롬 5:6, 8).

바울은 미래의 영광을 확인해 주는 하나님의 사랑을 찬양하고 나서 하나님이 그분이 구원하신 자들을 끝까지 지키신다고 말한다. 바울은 먼저 의롭다 하심에 있어서(롬 5:9), 나중에는 화목하게 됨에 있어서(롬 5:10), 어려운 것에서부터 쉬운 것을 주장하기 위해 '더욱 그로 말미암아'라는 표현을 두 번이나 사용한다. 하나님이 정죄 받은 죄인들을 의롭게 하는 어려운 일을 하셨다면, 의롭다 하신 이들을 끝까지 보전하시는 더 쉬운 일은 확실히 하실 것이다. 사도는 최종 구원에 대한 확신을 점점 더 키워 간다.

하나님은 생각조차 할 수 없는 일을 하셔서 불의한 죄인들을 그리스도 안에서 의롭다고 선언하셨다. 이제 그분은 우리가 기대할 수 있는 일을 하실 것이다. 즉, 이전 판결을 존중하여 의롭다 하신 백성을 결코 정죄하지 않으실 것이다.

바울은 자신의 요점을 강조하기 위해 보전에 대해서도 비슷한 주장을 한다. 이번에는 칭의 대신에 화목을 이야기한다. "곧 우리가 원수 되었을 때에 그의 아들의 죽으심으로 말미암아 하나님과 화목하게 되었은즉 화목하게 된 자로서는 더욱 그의 살아나심으로 말미암아 구원을 받을 것이니라"(롬 5:10). 하나님이 우리가 그분의 원수였을 때 아들의 죽음을 통해 우리를 친구 삼으셨다면, 이제는 우리가 하나님의 친구이니 그 아들의 부활을 통해 우리를 최종 구원까지 확실히 지키실 것이다.

따라서 바울은 상상조차 하기 힘든 하나님의 크신 사랑을 찬양한다. 그분은 죄인들을 구하려고 아들을 주셨다. 바울은 소망이라는 개념으로 돌아가서 그 확실성을 강조한다. 바울은 우리가 구원받을 것을 연달아 확실하게 말한다(롬 5:9, 10). 하늘 아버지는 우리를 사랑하시며, 그리스도 안에 있는 우리의 최종 구원을 보장하는 그분의 약속을 우리가 확신하기를 원하신다. 그 확신의 가장 강력한 근거는 하나님의 말씀, 곧 구원을 약속하는 복음이다.

주디스 건드리 볼프(Judith Gundry Volf)는 로마서 5장 9-10절에 대해 말하면서 핵심을 찌른다.

바울은 그리스도인의 소망이 실망시키지 않을 것이라는 보증으로 하나님의 인자하신 사랑의 중요성을 강조한다. …그는 두 가지 논거를 드는데…하나님이 그리스도의 십자가에서 반역한 죄인들에게 사랑을 베푸시는 상상할 수 없는 일을 성취하신 것은, 하나님의 백성의 소망을 성취하여 미래의 구원을 보장하신다는 것을 보여 준다.[1]

교회: 하나님의 확신의 수호자들이 모인 곳

확신을 얻는 것을 하나의 자기 개발 프로그램처럼 생각한다면 오해다. 우리는 확신을 만들어 내지 못한다. 자비로우신 하나님이 우리에게 확신을 주시는 것이다. 또한 하나님은 우리가 홀로 그리스도인의 삶을 살아가도록 하지 않으셨다. 그분이 우리를 그리스도와 하나 되게 하실 때, 그리스도와 하나 된 다른 그리스도인들과도 하나 되게 하셨다. 하나님은 그분의 교회 안에서, 그리고 교회를 통해서 확신을 더해 주신다.

지금까지 하나님이 말씀과 성령과 우리 삶에 일하심을 통해 확신을 주신다는 것을 확인했다. 이제는 하나님이 어떻게 이 확신의 수단을 교회 안에 적용하시는지 살펴볼 차례다. 말씀과 성령과 신자들을 통한 하나님의 사역은 우리가 주님의 것이라는 확신을 굳건히 해주는 확신의 수호자들이다. 이 확신의 수호자들은 다음과 같다.

---

1) Judith M. Gundry Volf, *Paul and Perseverance: Staying In and Falling Away* (Louisville, KY: John Knox, 1990), 53.

- 하나님의 말씀의 사역
- 하나님의 영의 사역
- 하나님의 백성의 사역

하나님의 말씀의 사역
교회는 그리스도의 몸이다

확신의 주요 수호자인 하나님의 말씀의 사역은 그리스도의 몸에 위치한다. 몸의 머리이신 그리스도는 교회의 권위이시요 교회의 영적 생활의 근원이시다(골 1:18, 2:19). 그리스도는 머리이시며 우리는 몸이요 지체의 각 부분이다(고전 12:27). 구원에서 성령이 하시는 주요한 역할은 신자들을 그리스도와 연결하고, 한 몸 안에서 서로 연결하는 것이다(고전 12:13).

몸의 이미지는 신자들과 지체들의 머리 되신 그리스도의 관계를 전달한다(롬 12:6-8). 몸의 각 부분이 우리 자신에게 속한 것처럼 신자들도 그리스도께 속한다. 그리고 지체들은 그리스도와 연합함으로써 서로 속하게 된다(고전 12:14-27).

하나님은 그리스도의 교회의 사역을 그리스도와 그 백성에게 맡기신다. 교회 지도자들은 지체들을 훈련하여 그리스도의 몸을 세우는 사역에 참여하게 해야 한다(엡 4:12).

그리스도께서는 성장을 위한 자극을 주시지만, 머리와 지체 모두가 몸의 성장에 참여한다(고전 12:15-16). 몸은 성장하고 성숙하기 때문에 몸의 이미지는 역동적이다(고전 12:13).

하나님은 주로 복음을 통해 일하신다. 우리는 복음을 설교하고, 주일학교에서 가르치며, 세례와 성만찬에서 전달한다. 하나님은 그분의 종들이 하나님의 말씀을 전할 때 그들의 믿음을 강하게 하신다. 주로 교회 내에서 이루어지는 이 모든 말씀 사역이 확신의 수호자다.

설교

하나님은 사역자들에게 "말씀을 전파하라."라고 명령하시고(딤후 4:2), 신자들에게는 그들을 구원하는 말씀을 온유함으로 받으라고 명령하신다(약 1:21). 하나님은 설교든 성경 공부든 말씀을 사용하셔서 우리를 믿음 안에 세우신다.

하나님은 내가 스물한 살 때 나를 그분께로 인도하셨다. 나는 대학교 여름 방학 때 타이어 공장에서 일했는데, 어느 신실한 남자분이 내게 성경을 읽으라고 권했다. 성경을 읽기 시작한 지 얼마 되지 않아 나는 말씀에 푹 빠졌다. 성경을 믿는 교회에서 건전한 설교를 찾아 들었고 성경을 충실하게 가르치는 주일학교에 참석했다.

그렇게 그리스도를 알고, 말로 설명하기 힘든 큰 확신을 얻었다. 하나님은 내게 자비를 베푸셨고 그분의 말씀을 사용하여 나를 구원하시고 내가 그분 소유라는 확신을 주셨다. 하나님의 은혜로 그 말씀이 계속해서 내 소망과 생명의 근원이 되었다(시 119:49-50).

주일학교

주일학교는 설교를 넘어서는 특별한 가르침의 시간이다. 오늘날 주일학교는 다양한 방식으로 진행되는데, '주일학교'라는 이름을 사용하지 않는 경우도 있다. 하나님은 사람들을 말씀을 배우는 학생으로 부르신다. 마치 바울의 말씀이 진짜인지 확인하기 위해 성경을 상고하는 베뢰아 사람들처럼 말이다(행 17:11). 어느 목사님이 다음 실화를 이야기해 준 적이 있다.

우리 교회 성도 존은 죄책감과 구원의 확신 문제로 오랫동안 힘들어했습니다. 그는 겨울에 옷도 제대로 걸치지 않고 냉골 같은 차고 바닥에 무릎을 꿇은 채 하나님께 용서해 달라고 기도하곤 했죠. 어떤 때는 몇 시간이고 기도에 매달렸지만 하나님과 화목해진다는 느낌은 받지 못했다고 합니다. 때마침 저는 성인 대상 주일학교에서 로마서를 가르치고 있었는데, 믿음으로만 의롭다 하심을 얻는다는 로마서 3장 21절-4장 8절 본문에 이르렀습니다. 존은 자기 앞에 펼쳐 두었던 성경에서 눈을 들어 나를 보더니 놀란 표정을 지었죠. 눈에는 눈물이 그렁그렁했습니다. 나중에 그는 구원의 확신이 없었고 하나님과의 관계에서 소외감이 오랫동안 지속되어 고통스러웠다고 말해 주었습니다. 그런데 이 본문과 그 말씀에 대한 가르침을 들으면서 복음을 더 온전히 이해하게 되었고, 하나님이 그를 온전히 용서하시고 받아 주셨음을 알게 되었다는 겁니다. 그날 이후 그의 삶은 극적으로 변화되었습니다. 복음을 이해하고 믿게 되자 하나님이 구원의 확신을 주셨습니다.

세례와 성만찬

세례와 성만찬은 제대로 관심을 받지 못하는 경우가 많다. 복음을 의식으로 재현하는 세례와 성만찬은 확신에서 일정한 역할을 감당한다. 여러 면에서 교회의 이 두 의식은 서로 다르다. 세례는 기독교 신앙에 입문하는 첫 번째 의식이고, 성만찬은 지속적인 의식이다. 두 의식에 사용하는 물질도 다른데, 세례는 물로 베풀지만 성만찬은 떡과 포도주가 필요하다. 바울은 세례는 한 번만 받아야 한다고 가르쳤다. "세례도 하나요"(엡 4:5). 이와 대조적으로, 성만찬은 반복해서 지켜야 한다고 가르쳤다. "너희가 이 떡을 먹으며 이 잔을 마실 때마다…그가 오실 때까지 전하는 것이니라"(고전 11:26).

세례와 성만찬은 비슷한 점도 있다. 두 의식 모두 그리스도의 명령으로 시작되었다(마 26:26-29, 28:18-20). 또한 둘 다 그리스도인의 삶에서 중요한 역할을 한다. 바울이 각각에 몇 가지 의미를 부여하기는 하지만, 두 의식에서 가장 기본적이고 근본적인 의미는 그리스도와의 연합이라고 가르친다. 그리스도와 맨 처음 하나 됨을 묘사하는 그리스도인의 세례도 그렇고(롬 6:1-14; 갈 3:25-28; 골 2:11-12), 그리스도와의 지속적인 연합을 묘사하는 성만찬도 그렇다(고전 10:16-17, 11:23-26).

세례도 성만찬도 새로운 내용을 담고 있지는 않지만, 둘 다 "나 항상 듣던 말씀, 주 예수 크신 사랑"을 들려준다. 즉 복음을 의식에 담아 표현한다. 예수님은 그분의 교회에 매우 자비로우셨다. 그분은 목회자들에게 "말씀을 전파하라"(딤후 4:2)라고 명하셨을 뿐 아니라, 교회의 두 기본 의식에 말씀을 집어넣었다. 세례와 성만찬을 '보이는 말씀'이라고 한 아우구스티누스(Augustinus)와 칼뱅(Jean Calvin)의 생각에서 이를 엿볼 수 있다.[2] 세례와 성만찬은 복음을 묘사한 시각 자료다.

교회가 성만찬을 지킬 때마다 주님의 죽으심을 그분이 오실 때까지 전하는 것이다(고전 11:26). 성만찬과 그 의식의 표현은 복음을 전한다. 물로 베푸는 세례도 마찬가지여서, 보편적 정화제인 물은 죄 사함의 약속을 전한다(행 2:38-39). 세례는 삶에서 우리 믿음을 굳게 해주는 은혜의 수단이다. 다른 사람의 세례를 지켜보기만 해도 격려와 확신을 얻는 경우가 많다. 마찬가지로, 성만찬도 확신의 수호자다. 예수님은 그리스도인들이 그분의 죽음과 부활을 기억하게 하시려고 성만찬을 제정하셨다. 세례처럼 성만찬도 복음을 전한다.[3]

내 친구 짐의 간증을 들어 보자.

저는 기독교 가정에서 자랐습니다. 부모님은 여섯 살 생일에 제게 빨간 글씨가 적힌 커다란 성경책을 사 주셨죠. 저는 그 성경을 들고 매주 열심히 주일학교에 참석했습니다. 교회에서 후원하는 스카우트 프로그램에 가서 "하나님과 조국에 대한 의무를 다하고 도덕적으로 올바른 사람

---

2) John Calvin, *Institutes of the Christian Religion* 4.14.6, ed. John T. McNeill, trans. Ford Lewis Battles (Philadelphia: Westminster, 1960), 2:1281; Augustine, *John's Gospel* 80.3, in *Nicene and Post-Nicene Fathers*, ed. Philip Schaff (repr., Grand Rapids: Eerdmans, 1991), 7:344.
3) 세례와 성만찬을 통한 하나님의 복음 전파에 대해 더 자세한 내용은 다음 내 책을 보라. *Salvation Applied by the Spirit: Union with Christ* (Wheaton, IL: Crossway, 2014), esp. 394-408.

이 되겠습니다."라고 매주 맹세했어요. 이런 훈련 프로그램과 집안 배경의 결과, 저는 착한 사람이 되면 하나님이 저를 기뻐하실 것이라고 믿게 되었습니다. 교회에서 "하나님이 세상을 이처럼 사랑하사 독생자를 주셨으니"라는 말씀을 듣고, 나는 하나님이 아들을 보내셨다는 것을 믿으니 하나님과도 아무 문제 없을 거라고 결론을 내렸습니다.

열일곱 살 생일을 몇 주 앞둔 1967년 7월 중순에, 저는 조지아주 롬에 있는 베리대학에서 열리는 기독교 청소년 수련회에 참석했습니다. 일주일 수련회의 마지막 저녁에 우리는 열 명 정도씩 소그룹을 만들어 성만찬을 받았습니다. 우리 소그룹 목사님이 한 사람씩 떡과 포도주를 건네면서 첫 단어를 강조했습니다. "'당신'을 위해 주신 그리스도의 몸입니다. '당신'을 위해 흘리신 그리스도의 피입니다." 이 말씀을 듣고 있으니 갑작스럽게 예수님의 희생적인 죽음이 저에게 너무나 구체적으로 다가왔습니다. 온 세상을 위한 선물이 아니라 나를 위한 선물로 말이죠. 그 즉시 저는 변화된 새사람이 되어 깨끗해졌고 깊은 사랑을 받았습니다. 그 후로 일주일 동안 제 마음속에서는 주님의 발목을 붙잡고 그 자리에서 꼼짝도 하지 않으려는 저의 모습이 계속 이어졌습니다. 이후로 때로 힘든 시간은 있었지만, 그 사건은 나를 사랑하시고 나를 위해 자신을 내어 주셨으며 여전히 나를 사랑하시고 지켜 주시는 예수님을 알고 사랑하고 섬기는 나의 여정의 출발점이 되었습니다. 물론, 성만찬은 계속해서 저에게 큰 의미로 다가옵니다.

말씀 사역

하나님은 말씀을 전파하는 사람들에게 복을 주신다(행 20:32). 그들이 다른 사람들을 돕고 그러면서 그들 자신도 돕게 하신다. 탁월한 선교사이자 교육자인 댄은 요즘 그리스도에 대한 확신을 마음껏 누리고 있다. 그러나 그의 설명에 따르면, 늘 그렇지는 않았다.

처음 선교사로 사역을 시작했을 때는 저를 정말로 부르셨는지 회의가 들었어요. 제가 그리스도 안에 있는지조차 흔들리더군요. 우리 부부는 아시아의 어느 복잡한 도시에 머물고 있었어요. 작은 성경학교에서 저녁 예배 때 다니엘서 성경 공부를 부탁해 왔거든요. 저는 준비를 마치고 나서도 도시를 통과해 먼 거리를 가야 한다는 생각에 썩 내키지 않았어요. 사람들이 제 가르침에 어떻게 반응할지 확신도 서지 않았고요. 모임 장소로 가는 길은 꽉 막혔어요. 편두통이 시작됐죠. 성경학교에 도착했더니 전기가 들어오지 않는 절전 시간이라고 했어요. 되는 일이 하나도 없었어요. 적어도 제가 보기에는요.
제가 가르칠 시간이 되자 한 목사님이 학생들 근처에 촛불을 놓아 주셨어요. 원고를 보고 칠판에 글씨를 쓸 수 있도록 한 청년이 손전등을 비춰 주었고요. 말씀을 가르치면서 학생들의 열정적인 표정이 눈에 들어오기 시작하자, 성경의 진리가 깨달아지기 시작했습니다. 하나님의 영은 이 경험을 지혜롭게 사용하셔서 저에게 용기와 자신감을 불어넣어 주셨어요.

오래전 일인 그날 이후로, 나는 낙담하거나 불안정할 때마다 하나님 말씀을 나누거나 가르칠 방법을 찾습니다. 말씀 사역으로 다른 사람들을 섬기는 일이 아주 중요한 확신의 근거가 될 수 있다는 걸 배웠어요.

하나님의 영의 사역
교회는 성령의 전이다

교회는 성령이 머무시는 특별한 장소다. 성령은 교회에서 확신을 북돋고 옹호하신다. 베드로는 교회를, 죽음에서 살아난 산 돌이신 그리스도를 모신 살아 있는 성전으로 묘사한다(벧전 2:4). 그리스도를 믿는 신자들은 산 돌같이 신령한 집으로 세워진다(벧전 2:5). 그리고 그리스도께서는 그 백성에게 영적 생명을 주신다. 교회는 예수님의 부활 생명으로 살아 있는 유기체다. 연합을 통해 그분은 우리를 거듭나게 하사 산 소망이 있게 하시며(벧전 1:3), 우리는 함께 하나님을 예배하는 살아 있는 성전인 교회를 짓는다.

솔로몬의 웅장한 성전을 배경으로, 바울은 담대하게 그리스도인을 '하나님의 성전'이라고 부른다(고전 3:16, 17). 바울은 성령이 그리스와 로마 신전에서 신이나 여신이 갖는 위치를 차지한다고 가르친다. 실제로 교회를 성전으로 다루는 본문들에서(고전 3:16-17, 6:19-20; 고후 6:16; 엡 2:19-22), 바울은 하나님의 임재가 교회를 교회로 만든다고 말한다. 바울은 이 하나님 백성의 성전을 우리 눈앞에서 지어져 가는 역동적이고 유기적인 성전으로 그린다(엡 2:21-22). 바울은 하나님이 삼위일체 하나님을 예배하게 하시려고 이 성전을 지으셨다고 말한다. "이는 그(그리스도)로 말미암아 우리 둘이 한 성령 안에서 아버지께 나아감을 얻게 하려 하심이라"(엡 2:18).

베드로와 바울은 하나님의 백성을 성전, 곧 삼위일체를 예배하는 살아 있는 성소로 그린다. 하나님은 이 성전에 거하는 확신의 수호자들을 사용하셔서 백성들의 구원의 확신을 굳게 하신다.

공공 예배

공동 예배는 초대 교회의 특징이었다(행 13:1-2; 엡 5:18-20; 골 3:16). 그때나 지금이나 예배하게 하시는 분은 성령이시다. 오늘날 공공 예배에서 신자들은 함께 모여 찬양하고, 기도하고, 죄를 고백하며, 크신 은혜의 아주 일부를 돌려 드리고, 믿음을 확인하고, 세례와 성만찬을 지키며, 선포되는 하나님의 말씀을 받는다. 성경은 교회가 이런 활동들을 하도록 지시한다. 왜 그런가? 가장 중요한 이유는 하나님과 그분의 영광과 관련이 있다. 그러나 하나님은 우리의 유익을 위해서도 공공 예배를 드리도록 지시하신다.

우리가 같은 마음을 품은 신자들과 함께 하나님을 예배할 때 하나님은 우리를 거룩한 믿음으로 세우시고 우리를 향한 그분의 사랑과 붙드심을 확인해 주신다. 1장에서 만났던 루스 터커(Ruth Tucker)는 계속되는 의심에도 불구하고 꾸준히 믿음을 지켰다. 그렇게 지속할 수 있었던 이유를 묻는 질문에 그녀는 이렇게 답한다.

이게 저의 문화고 전통이니까요. 저는 성경 이야기와 오래된 믿음의 찬양을 좋아해요. 눈을 감고도 '갈보리산 위에'라는 찬송가에 나오는 저 먼 언덕 위 오래되고 험한 십자가에 달리신 예수님을 볼 수 있죠. 저는 피아노 앞에 앉아 '예수가 우리를 부르는 소리'라는 찬양을 부르기 좋아해요. 낡아 빠진 찬송가 책에 실린 다른 초대의 찬양도 다 좋아해요. 저는 사랑하는 손녀에게 복음 성가와 성경 구절을 가르쳐 줘요. 이게 제 믿음이고 저는 이 믿음을 절대 포기하지 않을 거예요. 하나님도 저를 포기하지 않으실 겁니다.[4]

우리는 예배할 때 당연히 하나님께 집중한다. 그러나 은혜로우신 하나님은 우리 예배를 구원의 확신을 굳게 하는 방법으로 사용하신다. 그래서 예배는 또 다른 확신의 수호자다.

권면

초대 교회는 권면 사역을 했다(살전 5:11, 14). 오늘날에도 이 사역은 계속되고 있다. 나는 칼과 린다가 처음 소그룹 모임에 참석하려고 우리 집에 왔던 날을 기억한다. 그들은 굉장히 낙담한 상태였다. 만약 그들이 강아지였다면 꼬리가 두 다리 사이에 있었을 것이다. 말할 기회를 주자 그들은 우리 소그룹에서 자기들처럼 문제 많은 사람을 받아 주지 않을까 봐

---

4) Ruth Tucker, *Walking Away from Faith: Unraveling the Mystery of Belief and Unbelief* (Downers Grove, IL: InterVarsity Press, 2002), 26.

두려웠다는 이야기를 했다. 그들의 자녀들이 하나님을 믿지 않았기 때문에 그들 부부는 스스로를 신실하지 못한 부모라고 정죄했다.

그들의 사연을 듣고 우리 소그룹이 보인 반응과 그 반응이 부부에게 미친 영향을 절대 잊지 못할 것이다. 한 여성이 "두 분, 제대로 된 소그룹을 잘 찾아오셨어요!" 하고 말했다. 다른 남성도 덧붙였다. "우리 소그룹 아이들이 한 명씩 돌아가면서 문제를 일으켜서 얼마나 다행인지 몰라요. 그러면 서로 격려해 줄 수 있거든요. 만약 한꺼번에 문제를 일으켰다면 우리 모두 절망에서 헤어 나오지 못했을 거예요!"

새로 온 친구들은 이 소그룹에서 아무도 그들을 판단하지 않는다는 것을 금세 알아차렸다. 오히려 모든 사람이 분투하고 있었고 다른 사람들과 문제를 나누면서 도움을 찾고 있었다. 우리는 늘 하던 대로 기도 시간에 칼과 린다를 포함하여 서로를 격려했다. 그때도 두 사람은 우리에게서 거들먹거리는 모습을 조금도 찾지 못했다. 사람들은 진정한 공감을 표시하고 그들을 대신하여 하나님께 기도해 주었다. 얼마 안 있어 우리는 하나님이 두 사람을 격려하시고 세우시는 모습을 볼 수 있었다. 그들은 주님에 대한 확신을 얻고 소그룹에서 다른 사람들을 도왔다.

사랑

신구약은 모두 하나님의 놀라우신 사랑을 찬양한다(시 103:11; 엡 3:14-19). 바울은 믿음과 소망보다 사랑을 높인다(고전 13:13). 예수님과 사도들은 하나님의 백성이 사랑을 나타내야 한다고 주장한다(요 13:34; 요일 3:16-17). 인간의 사랑은 강력해서, 안타깝게도 사랑에 이끌려 신앙의 본질을 부인하는 이단 분파에 빠진 사람들 이야기도 들려온다. 다행히, 하나님의 사랑은 더 강력하다. 내게는 캐서린이라는 친구가 있는데, 그녀는 크리스천 사이언스(Christian Science)에서 빠져나왔다. 캐서린이 자기 이야기를 들려주었다.

저는 3대째 크리스천 사이언스를 믿는 집안에서 자랐습니다. 대학교 1학년 때까지 크리스천 사이언스에서 운영하는 프린시피아 학교의 세인트루이스 캠퍼스를 다녔죠. 그러나 2001년 9월 11일, 부인할 수 없는 악의 현실을 세상에서 목격하고 나서 저는 크리스천 사이언스를 떠나게 되었습니다. 크리스천 사이언스와 세상의 모순에 혼란을 느끼면서 이후로 7년간 영적 어둠 가운데 살았습니다. 그러다가 2008년에 어느 커피숍에서 우연히 엿들은 신앙에 관한 대화가 저에게 희망을 주었습니다. 하나님을 알고 싶어졌고 저의 죄악된 마음을 깨닫게 되었죠. 그렇게 해서 프랜시스 쉐퍼(Francis Schaeffer)의 『거기 계시는 하나님』(The God Who Is There)을 읽게 되었습니다.

저는 세인트루이스에 있는 그레이스 앤 피스 펠로십(Grace and Peace Fellowship) 교회에 나가기 시작했습니다. 거기서 처음으로 복음을 경험하고 그리스도의 지체들의 사랑을 목격했습니다. 처음 참석한 예배에서 내내 눈물을 흘렸고, 곧바로 믿음이 생긴 것 같았습니다. 목사님이 설교하신 성경적 결혼 생활과 사랑은 전에는 들어 본 적이 없는 신선한 내용이었습니다. 저는 완전히 빠져들었고 다시는 뒤돌아보지 않았습니다. 터너(Aaron Turner) 목사님은 많은 시간을 들여 친절하고도 끈기 있게 성경 공부를 인도해 주셨고 제 신앙 여정에 동행해 주셨습니다. 진리에 눈뜬 저는 크리스천 사이언스의 주창자 메리 베이커 에디(Mary Baker Eddy)의 가르침이 아니라 성경의 가르침을 보게 되었습니다. 저는 교회를 너무나 사랑하게 되었습니다. 그곳에서 저는 성경의 하나님을 알고 예수님을 구세주로 고백했습니다. 저는 불과 두 달 만에 세례를 받고 신학교에 진학해서 2013년에 졸업했습니다.

저는 또 다른 크리스천 사이언스 출신자를 만나게 되었는데, 그 친구와 관계를 맺으면서 정말 큰 도움과 치유를 받았습니다. 그녀의 이야기를 듣고 있으면 저 자신을 더 잘 이해할 수 있었습니다. 저는 크리스천 사이언스를 벗어난 다른 사람들을 돕고 싶다는 마음을 갖게 되었습니다. 크리스천 사이언스 출신자들을 연결하고 그들을 위한 구체적인 자료를 제공하는 사역이 절실함을 깨달았고, 또 이 사역을 위해 기도하는 사람들이 있다는 것도 알게 되었습니다. 그렇게 해서 저는 2014년 1월에 크리스천 사이언스을 벗어난 사람들을 위한 모임을 만들었습니다.

하나님은 그분의 말씀과 그리스도인들의 사랑을 사용하셔서 캐서린을 그분께 인도하셨다. 사랑으로 나타난 복음은 그녀가 장애물을 극복하고 믿음으로 나아가 하나님의 사랑을 확신하게 해주었다.

하나님의 백성의 사역

교회는 하나님의 백성이다

하나님의 백성은 에덴동산의 아담과 하와에서부터 시작되었다. 나중에 하나님은 아브라함을 부르셔서 그가 큰 나라의 조상이 되고 그를 통해 땅의 모든 민족이 복을 받게 하시겠다고 약속하셨다. 하나님은 이스라엘을 애굽의 속박에서 구출하여 그분의 백성으로 삼으시고 약속의 땅을 주셨다. 훗날에는 다윗을 왕으로 허락하셨다. 이스라엘이 계속해서 하나님의 선지자들을 거부하자 하나님은 그들을 포로로 잡혀가게 하셨다. 그리고 하나님이 이스라엘을 그들의 땅으로 회복하실 것이라고 약속하는 선지자를 더 많이 보내셨고, 그 약속을 이루셨다.

4백 년 후에 하나님은 그 아들을 약속하신 메시아, 이스라엘의 왕, 온 세상의 구주로 보내셨다. 예수님은 제자들을 택하셔서 자신의 죽음과 부활 이후에 모든 민족에게 복음을 전하도록 그들을 보내어 아브라함에게 하신 약속을 성취하셨다. 그리스도께서는 성령을 보내셔서 하나님의 신약 백성인 교회를 세우셨다. 베드로는 이스라엘 백성을 대상으로 한 구약 성경의 언어를 사용해 자신이 편지를 보낸 교회들을 묘사했다(벧전 2:9-10). 하나님의 백성인 교회는 영적 이스라엘이다(참고. 갈 6:16; 빌 3:3).

교회는 부르심을 받은 자 곧 하나님 아버지 안에서 사랑을 얻고 예수 그리스도를 위하여 지키심을 받은 자들이다(유 1:1). 하나님의 백성은 하나님께 속하며, 놀랍게도 그분도 그들 안에 계신다(계 21:3). 교회가 다양한 방식으로 사역하는 동안 하나님은 그 백성 곧 교회를 굳건히 하신다.

교제/소그룹

"우리의 사귐은 아버지와 그의 아들 예수 그리스도와 더불어 누림이라"(요일 1:3). 그리스도인들이 서로 사역할 수 있는 가장 좋은 장소 중 하나는 소그룹 혹은 셀그룹이다. 건강한 소그룹은 성경 공부, 기도, 나눔이 특징이다. 존 스토트(John Stott)는 오늘날 소그룹이 전 세계에 퍼진 것을 기뻐한다. "오늘날 세계 기독교에서 가장 긍정적인 특징은 소그룹이 회복된 것이다."[5] 더 나아가 그는 소그룹을 그리스도인의 성숙에 필수적인 요소로 여긴다. "그래서 나는 소그룹이나 그리스도인 가정, 혹은 교제 모임이 영적 성숙에 이르는 성장에 필수 불가결하다는 말이 과장이 아니라고 생각한다."[6]

그리스도인들이 서로 경청하고 섬기는 장소로 소그룹을 꼽는 목회자가 여럿 있었다. 나는 하나님이 우리 가정 모임을 사용하셔서 사람들을 격려하고 힘주셨던 경험을 앞에서 이미 나눈 바 있다. 시간이 흐르면서 우리는 하나님이 말씀과 기도와 교제의 사역을 사용하셔서 새신자들을 믿음 가운데 세우시는 모습을 목격했다. 그들이 성장하며 남을 돕고자 하는 마음을 키우는 모습을 지켜보는 것이 얼마나 큰 기쁨인지 모른다. 그렇게 우리는 하나님이 소그룹을 확신의 수호자로 사용하시는 모습을 목격했다.

---

5) John Stott, *The Living Church: Convictions of a Lifelong Pastor* (Downers Grove, IL: InterVarsity Press, 2007), 94-95.
6) Stott, *The Living Church*, 87.

복음 전도

신자들은 믿지 않는 사람들과 복음을 나눌 때 자신의 믿음이 강해지는 것을 알게 되는 경우가 자주 있다. 그리스도께 인도하고 싶은 사람에게 말씀을 나누었을 뿐인데 하나님은 전하는 사람들의 마음에도 역사하신다(살전 1:8).

톰의 경우, 그는 아버지를 전도하지는 못했지만 의도치 않게 그리스도에 대한 본인의 확신이 커지게 되었다.

톰은 오랫동안 주님과 동행한 그리스도인이다. 그는 교회에서 활발히 활동하면서 믿는 자들과 믿지 않는 자들 모두와 교제하고 있었다. 그는 아버지 생전에 자주 기독교에 대해 말씀드렸지만 아무런 소득이 없었다. 그의 아버지는 아이큐가 굉장히 높고 지적인 사람이었다. 과학자면서 공격적인 무신론자였다. 두 사람은 서로 존중하면서 길게 열띤 토론을 하곤 했다. 아버지가 던지는 많은 질문에 톰은 제대로 답하지 못했다. 그는 아버지가 제기한 다양한 반론에 답하기 위해 열심히 조사하기 시작했다. 그러나 안타깝게도 톰의 기도와 전도에도 불구하고 아버지는 복음을 믿지 않고 돌아가셨다.

톰은 아버지를 잃고 슬퍼했지만, 뜻밖의 유익을 얻었다. 아버지의 반론에 답하려고 대화를 나누는 사이에 자신의 믿음이 견고해진 것을 깨닫고 그는 깜짝 놀랐다.

기도

너희가 기도할 때에 무엇이든지 믿고 구하는 것은 다 받으리라(마 21:22).
기도를 계속하고 기도에 감사함으로 깨어 있으라(골 4:2).

그리스도인들이 서로를 위해 기도할 때 하나님은 다양한 방식으로 사역하신다. 그들의 영적인 삶을 북돋우신다. 그들이 찬양하고 고백하고 감사하도록 동기를 부여하신다. 그들의 기도에 응답하셔서 믿음을 성장시키시고, 그 응답이 다른 사람들에게 도움이 될 수 있음을 보여 주신다.

바브도 그랬다. 그녀의 간증은 중병을 앓는 많은 사람을 도왔다. 바브는 열다섯 살에 난소암 말기 진단을 받았다. 의료 기록을 보니 림프절 두 군데에 이미 전이가 되어 있었다. 당시에 그녀는 아직 그리스도인이 아니었다. 16주 동안 방사선 치료를 받고 나서 차도가 있었고 마침내 종양이 사라졌다. 하나님이 영광을 받으셔야 하는 것은 물론이지만, 하나님은 많은 신자들의 기도를 사용하셨다.

바브는 하나님이 항상 치유 기도에 응답해 주시는 것은 아니라고 덧붙인다. 그녀는 10년 후에 그리스도인이 되었는데, 이 역시 신실한 신자들이 오랫동안 기도한 끝에 응답받은 것이었다. 바브의 목사님은 그녀를 살려 주신 하나님께 감사한다. 이제 57세가 된 그녀는 주님을 사랑하며 여러 방법으로 다른 사람들에게 사역하고 있다. 주일학교에서 아이들을 가르치고, 남편과 함께 청소년 소모임을 인도하며, 여성 성경 공부 모임을 이끌고 있다.

하나님은 기도에 응답하셔서 바브를 고치시고 구원해 주셨다. 바브가 다니는 교회 사모님의 표현을 빌리자면, "바브는 그녀를 아는 모든 사람에게 축복이 되었다."

선교 여행

하나님은 선교 여행을 사용하셔서 사역자들이 섬기는 사람들뿐 아니라 사역하는 당사자들을 도우신다. 다이앤의 다음 이야기가 그 점을 잘 보여 준다.

한 선교사가 자신과 레바논에 동행할 팀을 우리 교회에 요청했습니다. 시리아와 레바논 국경에 있는 시리아 난민 캠프를 돌아보는 사역이었습니다. 교회 선교회 소속인 제가 보기에 이 요청은 많이 늦은 감이 있었습니다. 그때가 4월이었는데 우리 교회는 1년 전에 선교 여행 계획을 세우기 때문입니다. 선교회에서는 기도하면서 교회 지도자들과 상의했는데, 그중 두 명이 우리 교회가 이 사역을 어떻게 도울 수 있을지 평가하러 가는 데 동의했습니다.

저는 갈 계획이 없었지만 두 분이 저에게 동행을 요청했습니다. 저는 여자라서 레바논이 어떨지 걱정이 되기도 했고 안전에 대한 염려도 있었습니다. 하지만 하나님께 이런 염려를 말씀드리면서 제 앞에 무슨 일이 기다리고 있든지 위험이 있든지 없든지 하나님이 저와 함께하신다는 것을 깨달았습니다. 그래서 같이 가기로 했습니다.

만약 두려움에 굴복했다면 저는 일생일대의 경험을 놓쳤을지도 모릅니다. 시리아인들이 회심한다는 이야기는 전해 들은 적이 있지만 우리는 눈과 귀로 직접 그 사실을 보고 들었습니다. 난민 텐트의 기독교 학교, 이슬람교도가 절반을 차지하는 교회(그중 일부는 새신자였습니다), 난민 공동체에서 매주 열리는 여성들을 위한 성경 공부 등 놀라운 사역들을 목격했습니다.

우리는 선교사들이 훈련하고 있는 세 가정의 초대를 받았습니다. 방문하는 텐트마다 궁핍한 형편에서도 우리를 왕과 여왕처럼 극진하게 대접하면서 복음을 전해 달라고 요청했습니다. 하나님이 말씀을 허락하셔서 아랍어로 통역해서 전했는데, 하나님은 우리의 눈을 여셔서 그분이 이 세상에서 하고 계시는 일을 보여 주셨습니다. 그러니 제가 어떻게 의심할 수 있을까요?

징계

"사람이 만일 무슨 범죄한 일이 드러나거든 신령한 너희는 온유한 심령으로 그러한 자를 바로잡고 너 자신을 살펴보아 너도 시험을 받을까 두려워하라"(갈 6:1). 장 칼뱅(Jean Calvin)은 교회의 징계에는 세 가지 주요한 목적이 있다고 가르쳤다. 바로 하나님의 영광, 회개하는 죄인의 회복, 교회에 대한 경고다.

다음 이야기는 처음 두 목적만을 강조하고 있다. 그 일이 기밀로 유지되었기 때문이다.

어느 침례교회 교인이었던 조앤은 식당에서 한 남자 교인이 부인이 아닌 다른 여성과 함께 있는 것을 목격했다. 단순한 친구 사이는 아닌 듯했다. 조앤은 교회 관계자에게 이 일을 이야기했고, 그것은 목회자에게 전달되었다.

교회 지도자 두 사람이 그 남자를 만나 자초지종을 물었다. 그는 가정에서 만족을 느끼지 못해 이 여성을 만나기 시작했다고 했다. 그는 아직 성관계까지 가지는 않았지만 그 방향으로 진행 중이었다고 고백했다.

교회의 징계는 부드러운 언질을 건네는 것부터 성만찬에서 배제하는 것까지 다양한 형태를 띤다. 이 경우에는 강력하면서도 사랑이 담긴 경고를 전달했다. 지도자들은 그에게 이런 부정한 관계를 맺는 것은 그리스도에 대한 고백과 일치하지 않는다고 경고했다.

그는 교회의 경고에 순종하여 그 관계를 끊었다. 부부는 상담과 도움을 받아서 이후로 계속 결혼 생활을 유지했다. 교회 지도자들이 세심하게 돌보고 그가 교회의 징계에 긍정적으로 반응한 덕분에 부부는 그리스도께 더 가까이 나아갈 수 있었다.

그가 불륜을 생각하고 있을 때 그의 확신이 바닥을 친 것은 당연하다. 그러므로 그가 죄에서 돌이켜 그리스도께 순종했을 때 하나님과의 관계를 더 확신하게 된 것도 당연할 것이다. 하나님은 징계를 사용하셔서 한 부부의 결혼 생활과 한 사람의 구원과 확신을 보호하셨다.

봉사

오직 사랑으로 서로 종노릇하라(갈 5:13).

그러므로 우리는 기회 있는 대로 모든 이에게 착한 일을 하되 더욱 믿음의 가정들에게 할지니라(갈 6:10).

하나님은 우리에게 하나님, 신자들, 그리고 하나님의 가족 밖에 있는 사람들을 섬기라고 요청하신다. 하나님은 우리의 섬김을 사용하셔서 다른 사람들에게 사역하시고 그리스도에 대한 확신을 주신다. 때로 우리가 별로 기대하지 않았을 때도 하나님이 우리의 섬김을 사용하셔서 우리를 굳건하게 세워 주신다.

다음에 나오는 도나의 이야기를 살펴보자.

저는 리더로서 수많은 단기 선교팀을 이끌며 하나님을 따를 때마다 그분이 뜻밖의 선물을 허락하신다는 것을 알게 되었습니다. 올해도 예외가 아니었습니다.

저는 이번 해에는 어느 단기 선교팀에도 합류할 계획이 없었고 보내는 데만 집중하려고 했습니다. 그런데 주님께서는 다른 계획이 있었습니다. 단기 선교팀을 한 번도 받은 적이 없었던 어느 베테랑 선교사가 우리 교회를 초청했던 것입니다.

그 베테랑 선교사는 2년 전에 하나님의 인도로 자유주의 교파를 떠나 성경적인 교회를 개척한 분이었습니다. 우리는 그분의 초청에 응하는 것이 시간과 돈을 낭비하는 것은 아닌지 의심이 들었습니다. 하나님이 어떤 생각을 하고 계신지 그려지지 않았습니다. 그럼에도 우리는 그 교회를 섬기러 갔고, 거기서 교회 가족 캠프에 참가한 유아와 어린아이들을 돌보면서 사랑을 표현했습니다. 첫날은 굉장히 힘들었습니다. 아이들은 우리가 쓰는 낯선 언어를 무서워했고, 답답한 방은 온도가 40도 가까이 치솟았습니다. 그래서 환기하려고 문을 열면 아이들이 도망가기 일쑤였습니다. 그래도 우리는 기도했고 하나님은 응답하셨습니다. 별 탈 없이 일주일이 지났고, 아이들과도 부모들과도 조금씩 친해지기 시작했습니다.

그러다가 우리는 캠프 저녁 프로그램에 외부 강사로 서 달라는 요청을 받았습니다. 우리 교회 공동체가 어떤 모습인지 들려 달라고 했습니다. 당시에는 미처 몰랐지만, 하나님은 우리가 나눈 이야기와 우리들을 통해 그 교회의 전통의 장벽을 허무셨습니다. 그것은 하나님이 그들을 위해 계획하신 일들을 경험하지 못하도록 막고 있었던 장벽이었습니다. 그들은 소그룹 성경 공부나 주일학교를 경험한 적이 없었는데, 이제는 두 가지 모두를 원하기 시작했습니다. 그와 같이 장벽만 무너진 것이 아니라, 두 사람이 그리스도를 믿게 되었습니다.

저는 부끄러웠습니다. 하나님이 왜 우리의 시간과 재능을 허비하시는지 의구심이 들었는데, 그분의 방법은 완벽했습니다. 하나님이 저를 사용하셔서 제 믿음을 격려해 주셨다는 사실이 기쁩니다.

신자들은 자신의 경험으로든 그들이 보살피는 이들의 경험으로든, 이 생에서는 확신을 '괴롭게 하는 자'를 완전히 없앨 수 없다. 다행히도, 우리가 확신을 얻기 원하시는 주님은 우리를 격려해 주는 수호자들을 허락하셨다.

수호자들은 하나님이 확신을 주시는 세 가지 방법을 따른다. 우리를 구원하실 뿐 아니라 성경과 성령과 우리 삶에 일하심으로 구원의 확신을 주시는 하나님은 얼마나 좋으신 분인가! 우리는 시편 기자와 함께 이렇게 찬양할 수 있다.

그의 능하신 행동을 찬양하며 그의 지극히 위대하심을 따라 찬양할지어다(시 150:2).

지혜로우신 하나님은 이 세 가지 확신의 수단을 교회 생활에 심어 주셨다. 말씀과 성령과 신자들은 괴롭게 하는 자들에 대항하는 하나님의 수호자들이다.

하나님이 우리에게 은사와 기회를 주실 때 이러한 사역의 일부에 참여할 책임이 우리에게 있다. 그리고 우리는 다른 사람들도 그렇게 하도록 격려할 수 있다.

우리가 하나님을 섬기고, 다른 신자들을 섬기며, 잃어버린 사람들을 섬기는 동안, 하나님은 우리를 사용하셔서 다른 사람들을 돕게 하시고 우리도 거룩한 믿음 가운데 성장하게 하실 것이다.

자비로우신 우리 하나님이 (누구나 때로 겪을 수 있는) 구원의 확신의 문제로 분투하는 이들을 격려하셔서 할 수 있는 한 완전한 확신을 얻게 하시기를 기도한다.

그분의 거룩하신 이름을 찬양하라!

감사의 글

이 프로젝트를 진행하면서 저를 도와준 모든 분께 감사합니다.

메리 팻(Mary Pat)의 사랑과 신실함과 기도에 감사합니다. 존더반 출판사의 친구들, 가장 필요할 때 저를 믿어 주고 지지해 주고 격려해 준 카티아 코브렛(Katya Covrett), 스탠 건드리(Stan Gundry)에게 감사합니다.

내게 글을 쓰고 산책할 공간을 제공해 준 매니저 롭(Rob)을 비롯한 미주리주 맨체스터 코스트코 친구들에게 감사합니다. 이 원고를 쓰는 동안 친절하게 저를 맞아 준 미주리주 세인트찰스의 발렌티스 델리카트슨 친구들, 특히 레이첼(Rachael)과 캐시(Kathy), 린지(Lindsey)에게 감사합니다. 저에게 우정과 영감을 준 미주리주 다든프레리의 타운스퀘어 펍 앤 그럽의 친구들에게 감사합니다.

저를 위해 기도해 준 미주리주 트윈오크스의 트윈오크스 장로교회 러스 세인트존(Russ St. John) 목사님과 여러 형제자매들에게 감사합니다. 특히 데이브 브루거(Dave Bruegger)와 다이앤 브루거(Diane Bruegger)의 교우들에게 감사합니다.

시간을 내서 원고를 읽고 조언을 아끼지 않은 크리스토퍼 모건(Christopher Morgan)에게 감사합니다. 탁월한 편집자 매튜 에스텔(Matthew Estel)의 인내와 전문성과 큰 격려에 특별히 감사드립니다. 원고를 처음부터 끝까지 정리하는 고된 일을 감당하고 큰 도움을 준 대니얼 이버트 4세(Daniel Ebert IV)에게 감사합니다. 밴 리스(Van Lees) 목사님의 우정과 기도에 감사합니다. 편집과 관련된 난해한 질문들에 유능하고 적절한 도움을 준 엘리엇 피네거(Elliott Pinegar)에게 감사합니다.

사명선언문

너희가 흠이 없고 순전하여……세상에서 그들 가운데 빛들로
나타내며 생명의 말씀을 밝혀 _ 빌 2:15-16

1. 생명을 담겠습니다
만드는 책에 주님 주신 생명을 담겠습니다.
그 책으로 복음을 선포하겠습니다.

2. 말씀을 밝히겠습니다
생명의 근본은 말씀입니다.
말씀을 밝혀 성도와 교회의 성장을 돕겠습니다.

3. 빛이 되겠습니다
시대와 영혼의 어두움을 밝혀 주님 앞으로 이끄는
빛이 되는 책을 만들겠습니다.

4. 순전히 행하겠습니다
책을 만들고 전하는 일과 경영하는 일에 부끄러움이 없는
정직함으로 행하겠습니다.

5. 끝까지 전파하겠습니다
모든 사람에게, 땅 끝까지, 주님 오시는 그날까지
복음을 전하는 사명을 다하겠습니다.

서점 안내

광화문점 서울시 종로구 새문안로 69 구세군회관 1층
02)737-2288 / 02)737-4623(F)

강남점 서울시 서초구 신반포로 177 반포쇼핑타운 3동 2층
02)595-1211 / 02)595-3549(F)

구로점 서울시 동작구 시흥대로 602, 3층 302호
02)858-8744 / 02)838-0653(F)

노원점 서울시 노원구 동일로 1366 삼봉빌딩 지하 1층
02)938-7979 / 02)3391-6169(F)

일산점 경기도 고양시 일산서구 중앙로 1391 레이크타운 지하 1층
031)916-8787 / 031)916-8788(F)

의정부점 경기도 의정부시 청사로47번길 12 성산타워 3층
031)845-0600 / 031)852-6930(F)

인터넷서점 www.lifebook.co.kr